Enja Riegel

Schule kann gelingen!

Wie unsere Kinder wirklich
fürs Leben lernen

Die Helene-Lange-Schule Wiesbaden

Mitarbeit Armin Beber

S. Fischer

Ich widme dieses Buch meinen Kindern
Susanne, Sebastian und Tobias.

2. Auflage: Oktober 2004
© S. Fischer Verlag GmbH, Frankfurt am Main 2004
Alle Rechte vorbehalten
Satz: H & G Herstellung, Hamburg
Druck und Bindung: Clausen & Bosse, Leck
Printed in Germany
ISBN 3-10-062940-X

Inhalt

Vorwort   7

1. Den Kindern das Wort geben
Lesen und Schreiben lernen   9

2. Ein Baum im Schülertreff
Praktisches Lernen in Projekten und im Fachunterricht   21

3. Stell dir vor, du wärst ...
Imagination und Lernen   38

4. Ernsthaft miteinander reden
Religionsunterricht   48

5. Streiten und Versöhnen
Demokratie und Verantwortung lernen   57

6. Raus aus der Schule
Lernen in Ernstsituationen   74

7. Wer viel Theater spielt, wird gut in Mathematik
Die Bühne als Schule   93

8. Wider die Einzelkämpfer hinter verschlossenen Türen
Die Arbeit der Lehrer im Team   112

9. Leistung zählt
Benotung und Bewertung von Schulleistungen   129

10. Hier gehöre ich hin
Rituale in der Schule 152

11. Wir mischen uns ein
Politisches und soziales Engagement außerhalb
der Schule 169

12. Wände einreißen
Räume zum Lernen und Zusammenleben 182

13. Die Schule – ein Wirtschaftsunternehmen?
Zusätzliche Einnahmen selber erwirtschaften 192

14. »Schule betreten« ausdrücklich erwünscht
Zusammenarbeit und Konflikte mit Eltern 204

15. Rechenschaft geben
Leistung messen und Qualität sichern 223

Die Schulleiterin
Eine Außenansicht
Von Reinhard Kahl 236

Dank 255

Vorwort

Vor gut einem Jahr habe ich Abschied von »meiner« Schule genommen – und diese Schule von mir. An sechs Tagen wurde ich jeweils von einem anderen Jahrgang eingeladen. Es wurde Theater gespielt, gesungen, getanzt, vorgetragen und erzählt. Es war, als wollten Lehrer und Schüler, dass ich später mit guten Erinnerungen an diesen Abschied zurückdenken sollte. Sie feierten mit mir, aber sie feierten zugleich ihre Schule und sich selbst. Am Ende gab es dann noch ein beglückendes »öffentliches« Fest für die ganze Schule und viele Gäste: fröhlich und wehmütig zugleich.

Mir ist dieser Abschied sehr schwer gefallen. Wer die folgenden Seiten gelesen hat, wird ahnen, warum. Neunzehn Jahre war ich Schulleiterin der Helene-Lange-Schule. Blicke ich zurück, war sie in dieser Zeit der Teil meines Lebens, der mich mehr als alles andere beschäftigt hat – auch in den Ferien und manchmal bis in meine Träume. Gemeinsam mit Schülern, Lehrern und Eltern habe ich mich dort über Erfolge gefreut und über Misserfolge geärgert, bin Wege und Umwege gegangen, habe Konflikte durchstehen müssen, die anfangs oft ausweglos erschienen, dann aber doch in guten Lösungen endeten. Herzliche Zuwendung und unerschütterbare Solidarität sind mir – manchmal ganz unerwartet – begegnet, aber auch Misstrauen und, gelegentlich, offene Feindseligkeit. Immer wieder musste ich auch meine eigene Mutlosigkeit und die Versuchung zur Resignation überwinden – und konnte das, weil es so oft Stunden und Tage gab, in denen wir alle ganz unmittelbar erlebten: »Es hat sich gelohnt!« Aus kleinem Abstand zurückblickend: Es waren »wunderbare Jahre«. Ich hoffe, nein, ich bin sogar sicher, dass viele, die an ihnen teilhatten, diesem Urteil auch für sich zustimmen würden.

Nach und nach habe ich verstanden, was dafür vermutlich die wichtigste Voraussetzung war: Viele von uns hatten einen »Traum« – neuerdings sagt man stattdessen gern: eine »Vision«. Anfangs war dieser Traum noch ziemlich nebelhaft. Eine wichtige Erkenntnis vor allem aus den ersten zehn Jahren war, dass er im Lauf der Zeit durch Versuch und Irrtum immer konkreter und handfester wurde, ohne seine Faszination zu verlieren. Wir träumten von einer Schule, an der Schüler und Lehrer möglichst jeden Tag aufs Neue die Erfahrung machen könnten: Es ist gut, dass ich hier bin. Was ich tue, ist sinnvoll und befriedigt mich, auch und gerade dann, wenn es anstrengend oder schwierig ist. Ich kann stolz sein auf das, was ich zusammen mit anderen geschafft habe.

Natürlich waren wir bei Rückschlägen enttäuscht oder gar verzweifelt. Aber letztlich waren es wohl dieser Traum und die ersten Umrisse seiner Verwirklichung, die uns in solchen Augenblicken die Kraft gegeben haben, es dann gemeinsam noch einmal zu probieren – vielleicht auf einem etwas anderen Weg.

Von einigen Umrissen der Verwirklichung unseres Traums berichtet dieses Buch. Ich wünsche mir, es möchte vor allem andere Schulen, Eltern, Kollegien, Schulleiter ermutigen, sich auf den Weg zu machen. Zugleich ist es mein Dank an diese Schule für die wunderbaren Jahre.

1. Den Kindern das Wort geben
Lesen und Schreiben lernen[1]

»Zeig mir doch mal dein Heft.« Thomas[2], den der Lehrer, ohne dass die anderen es mitbekommen haben, nach der Stunde zu sich geholt hat, rührt sich nicht. »Als ich so alt war wie du, habe ich mich auch nie getraut, meine Texte vorzulesen.« Thomas hat Tränen in den Augen. Dann schiebt er dem Lehrer das Heft hin. Unter jedem Datum steht ein kurzer Text, doch keiner ist wirklich lesbar. Es gibt kaum ein Wort, das richtig geschrieben ist.

Thomas ist keine Ausnahme. In den Zeugnissen der Kinder, die zur fünften Klasse unserer Schule angemeldet werden, stehen häufig Sätze wie: »Martins Rechtschreibleistungen sind nicht in der Deutschnote enthalten.« Oder: »Verena muss sich mehr anstrengen in der Rechtschreibung.« Bei Thomas, der eigentlich sehr aufgeweckt sei, hapere es halt »ein bisschen an der Rechtschreibung«, erklärten die Eltern verlegen und zugleich ein wenig ängstlich. Mittlerweile sind es bei uns manchmal bis zu 20 Prozent der Neuen, die erhebliche Schwierigkeiten beim Lesen und Schreiben haben. Den

---

1 Einige Abschnitte aus diesem Kapitel entstammen einem Artikel der Autorin für den SPIEGEL: »Mit den Eltern Klartext reden« , 22/2002, Seite 66 ff.

2 Alle Namen von Schülern und Lehrern, die in diesem Buch erwähnt sind, wurden geändert. Nur in einigen wenigen Ausnahmefällen, immer dann, wenn es uns wichtig und richtig erschien, den Menschen mit seiner Bedeutung für die Schule auch beim Namen zu nennen, haben wir darauf verzichtet.

Zeugnissen liegen immer öfter Gutachten bei, die eine »Lese-Rechtschreib-Schwäche« attestieren, und immer mehr Kinder haben eine Odyssee hinter sich – vom Kinderarzt über den Schulpsychologen und Sprachtherapeuten bis zum privaten (und teuren) Nachhilfe-Institut.

Thomas gehört zu den Zehnjährigen, die eigentlich überhaupt nicht schreiben können. Manchmal können sie sehr anschaulich erzählen, aber sie sind nicht fähig, aufzuschreiben, was sie erlebt haben. (Ein halbes Dutzend Fehler würde mich nicht sonderlich stören!) Selbst zu einer Frage, die ihnen besonders wichtig ist, können sie ihre Gedanken nicht auf Papier festhalten. Und weil sie es nicht können, mögen sie es auch nicht.

Die PISA-Studie stuft knapp 10 Prozent der fünfzehnjährigen Schüler in Deutschland als so genannte »funktionale Analphabeten« ein, junge Menschen, die kaum mehr als einige Dutzend Wörter lesen (und schreiben) können. Weitere 13 Prozent können bestenfalls »auf einfachstem Grundschulniveau« lesen. Diese insgesamt 23 Prozent werden in der Studie als »potenzielle Risikogruppe« bezeichnet. Noch vor ein paar Jahren waren das bei uns seltene Einzelfälle. Jetzt reden auch unsere Lehrer schon von »der Gruppe«.

Thomas und sein Lehrer sitzen im leeren Klassenraum, vor ihnen das Heft voll fehlerhafter Geschichten. Der Lehrer schlägt das Heft zu. »Erzähl mir die Geschichte, die du dir für heute ausgedacht hast.« Erst stockend, dann flüssiger erzählt Thomas von der Freundschaft zwischen einem Säbelzahntiger und einer Antilope. Der Lehrer schreibt mit. Als Thomas fertig ist, gibt er ihm das Blatt: »Schreib das bis morgen ab, so gut du es kannst.« Am nächsten Morgen gibt Thomas ihm einen mit größter Mühe hingekrakelten Text.

Ging es früher um Einzelfälle, gibt es heute Anlass zu Sorge bei vielen Kindern und Jugendlichen. Während die Anforderungen an »schriftsprachliche Kompetenz« in Beruf und Alltag ständig steigen, gelingt es den Grundschulen anscheinend nicht mehr, dass fast alle einigermaßen sicher lesen und schreiben lernen. Warum nicht? Natürlich sind die Kinder nicht dümmer geworden und die Grundschulen nicht schlechter. Im Gegenteil! Wo liegen also die Gründe für die Schwierigkeiten?

Schreiben und lesen zu lernen ist für die meisten Kinder mühselig. Vermutlich ist die wichtigste Voraussetzung, diese Mühsal durchzustehen, das Vorbild in der Familie. Wenn die Kinder dort erleben, dass Schreiben und Lesen offensichtlich wichtig, etwas Nützliches oder gar Kostbares sind, dann wollen sie es selbst können.

Umgekehrt: Wenn die Erwachsenen selbst möglichst wenig schreiben, wenn der Anruf beim Großvater einen Geburtstagsbrief ersetzt, wenn Lesen daheim keine Rolle spielt und über Bücher kaum ernsthaft oder gar begeistert gesprochen wird, warum sollten die Kinder dann das Lesen- und Schreiben-Können wichtig oder gar toll finden?

Die modernen Medien verstärken die Misere. Die Bilder des Fernsehens sind ebenso flüchtig wie die Texte auf dem Computerbildschirm. Die Schnittfolgen auch der normalen Fernsehfilme werden immer rasanter, den Videoclips immer ähnlicher. Das erschwert, dass sich der Zuschauer gründlich einlässt. Besser ist: »zappen« und »surfen«. Nichts versäumen, schnell zu Interessanterem wechseln, wenn etwas zu schwierig wird.

Thomas hat wie die meisten Kinder seines Alters viele Geschichten und Einfälle im Kopf. In seiner Fantasie spuken Gespenster, Superhelden meistern Gefahren, Gegner werden durch gemeinsame Abenteuer zu Freunden. Aber er kann sie nicht für andere leserlich auf Papier festhalten. Sein Lehrer erprobt deshalb, ob auch Thomas helfen könnte, was manchmal bei Kindern hilft, die große Schwierigkeiten beim Schreiben haben: Er bringt eine alte Schreibmaschine mit in die Klasse. Wer will – und Thomas ist der Erste, der es ausprobiert –, kann seinen Text nun ordentlich Buchstabe für Buchstabe abtippen. Als Thomas damit fertig ist, meldet er sich das erste Mal überhaupt zum Vorlesen. In der Klasse ist dieses Vorlesen ein festes Ritual. Es gibt ein Rednerpult, das vor die Klasse gestellt wird und auf das die Schüler ihren Text legen. Alle Schüler hören aufmerksam zu und es ist üblich, für jeden Text zu applaudieren. Jeder weiß aus eigener Erfahrung, wie schwer es ist, vor anderen aufzutreten. Thomas ist aufgeregt, stockend liest er seine Geschichte vor. Am Ende bekommt er von seinen Klassenkameraden viel Lob zu hören. Seine Idee hat den meisten gefallen. Zu dem Ritual gehört auch, dass ein Text, nachdem er in der Klasse vorgetragen wurde, in einen Ordner abgelegt und aufgehoben wird. Am Ende des Schuljahres macht die Klasse dann aus allen Geschichten ein Buch – auch Thomas' Text wird nun darin erscheinen.

Schreibanlässe

Flüssig und gern zu schreiben und zu lesen lernt man vor allem, indem man viel schreibt und liest. Eine gute Schule wird deshalb immer wieder Schreibanlässe schaffen, die den Kindern und Jugendlichen zeigen, dass das Lesen und das Schreiben (ja, gelegentlich auch das »schöne« Schreiben) wichtig sind und geschätzt werden. Schreibanlässe, die den unterschiedlichen Kindern auf ihren unterschiedlichen Wegen zur Schrift individuelle Hilfen anbieten – auch denen, die in den ersten vier Schuljahren nicht sehr weit gekommen sind. Das gilt insbesondere für die Kinder aus Elternhäusern, in denen kein Deutsch gesprochen wird. Oder in denen die Eltern selbst kaum lesen und schreiben können.

Regelmäßige Diktate, in denen es darum geht, möglichst wenig Fehler zu machen, sind nach unserer Erfahrung eher problematisch, weil sie die Schwachen entmutigen. Das gilt auch für Aufsätze. Sie sind Mitteilungen des Schreibenden an den Leser – in eigenen Worten. Das fällt selbst vielen Erwachsenen schwer. Wer es erst lernt und erste Versuche in dieser neuen »Kunst« macht, der muss vor allem eine Erfahrung machen: Ich kann tatsächlich schriftlich ausdrücken, was ich sagen oder erzählen will – und zwar so, dass andere es verstehen. Ich kann es jetzt schon viel genauer und anschaulicher als noch vor einem halben Jahr. Wenn da anfangs zu viel Wert auf die Richtigkeit der Rechtschreibung gelegt wird, verlieren viele ihre Unbefangenheit beim Schreiben, schreiben am liebsten gar nichts mehr, wenn sie es nicht müssen. Das wäre genau das Gegenteil von dem, was das Schreibenlernen in der Schule bewirken sollte.

Ernsthafte Anlässe für Schreiben und Lesen, die auch die Zaudernden einbinden können, sind beispielsweise: Wandzeitungen, Klassentagebücher, das Aufführen von selbst verfassten kleinen Theaterstücken, ein Briefwechsel zwischen Lehrern und Schülern, zwischen einer Klasse in Hamburg und einer in Oberammergau. Oder selbst ein Buch herstellen! Da viele der so entstehenden Texte »öffentlich« werden, wird die Gruppe Wert darauf legen, dass sie auch »richtig« geschrieben sind. Auch das kann wieder ein Anlass zum Training gerade für die schwachen Schüler werden: Ihnen wird die Verantwortung für die Korrektur übertragen, sie haben aber die Möglichkeit, einen sicheren Schreiber um Rat zu fragen, damit er ihnen zeigt, wie man rausfinden kann, ob etwas »richtig« geschrieben ist.

Was mit einer Schreibmaschine begann, entwickelte sich für Thomas und seine Klasse zu einem wichtigen Teil des Schulvormittags. Bald stand eine zweite Schreibmaschine im Flur vor der Klasse, um mit dem Tippen die anderen nicht zu stören. Kurz darauf besorgte der Lehrer eine kleine Druckerei, mit allem, was dazugehört. Die Kinder lernten das Handwerk des Druckens: Sorgfältig Wort für Wort setzen, im Spiegel noch einmal prüfen, ob auch alles richtig geschrieben ist, den Druckstock einspannen, mit der Walze einfärben und dann ein Probedruck; den noch einmal prüfen und wenn nötig noch etwas korrigieren, dann diese Seite fünfzig- oder hundertmal drucken, die feuchten Bögen auf einer Wäscheleine aufhängen, die Buchstaben reinigen und wieder einsortieren in den Setzkasten. Alle 14 Tage wurde ein Freier Text, so werden diese Geschichten genannt, weil die Kinder als Autoren ihr Thema, den sprachlichen Stil und auch die Länge der Texte frei wählen, zum Drucken ausgewählt. Die Herstellung der Bücher, in denen diese Geschichten gesammelt wurden, beschäftigte dann die ganze Klasse fast eine Woche. Die erste Geschichte war die vom Säbelzahntiger und seiner Freundschaft mit der Antilope, der Text, der Thomas so viel Mühe gemacht hatte. Schließlich hielt jeder der Schüler sein eigenes Buch mit 25 Geschichten in der Hand. Aber das war noch nicht alles. Das Buch wurde ein Verkaufserfolg auf der Mainzer Minipresse-Messe. Die Schüler hatten es selbst in die Hand genommen, ihre Erstauflage von hundert Exemplaren möglichst gewinnbringend zu verkaufen. Das klappte so gut, dass bis zum Ende der sechsten Klasse noch drei Fortsetzungsbände erschienen.

Gerade die Freien Texte sind ein besonders gutes Mittel, um »den Kindern das Wort zu geben«, wie es Célestin Freinet, ein französischer Reformpädagoge der 20er-Jahre, immer wieder gefordert hat. Mit der Schreibmaschine, der Druckerei oder auch dem Computer werden den Kindern Arbeitsmittel zur Verfügung gestellt, die sie benutzen können, um eigene Texte professionell veröffentlichen und vervielfältigen zu können. Die Erfahrung, dass sie von realen Lesern gelesen und ernst genommen werden, stärkt ihr Selbstvertrauen und führt zu mehr Freude am Schreiben. Darum treten die Freien Texte bei uns gleichberechtigt neben die herkömmliche Form des Aufsatzes zu einem vom Lehrer festgelegten Thema (von Beschreibungen und Inhaltsangaben über Zusammenfassungen bis hin zu Erörterungen), die unsere Schüler selbstverständlich auch lernen und üben. Freie Texte werden der Klasse vorgelesen und anschließend gemeinsam »bearbeitet«, d. h., die

Klasse macht Vorschläge, was der Autor vielleicht noch ändern könnte. Es sind die Jugendlichen, die sich Liebesgeschichten ausdenken, die Abenteuer erfinden und Gedichte schreiben. Manche versuchen sich sogar an langen Fortsetzungsromanen, andere, denen zunächst gar nichts einfallen will, lassen sich von den Ideen der Mitschüler anstecken. Oft tauschen sie Hefte, um gegenseitig Texte zu lesen und Kritik zu üben. Im Laufe der Zeit entwickeln fast alle eigene Kriterien für gute Texte. Manche beginnen, ihre Geschichten mit denen in Büchern aus der Klassenbücherei zu vergleichen, und werden zunehmend neugierig, wie die »richtigen« Autoren ihre Geschichten gemacht haben. In der Form einer Geschichte lässt sich außerdem den anderen mitteilen, mit welchen Problemen man sich herumschlägt, ohne dass man sagen muss: Das bin ich.

Dirk ist zwar ein guter und äußerlich problemloser Schüler, hat aber keinen Freund. In einem seiner Freien Texte beschreibt er die Sehnsucht und Einsamkeit des Jungen Florian, der nachmittags immer alleine zu Haus rumhockt. Von Lilo erfahren die anderen aus einer Geschichte, die in Australien spielt, wie es ist, wenn man auf sechs Geschwister aufpassen muss und deshalb wenig Zeit hat, um sich mit anderen zu verabreden, und manchmal auch keine Hausaufgaben machen kann.

Das Vorlesen der eigenen Geschichte ist für Kinder und Jugendliche ein großes Erlebnis, wenn es in einer Atmosphäre stattfindet, die sie darin bestärkt, eigene Texten zu verfassen und vorzutragen. Ein solcher Unterricht, der selbst geschriebene Texte regelmäßig in den Mittelpunkt stellt und den Schülern die Möglichkeit einräumt, mit den Texten zu arbeiten, kostet viel Zeit und erfordert Formen, bei denen nicht immer alle zur selben Zeit das Gleiche tun. Die Fortschritte der Schüler im Lesen und Schreiben lassen sich nicht unmittelbar messen. Thomas ist in seiner Rechtschreibung besser, aber nicht sicher geworden, nur weil er einmal eine Geschichte Buchstabe für Buchstabe in einen Druckstock gesetzt hat. Aber trotz seiner Probleme mit der Rechtschreibung hat ihm die jahrelange Übung und die Erfahrung, dass andere seine Texte gerne lesen, Zutrauen gegeben und ihn nicht resignieren lassen. Es lohnt sich also, Lesen und Schreiben in der Schule so zu inszenieren, dass sich damit Neugierde, Aufregung und Freude verknüpfen. Nur wer gerne liest und schreibt, wird es überhaupt versuchen.

Die Methoden dafür muss sich eine Schule nicht neu ausdenken. Auch wir haben dankbar die Erfindungen anderer Schulen, die bereits Neues erprobt hatten, übernommen. Die Freien Texte zum Beispiel haben eine lange Tradition – zumindest in reformpädagogisch orientierten Grundschulen. Auch das Drucken von eigenen Texten war einmal eine richtige »Bewegung«, die sich auf Célestin Freinet berufen konnte. Mittlerweile ist diese handwerkliche Praxis – leider! – durch den weniger aufwändigen Einsatz von Computern ziemlich verdrängt worden. Nichts gegen Computer! Aber das mühselige Setzen mit beweglichen Lettern und das Drucken auf einer Handpresse haben sinnliche Qualitäten, die von der scheinbar mühelosen Gestaltung mit Bildschirm und Laser-Drucker eben nicht zu erwarten sind. Freinet hat in diesem Zusammenhang von einer »Pädagogik der denkenden Hand« gesprochen. Auch das Herstellen von selbstgebundenen, »schönen« Büchern oder von Wandzeitungen haben wir beileibe nicht selbst erfunden. Aber wir machen es. Es gehört zum Alltag unserer Schule.

Lesen als Ereignis inszenieren

Ein Großteil der Jugendlichen in Deutschland liest nicht gern. Sie können es zwar, tun es aber nicht. Jedenfalls nicht freiwillig. Stattdessen verbringen sie täglich viele Stunden vor dem Fernseher oder der Spielkonsole. Um dem etwas entgegenzusetzen, gibt es mittlerweile auch an der Helene-Lange-

Schule Lesenächte. Mit Luftmatratzen und Schlafsäcken richten sich die Fünftklässler in ihrem Klassenraum ein und essen gemeinsam zu Abend. Dann beginnt der Lehrer vorzulesen. Nach einer halben Stunde löst ein Schüler ihn ab. Später übernimmt wieder ein anderer Schüler, dann noch einer. Es wird gelesen, bis fast alle eingeschlafen sind.

Bei einem Buch wie »Huckleberry Finn« von Mark Twain passiert es durchaus, dass zumindest einige Schüler von der Geschichte gepackt werden. Huck, der von zu Hause abhaut, sich auf einer Insel versteckt und dann auf einem Floß den Mississippi hinabsegelt. Wie wäre das, wenn man selbst weglaufen und auf Abenteuerreise gehen würde? Was würden die Eltern denken? Würden die sich wundern? Würden sie böse sein? Oder traurig? Bei einer Lesenacht stellen Schüler immer wieder fest, dass Lesen ein Erlebnis sein kann, das irgendwie anders ist als die Abenteuergeschichten im Fernsehen. Nicht selten bittet am nächsten Morgen der eine oder andere Schüler seine Lehrerin um das Buch, weil er es zu Ende lesen möchte.

Die Lesenacht, irgendwann einmal von Kinder- und Jugendbibliothekaren erfunden, ist eine Möglichkeit von vielen, die dazu genutzt werden können. Die Buchvorstellung ist eine weitere. In den jüngeren Jahrgangsstufen ist sie ein fester Bestandteil des Unterrichts. Alle vierzehn Tage sind drei bis vier Schüler an der Reihe, ihrer Klasse ein Buch vorzustellen. Wie bei den Freien Texten gibt es auch hierfür ein festes Ritual. Der Vortrag beginnt mit dem Titel des Buches und einigen Informationen zum Autor. Dann erzählen die Schüler kurz, worum es in dem Buch geht. Am Ende lesen sie ihren Mitschülern eine Stelle aus dem Buch vor, die ihnen besonders gut gefallen hat. Gerade damit geben sie sich besondere Mühe, schließlich soll das ausgewählte Buch auch den Klassenkameraden gefallen. Die Stellen sind sorgsam ausgesucht, das Vorlesen wurde geübt, da macht oft auch das Zuhören Spaß. Im Idealfall lesen das Buch daraufhin auch noch einige andere aus der Klasse.

Vor einigen Jahren sind an vielen Schulen die Schulbibliotheken eingespart worden. Auch die Stelle unserer Schulbibliothekarin wurde gestrichen und es gab kein Geld mehr für Neuanschaffungen. Die Bibliothek verwaiste, wurde als Proben- und Umkleideraum für das Theater, als Atelier und für Ausstellungen benutzt, und irgendwann entschlossen wir uns, den Raum leer und die noch brauchbaren Bücher in einzelne Klassen zu räumen. Statt einer Schulbibliothek gibt es nun in vielen Klassen der Jahrgänge fünf bis sieben Klassenbüchereien und Leseecken, in die sich die Schüler während der Wochenplanarbeit oder im Offenen Lernen zurückziehen können. Dort stehen auch leihweise die Lieblingsbücher von zu Hause oder von den Eltern gestiftete Bücher. Im Schülertreff der Jahrgänge acht bis zehn stehen – neben mehreren frei zugänglichen Computern – Lexika und Sachbücher zum Nachschlagen. Beschäftigt sich eine Klasse mit einem Projektthema wird aus dem Angebot der Stadtbücherei ein Handapparat zusammengestellt, der für einige Wochen ausgeliehen wird. Auf Büchertischen in den Klassenräumen liegt dann eine so große Auswahl von Literatur, dass jeder Schüler Recherchemöglichkeiten hat, aber auch etwas zum Schmökern finden kann. Im Übrigen ist es selbstverständlich, dass alle Schüler einen Ausweis für die Stadtbücherei haben. Wie man sich dort zurechtfindet, ist eines der ersten Dinge, die sie in der fünften Klasse lernen. Die Schule sorgt dafür, dass die Stadtbücherei regelmäßig benutzt wird, indem ständig und viel gelesen wird.

Im Gegensatz zu Schulen in ländlichen Regionen, wo die nächste öffentliche Bibliothek weit entfernt ist, brauchen Schulen in kleineren und größeren Städten keine eigene Schulbücherei. Im Gegenteil, es ist für die Festigung der Lesegewohnheiten von Kindern über die Schule hinaus wichtig, die öffentliche Bücherei als eine selbstverständliche Einrichtung zu benutzen.

Über das Lesen hinaus spielt dann vor allem der Umgang mit Gelesenem eine wichtige Rolle. Schüler führen bis in die zehnte Klasse hinein Lesetagebücher, in denen sie ihre Eindrücke Kapitel für Kapitel aufwändig gestaltet festhalten: Kommentare schreiben, Bilder malen, Fortsetzungen ausdenken, Texte in Theaterszenen umwandeln oder Briefe an die Autoren schreiben und sie zu Lesungen in die Schule einladen. Ein Lehrer einer neunten Klasse beginnt die Lektüre von Franz Kafkas Kurzgeschichte »Die Verwandlung«, indem er seinen Schülern lediglich den ersten Satz vorliest und sie dann bittet, eigene Fortsetzungen zu schreiben. Daraus entstehen 25 Geschichten, die überarbeitet, gedruckt und schließlich zu einem Buch gebunden auf dem Schulfest verkauft werden. Die Geschichte von Franz Kafka haben die Schüler anschließend mit großer Neugier gelesen und gründlich durchgearbeitet. In der Jahrgangsstufe zehn wird eine umfassende Literaturarbeit geschrieben, die nach Fertigstellung den Eltern präsentiert wird. Wie überhaupt auch Ergebnisse, die im Umgang mit Sprache und Texten entstehen, immer wieder veröffentlicht werden. Bücher werden nicht nur gelesen, aus ihnen wird etwas gemacht: Eigene Lesungen, Ausstellungen, selbst gemachte Bücher, Theaterstücke und Hörspiele.

Es ist eine der Hauptaufgaben der Schule für Zehn- bis Sechzehnjährige, eine »Lese- und Schreibschule« zu sein. Wer nicht gelernt hat, zu »lesen« (erst die Buchstaben, dann den Text, dann den Sinn hinter dem Text und dann wenigstens einige Zusammenhänge) und wer nicht die Fähigkeit erworben hat, zu sagen und zu schreiben, was er denkt, meint und will, der ist in der Tat Angehöriger einer Risikogruppe: Für seine eigene Person und sein Schicksal, weil er ziemlich chancenlos sein wird. Für uns als Gesellschaft, weil wir als demokratische Republik nur überleben werden, wenn möglichst alle Bürger dieses Landes tatsächlich mitbestimmen und sich einmischen können. Ohne »Lesen« und »Schreiben« in diesem weiteren Sinn wird das nicht gelingen. Auch der Flimmerwelt der Fernsehbilder oder der angeblichen *facts* in den Printmedien kann nur der gelassen begegnen, der neugierig und nach und nach auch genau und kritisch zu »lesen« gelernt hat. Den Worthülsen und Endlossätzen im Ortsbeirat und in der selbst mitbegründeten Bürgerinitiative klar zu widersprechen, wird nur der imstande sein, der gelernt hat, mutig und vergnügt, klar verständlich und eindeutig und dann auch überzeugend öffentlich zu »reden« und zu »schreiben«. Ohne die »Lese- und Schreibschule« werden wir die »Bürger-Schule« nicht bekommen.

2. Ein Baum im Schülertreff
Praktisches Lernen in Projekten und im Fachunterricht

Montagmorgen, kurz nach Unterrichtsbeginn. Aufgeregte Kinderstimmen sind im Treppenhaus zu hören. Am Eingang halten zwei Schüler die Türen auf. Blätter rascheln. Kommandos werden gegeben. »Passt auf die Krone auf!« Jemand ruft: »Wir brauchen noch zwei Hände am Stamm!« Vorsichtig tragen, ziehen und schieben ein Dutzend Sechstklässler einen Baum in das Schulgebäude. Es geht nur langsam voran. Das Treppenhaus ist eigentlich zu schmal für den ausgewachsenen Baum. Aber am Ende steht er doch dort, wo man einen Baum nicht vermuten würde: im vierten Stock, genau gegenüber von dem Klassenraum der 6c.

Im Klassenraum hängen Zettel mit Fragen. Warum brauchen wir den Wald zum Leben? Wie viele Baumarten gibt es? Jemand will wissen, ob es stimmt, dass alles Papier aus Bäumen gemacht wird. Gleich daneben wird gefragt, welche Tiere im Wald leben. Neben dem Foto eines gesunden Baums steht die Frage »Was verursacht das Waldsterben?«. Eine ganze Wand voller Fragen. Die Mädchen und Jungen haben sie aufgeschrieben, nachdem ihr Klassenlehrer sie gefragt hatte, was sie zum Projektthema »Wald« wissen wollen. Sie sollten sich auch überlegen, wie sie ihren »Schülertreff«, einen zusätzlichen Arbeits- und Begegnungsbereich außerhalb des Klassenraumes, passend zum Projektthema gestalten wollen. Einer von ihnen hatte die Idee mit dem Baum. Wegen Baumaßnahmen sollte im Nachbargarten nämlich einer gefällt werden. Den könne man doch als Dekoration gut verwenden.

Die »Baumpflanzung« und die vielen Fragen haben im Hinblick auf den normalen Schulalltag eine Gemeinsamkeit: Sie sind ein Wagnis. Mit 26 Kindern einen Baum durchs Treppenhaus zu transportieren, macht Lärm. Es macht Schmutz und es kostet Zeit. Es ist unmöglich, dabei alle Schüler im Auge zu behalten. Niemand kann kontrollieren, ob alle Schüler tatsächlich das tun, was sie gerade tun sollen. Für eine ordnungsliebende Schule gleicht eine solche Situation einem ziemlichen – und vor allem: überflüssigen! – Chaos.

Auch Fragen können einen geregelten Unterrichtsablauf gehörig durcheinander bringen. Was, wenn der Lehrer auf eine Frage keine Antwort weiß? Was, wenn die Antwort auf eine Frage so viel Zeit in Anspruch nimmt, dass für die eigentlich geplante Lektion keine Zeit mehr bleibt? Oder wenn sich aus der Antwort auf eine Frage gleich ein ganzes Dutzend neuer Fragen ergeben, auf die Schüler eine Antwort haben wollen? Jeder Lehrer kennt das, dass die Fragen der Kinder und Jugendlichen nicht so recht zu dem sorgfältig geplanten Unterrichtsverlauf passen wollen.

Projektunterricht

Projekte an der Helene-Lange-Schule sind eine besondere Form des fächerübergreifenden Unterrichts, die in jedem Schulhalbjahr einmal praktiziert wird. Während eines Zeitraumes von sechs bis acht Wochen werden mindestens zehn bis zwölf Wochenstunden einem Thema gewidmet. Wald ist ein Beispiel dafür. Genauso gibt es Projekte zur Urgesellschaft, den Römern, zur Ernährung, dem Wasser oder zum Thema Jugend. Das Besondere daran ist: Was in diesen Projektstunden von den Schülern gelernt, erforscht und besprochen wird, hängt nicht von vorgeschriebenen, nach Fächern sortierten Lerninhalten ab, sondern von den Interessen und Fragen der Kinder.

Was lebt und wächst im Wald? Bei der Vorbereitung auf das Projekt in der 6c haben sich die Lehrer des Jahrgangs neben vielen anderen auch diese Frage aufgeschrieben. Sie planen den Unterricht der nächsten Wochen anhand einer Projektskizze, die sie gemeinsam entwickeln. In einem ersten Arbeitsschritt überlegen sie, welche Methoden und Arbeitsverfahren sich den Fragen zuordnen lassen. »Erkundung von Baumarten, Tieren, Pflanzen und Bächen« steht in der Spalte neben der Frage. Dazu eine lange Liste von Möglichkeiten, was die Schüler beobachten und was sie herstellen könnten. Auch Stichworte wie »Einsichten gewinnen in ökologisches Gleichgewicht – Ursachen und Folgen der Schädlingsbekämpfung« stehen dort. Anstatt bei den Ausgangsfragen die Zuordnung zu ihren jeweiligen Fächern gleich mitzudenken, achtet das Lehrerteam darauf, Anregungen zum praktischen Lernen zu geben, die je nach Interessenlage einzelner Schüler, der Lerngruppe und des Lehrerteams aufgegriffen und realisiert werden können.

Erst am Ende stellen die Lehrer den Bezug zu einzelnen Fächern her. Nicht, weil es für das tatsächliche Unterrichtsgeschehen notwendig wäre, wohl aber, um sich zu versichern, dass das, was sie in ihren Projekten erarbeiten, durchaus im Bezug zu Richtlinien und gesetzlichen Vorgaben steht. Acht Fächer, von Biologie über Arbeitslehre, Musik, Kunst und Erdkunde bis hin zu Sozialkunde, Deutsch und Geschichte, gehen schließlich im Projekt Wald auf. In der letzten Spalte steht eine ganze Reihe von Nummern: E 1, SI- Mu S.9 oder UE 1, DK 2.4 und G 10. Dahinter verbergen sich Hinweise auf die geltenden Lehrpläne. Falls der Schulrat oder die Eltern nachfragen, ob in der Schule denn auch das gemacht wird, was vorgeschrieben ist, dient diese Spalte der Legitimation.

Maria will wissen, warum Bäume im Herbst ihre Blätter verlieren.

Die Frage hängt die Elfjährige zu den anderen an die Wand des Klassenzimmers. Bis zum Ende des Projektes will sie darauf eine Antwort haben. Ihre Mitschüler haben sich ähnliche Ziele gesetzt. Indem sie formuliert haben, was sie wissen wollen, haben sie zugleich erklärt, was sie lernen wollen, weil es sie interessiert. Für die Lehrer sind das wichtige Anhaltspunkte, worauf sie eingehen und was sie vertiefen können.

Die vier Parallelklassen eines Jahrgangs arbeiten zeitgleich an einem Projektthema. Die Projektskizze, die das Lehrerteam zu einem Thema erstellt hat, gilt für den ganzen Jahrgang. Dennoch wird am Ende des Projekts jede Klasse ganz andere Schwerpunkte gesetzt haben. Es gibt eben keinen verbindlich abzuhandelnden Einheitsplan. Die Projektskizze ist ein Hilfsmittel, mit dem sich Lehrer darauf vorbereiten, Schülerinteressen aufzunehmen und zu bedienen. Es ist die Voraussetzung für einen fächerübergreifenden Unterricht, der diese Bezeichnung auch verdient.

Projekte sind an Schulen mittlerweile weit verbreitet. So genannte Projekttage oder Projektwochen gibt es fast überall. Kreativ und ausgelassen finden dann in einer Schule die vielfältigsten Aktivitäten statt, von der Umgestaltung des Schulhofes bis zum Kochen von Gerichten der ausländischen Mitschüler. Am Ende der Projektwoche aber kehren die Schüler wieder zum »richtigen« Unterricht, in dem »ordentlich« gelernt wird, oder in die Ferien zurück. Gerade die Zeit zwischen Notenkonferenzen und Ferienbeginn wird an vielen Schulen als die beste Zeit für Projektwochen angesehen, weil die Schüler sowieso zu keinem richtigen Unterricht mehr zu gebrauchen seien. Das macht deutlich, welcher Wert dem Lernen in Projektwochen zugemessen wird. Projektwochen haben etwas mit Spaß zu tun und mit Luxus und sind säuberlich vom Unterrichtsalltag zu trennen. Auf der einen Seite steht eine Form von praktischem Lernen, das viele Lehrer eher mit Unbehagen betrachten, weil es einschließt, dass Schüler nicht mehr nur zuhörend auf ihrem Platz sitzen. Sein Gegenbild ist das geordnete Fachlernen. Der Lehrer führt ein, erklärt, beantwortet Fragen, fragt ab.

Beide Formen haben ihre Berechtigung und sollten im Schulalltag ausgewogen vertreten sein. In deutschen Schulen sind offenere Formen des Lernens allerdings die Ausnahme, die die Regel, nämlich die vom Lehrer genau geplante und kontrollierte Lektion, bestätigt. Was (noch) üblich ist, wird in letzter Zeit zunehmend fragwürdig. Nicht nur wegen der durchschnittlichen PISA-Resultate deutscher Schüler im internationalen Vergleich. Auch Ergebnisse aus der neueren Gehirnforschung lassen Zweifel aufkommen. Wenn Manfred Spitzer, Professor für Psychiatrie an der Universität Ulm und Direktor der Universitätsklinik, bei seinen Vorträgen auf Schulen zu sprechen kommt, zitiert er oft eine Studie der Freiburger Universitätsklinik, die zu dem Ergebnis kommt, dass die Geistesaktivität von Kindern und Jugendlichen nie so schwach ist wie vormittags in der Schule. Spitzer selbst hat durch eine experimentelle Studie erneut bestätigen können, dass Erfahrungen und Informationen, die unter Angst, Misstrauen und Stress aufgenommen werden, negative Vorzeichen eingebrannt würden.[1] Damit es Kindern und Jugendlichen erleichtert würde, Probleme eigenständig und kreativ zu lösen, fordert er nachdrücklich eine positive Lernumgebung in den Schulen.

Marias Klassenlehrer ist mit seinen Schülern in den Vogelsberg gefahren. Eine Woche lang leben sie in einem Forsthaus, arbeiten mit dem Förster, fällen kleine Bäume, setzen Stecklinge, legen Wege an oder reparieren Zäune. Es gibt keine Arbeiten, an denen die Schüler nicht beteiligt werden, wenn sie anfallen, sei es beim Bau eines Hochsitzes oder dem Beobachten von Vögeln. Sie müssen hart arbeiten, auch wenn es regnet oder unangenehm heiß ist. Abends müssen sie Tagebuch

---

1 Manfred Spitzer: »Lernen – Gehirnforschung und die Schule des Lebens«, Seite 161 ff. [Spektrum Akademischer Verlag Heidelberg/Berlin 2002]

schreiben, Gelerntes festhalten, Gesammeltes sortieren. Wenn die Klasse dann in die Schule zurückkehrt, wird das, was sie im Wald gelernt haben, aufbereitet. Einige ordnen die mitgebrachten Funde und beschriften sie, andere bereiten eine Präsentation für die Eltern vor, und alle schreiben eine Facharbeit über ein Spezialthema, das sie sich ausgesucht haben.

Offenes Lernen

Praktisches Lernen in dieser Form führt dazu, dass Schüler für sich oder in Gruppen gleichzeitig an ganz unterschiedlichen Themen und Aufgabenstellungen arbeiten. Für den Lehrer ist das eine ungewohnte und vermutlich auch unangenehme Situation. Eine ständige Kontrolle aller Schüler ist nicht mehr möglich. Sie können nicht mehr auf Schritt und Tritt begleitet werden, sondern müssen vieles ohne Hilfestellung ausprobieren. Der Lehrer muss ertragen, dass Schüler auf der Suche nach Lösungen für ein Problem ganz andere Wege einschlagen, als etwa das Lehrbuch vorsieht. Manche Schüler arbeiten deutlich langsamer als andere. Wer stellt nun sicher, dass die Kinder ihre Zeit nicht unnütz vertun?

Auch die Angst, Leistungen der Schüler nicht mehr »gerecht« bewerten zu können, weil doch jeder an etwas anderem arbeitet, lässt Lehrer vor konsequentem Projektunterricht zurückschrecken. Dazu kommt das angesprochene Wagnis, Kinder dazu zu ermuntern, Fragen zu stellen, die sich nicht an der fachlichen Ausbildung eines Lehrers orientieren. Ein Deutschlehrer kann sich vor seinen Schülern nicht darauf berufen, in Biologie immer eine Niete gewesen zu sein, wenn ihm Maria ihre Frage über das Herbstlaub stellt.

Auch an der Helene-Lange-Schule gibt es Lehrer, die diesen Schwierigkeiten gerne aus dem Weg gehen würden, indem sie auf den herkömmlichen Fachunterricht zurückgreifen. Dann würde das Thema Wald zwar gleichzeitig in jedem Fach durchgenommen, die fächerübergreifenden und praktischen Lernansätze gingen aber verloren. Es hat sich gezeigt, dass pädagogische Ansätze, die von Lehrern ein neues Verhalten fordern, immer gefährdet bleiben, wenn sie nicht organisatorisch abgesichert sind.

An unserer Schule wurde deshalb mit einer strukturellen Besonderheit versucht, diesem Rückfall in den Fachunterricht vorzubeugen. Im Stundenplan jeder Klasse gibt es vier zusammenhängende Wochenstunden mit der Bezeichnung »Offenes Lernen«. Das ist kein neues Unterrichtsfach, sondern ein Bereich, der bewusst geschaffen wurde, um dort praktisch zu arbeiten. Wofür die Zeit genutzt wird, entscheidet sich von Woche zu Woche neu, abhängig davon, woran die Klasse gerade arbeitet. Im Offenen Lernen einer Klasse sind in zwei der vier Stunden zwei Lehrer gleichzeitig eingesetzt. Einer davon ist immer der Klassenlehrer, der auch die beiden restlichen Stunden des Tages in der Klasse unterrichtet, so dass es einen Tag in der Woche gibt, an dem ohne zeitliche Beschränkungen durch den Stundenplan sechs Stunden lang an einem Thema gearbeitet werden kann. Der Einwand, man habe nicht genug Zeit, um dieses oder jenes Vorhaben in der knapp bemessenen Unterrichtszeit zu verwirklichen, wird dadurch hinfällig. Die Stunden, die für das Offene Lernen benötigt werden, sind keine zusätzlichen Stunden, die der Schule zur Verfügung stehen. In den Klassenstufen fünf bis acht geben alle Fächer reihum dafür Stunden ab.

Maria hat sich diesmal während des Offenen Lernens in die Leseecke des Klassenraumes zurückgezogen. Ein ganzer Stapel Bücher liegt vor ihr, außerdem eine Kassette mit einem Interview, das sie mit dem Förster geführt hat. Warum Bäume im Herbst ihre Blätter verlieren, hat sie längst verstanden. Jetzt muss sie die Informationen, die sie in den letzten Wochen gesammelt hat, noch aufbereiten. Sie soll die Antwort auf ihre Frage morgen ihren Mitschülern erklären und für die Projektpräsentation am Samstag vor den Eltern muss sie noch ein Schaubild entwerfen. Den Lehrer braucht sie dazu nicht. Der kümmert sich deshalb auch nicht weiter um Maria, sondern hilft zwei Schülern, die ihn um Rat gefragt haben.

Im Offenen Lernen kann es vorkommen, dass die Klasse überall verstreut arbeitet. Eine Gruppe lackiert in der Holzwerkstatt[1] das Modell eines Hochsitzes, im Klassenraum und im Schülertreff sitzen Schüler in kleinen Grüppchen, eine Gruppe ist sogar in der Stadt unterwegs, um Interviews zu machen. Nur wenn Schüler alleine nicht weiterwissen, steht ihnen jemand zur Seite. In der Regel der Lehrer, manchmal aber auch Eltern, die als »Experten« eingeladen werden können. Kommen Schüler allein zurecht, brauchen sie dagegen niemanden, der sie kontrolliert. Diese offene Arbeitssituation macht es auch möglich, dass Schüler auf sehr unterschiedlichem Niveau miteinander und nebeneinander arbeiten können. Während ein handwerklich begabtes Kind seine Arbeit mit einem Modell ergänzt, wird ein anderes unter Heranziehung entsprechender Fachliteratur versuchen, ein Problem zu lösen, das es während der Woche beschäftigt hat. Was passiert mit anderen Lebewesen im Wald, wenn blindwütig gegen Schädlinge vorgegangen wird? Oder was bedeutet es medizinisch, wenn man von einer Zecke gebissen wird? Das sind Fragen, die weit über das hinausgehen, was für den Jahrgang sechs im Lehrplan steht. Aber wir haben schon oft erlebt, dass auch jüngere Schüler zu Leistungen fähig sind, die man normalerweise erst deutlich später erwartet. Das heißt nicht, dass sie klüger sind, nur dass sie lernen können, worauf sie von der Schule neugierig gemacht wurden, gerade weil sie nicht gegängelt werden. Viele arbeiten länger und intensiver, manchmal sogar so engagiert, dass

---

1 In den Anfangsjahren wurde der Schwerpunkt »Praktisches Lernen« von der Robert Bosch Stiftung durch die Einrichtung von Werkstätten unterstützt.

sich Eltern beschweren. Ihr Sohn würde abends um elf immer noch an seiner Arbeit über die Seefahrer sitzen, heißt es dann im Elterngespräch.

Präsentation von Lernergebnissen

Am Ende jeder Projektphase veranstaltet die Klasse eine Präsentation für Eltern, Freunde und Bekannte. Das ist sehr aufwändig und kostet eine Menge Zeit. Mancher Lehrer empfindet diese Präsentationen als Zeitverschwendung. Es hat Jahre gedauert, bis an unserer Schule jeder Lehrer die Vorzüge eines solchen Abschlusses nicht nur erkannt, sondern sie auch anderen Dingen wie beispielsweise dem nächsten Kapitel im Buch oder einer noch zu schreibenden Klassenarbeit vorgezogen hat. Wer eine Theaterszene aufführt oder eine Dia-Show präsentiert, und zwar nicht einmal, sondern im Lauf der Jahre immer wieder, lernt, frei und sicher vor anderen aufzutreten und zu reden. Zugleich ist dieses Vorstellen der eigenen Arbeit ein Ereignis, auf das man hinarbeitet, weil es andere interessiert. Eltern und Bekannte wollen erfahren, was man im Unterricht geleistet und welche Entdeckungen man gemacht hat. Das erfordert von den Schülern eine ganze Menge neuer Überlegungen. Wie zeigt man seine Ergebnisse jemandem, der nicht mit dabei war? Auf einmal genügen Stichworte nicht mehr. Außerdem geht es nicht nur darum, den Zuschauern Sachberichte zu geben. Sie sollen dabei auch unterhalten werden. Die zusätzliche Arbeit lohnt sich für Lehrer und Schüler, weil das Lernen und Arbeiten in der Schule durch das Interesse von außen aufgewertet wird. Lernen wird als sinnvoll erlebt, auch weil sich andere dafür interessieren.

Fachunterricht

Als wir an der Helene-Lange-Schule über Veränderungen nachgedacht haben, planten wir, in jeder Klasse vier große Projekte im Schuljahr durchzuführen. Wir haben schnell gemerkt, dass wir uns und die Schüler damit völlig überforderten. Kinder brauchen auch Formen des systematischen und kontinuierlichen Lernens. Nicht alle Erklärungen und Zusammenhänge können sie selbständig herausfinden oder aus eigenen Erfahrungen ableiten. Es kann also nicht darum gehen, lehrgangsartigen Fachunterricht, wie er heute an Schulen normalerweise stattfindet, zu verdammen oder gar ganz abzuschaffen. Schüler müssen Vokabeln lernen und regelmäßig ihre Hausaufgaben erledigen. So wie sie auch lernen müssen, einem längeren Lehrervortrag konzentriert zuzuhören. Ähnliche Situationen werden sie im Studium oder in einer Berufsausbildung ebenso zu meistern haben.

Natürlich gibt es immer wieder Gründe und Anlässe, sich einfach stur etwas einzuprägen, auch wenn das langweilig ist und Anstrengung kostet. Aber das Englisch-Lehrbuch für die Klasse sechs darf eben nicht zu Beginn des Schuljahres mit dem Ehrgeiz ausgeteilt werden, am Ende des Jahres alle Lektionen abgehakt zu haben. Gefragt werden muss, was die Schüler der Klasse sechs durch dieses Jahr Englischunterricht gewonnen haben. Ist ihnen die fremde Sprache wirklich vertrauter geworden, so dass sie unbefangener und selbstverständlicher von ihr Gebrauch machen?

Ohne Erinnerungen, die Kinder und Jugendliche mit Gelerntem verknüpfen können, hat angelerntes Schulwissen nur geringen Wert. Was für die nächste Klassenarbeit auswendig gelernt wurde, ist schnell vergessen. Um eine Fremdsprache aktiv zu beherrschen, müssen grundlegende Vokabeln und Grammatikstrukturen auch noch Jahre später selbstverständlich verfügbar sein. Diese Verankerung ist umso wahrscheinlicher, desto häufiger man das Gelernte tatsächlich gebrauchen kann, erlebt, dass es nützlich ist. Die Methoden und Lernansätze, die wir im Rahmen des Projektunterrichts ausprobieren und entwickeln, haben deshalb dazu geführt, dass sich auch der normale Fachunterricht in der Helene-Lange-Schule verändert hat. Lehrer nutzen den Englischunterricht, um mit Schülern einen ganzen Vormittag mit amerikanischen Familien zu verbringen. Sie fahren zum Flughafen und interviewen dort Reisende, wo sie herkommen und warum sie unterwegs sind. Ein Vormittag genügt und die Schüler haben begriffen, dass es unendlich viele Menschen gibt, mit denen man sich nur auf Englisch verständigen kann, dass Englisch nicht nur ein Schulfach, sondern eine Sprache ist, die man braucht, um sich in der Welt zurechtzufinden. Mit einigen Comics im Lehrbuch, auf denen man ein Flugzeug und eine lächelnde Stewardess sieht, mit Sätzen, in denen möglichst viele neue Vokabeln vorkommen, lässt sich das kaum erreichen. Die Frau aus Indien mit ihrem Sari, die in Frankfurt nur einen Zwischenstopp auf dem Weg nach Amerika einlegt, vergisst dagegen niemand. Der Preis für solchen Unterricht ist, dass das Lehrbuch oft nicht vollständig durchgenommen wird. Der Gewinn ist, dass die Jugendlichen sich tatsächlich über das Schuljahr hinaus daran erinnern, was sie gelernt haben, und es nicht selten sogar anwenden können.

Fast jeder wird aus eigener Anschauung bestätigen können, dass die eigene Gedächtnisleistung deutlich größer ist, wenn man etwas selbst gemacht hat, als wenn es einem nur erzählt wurde. Warum wird im Schulunterricht trotzdem so selten experimentiert und ausprobiert? Mathematik gilt allgemein als ein sehr abstraktes und besonders anspruchsvolles Fach. Tatsächlich ist sie »abstrakt«. Das ist sozusagen ihr Wesen. Aber sie ist auch nützlich und oft von eindrucksvoller Eleganz. Das müssen Kinder und Jugendliche vor allem erfahren können, wenn sie ihre Angst vor dem schweren Fach verlieren sollen. Wenn es in der zehnten Klasse um trigonometrische Probleme geht, erklären wir deshalb Sinus und Kosinus nicht an der Tafel, sondern machen ein Vermessungspraktikum. Drei Tage lang bauen die Klassen irgendwo in Wiesbaden ihre Theodolite auf und vermessen das Land. Gemeinsam erstellen sie eigene Landkarten und plötzlich hat Trigonometrie einen unmittelbar überzeugenden, anschaulichen Nutzen.

Diese Formen des praktischen Lernens, man kann auch sagen: »Lernen aus und durch Erfahrung«, hat zur Folge, dass die zur Verfügung stehende Unterrichtszeit anders genutzt werden muss. Weniger, aber das gründlicher, um wirkliches Verstehen statt unverstandene Kenntnisse zu fördern, wäre ein Anfang. Diese Forderung ist nicht neu. Der Fachbegriff dafür heißt »exemplarisches Lernen«. Meist fällt in diesem Zusammenhang der Name Martin Wagenschein. Bereits vor mehreren Jahrzehnten hat er anhand dieses Prinzips überzeugend erläutert, worum es eigentlich geht – oder gehen müsste –, wenn ein Kind oder ein Jugendlicher Mathematik oder Physik lernt. Andere haben das gleiche Prinzip auf Literatur oder Geschichte angewandt. In Geschichte kann das exemplarische Lernen anhand von Leitfragen geschehen, die an wenigen Beispielen gründlich untersucht werden. Welche Antworten gab es demnach auf die Fragen »Was ist ein guter Mensch, ein gutes Leben, eine gute Gesellschaft?« im antiken Griechenland, im europäischen Mittelalter oder in den 20er-Jahren in Deutschland? Oder: Wie haben Machthaber versucht, ihre Macht zu sichern? Warum sind sie schließlich gescheitert? Welchen Einfluss hatten Geographie, Klima, Technik oder Religion auf gesellschaftliche Entwicklungen? Woher wissen wir das eigentlich? Wie können wir prüfen, ob wir da nicht etwas hineininterpretieren, sondern ob es »Beweise« (Quellen) gibt? In jedem Fall geht es darum, sich auf ein Thema gründlich einzulassen.

Wer einmal erlebt hat, dass es möglich ist, selbst etwas herauszufinden, zumindest vorläufige Antworten auf solche Fragen an die Geschichte zu erhalten, der wird sie hoffentlich nicht mehr als etwas Langweiliges empfinden, das man eben notgedrungen auswendig lernen muss. Der wird hoffentlich neugierig werden, ob man nicht auch vieles, was einem bis dahin nur wie ein unabwendbares Schicksal erschienen ist, sich durch seine Vorgeschichte oder seine Begleitumstände besser verstehen ließe.

Natürlich lösen auch wir trotz aller Veränderungen im Unterricht unsere Absichten oft nicht ein, erreichen beileibe nicht bei jedem Schüler, was wir erhoffen. Aber es ist doch der Maßstab geblieben, an dem viele von uns gemessen haben, ob ihr Unterricht erfolgreich war: Haben die Kinder und Jugendlichen verstanden, dass es um wichtige, manchmal sogar aufregende Fragen geht? Haben sie ein wenig mehr Zuversicht gewonnen, dass es sich lohnt, gründlich zu sein, sich nicht zu schnell zufrieden zu geben? Sind sie beim Nachfragen mutiger und in den jeweiligen Methoden des Nachfragens sicherer und selbstkritischer geworden? Haben sie vielleicht sogar etwas entdeckt, was nicht nur vorgeschriebener Stoff ist, sondern sie persönlich berührt oder gar begeistert? Es geht nicht darum, dass Lernen Spaß macht, wie man neuerdings immer wieder hört, aber darum, dass es, wenigstens von Zeit zu Zeit, aufregend ist, faszinierend und, wenn es gelingt, selbst etwas herauszufinden, höchst befriedigend.

Mit Unterschieden umgehen

Unterrichtsalltag in der Helene-Lange-Schule, Mathe in einer sechsten Klasse: Ehsan und Bryan holen sich die MEXBOX, die MathematikEXperementierBOX, aus dem Regal. In der Kiste befindet sich ein Klassensatz Steckbretter, bunte Plastikstöpsel, Haushaltsgummis und andere Zusatzmaterialien, mit denen sich auf dem Steckbrett geometrische Figuren entwerfen lassen. Die beiden Sechstklässler kennen die MEXBOX schon seit einem Jahr, erst neulich haben sie auf den Steckbrettern die Eigenschaften spiegelsymmetrischer Figuren untersucht und ein Verfahren kennen gelernt, wie man Spiegelbilder im Heft mit dem Geodreieck zeichnet. Heute geht es um zwei Spiegelungen, die nacheinander an parallelen Geraden ausgeführt werden. Während Ehsan und Bryan die Steckbretter verteilen, je zwei Schüler bekommen jeweils ein Brett, holen sich ihre Mitschüler Spiegel und Arbeitsblätter und beginnen, das vorgegebene Dreieck und die Spiegelgerade durch zwei vorgegebene Punkte zu stecken. Das Arbeitstempo ist unterschiedlich. Einige übertragen schon nach wenigen Augenblicken ihre Steckfiguren auf das Rasterblatt und formulieren erste Ergebnisse, andere üben noch nach einer Viertelstunde das Bestimmen von Punkten im Koordinatensystem, korrigieren mit Hilfe des Spiegels fehlerhafte Spiegelpunkte oder vergleichen ihre Lösungen mit den Lösungen auf dem Lehrertisch.

Nach 25 Minuten sind alle mit den ersten beiden Aufgaben durch, manche sitzen schon an den nächsten Aufgaben. Zeit für eine Besprechung. Veronique und Tammy stecken noch einmal die Figur der ersten Aufgabe, Achim und Benjamin haben die zweite Figur noch auf dem Steckbrett. Die vier Schüler bringen ihre Bretter mit in den Kreis und beschreiben, während alle auf dem Boden um die Bretter herumsitzen, wie ihre Figuren entstanden sind. Im Gespräch tragen die Schüler die Eigenschaften der Figuren zusammen, einige, die schon andere Figuren gesteckt haben, bestätigen und ergänzen sie und benutzen dabei ihre Bretter ebenfalls als Anschauungsmaterial. Danach entscheiden die Schüler, entsprechend ihren unterschiedlichen Zugangsweisen und ihrem Tempo, wie sie die Arbeit fortsetzen.

Die Helene-Lange-Schule ist eine integrierte Gesamtschule. Schüler werden hier auf sehr unterschiedlichen Lernniveaus unterrichtet, ohne nach Leistung in unterschiedliche Lerngruppen sortiert zu werden. In einer Klasse sitzen Schüler, die später problemlos ihr Abitur bestehen werden, neben Schülern, die nach der neunten Klasse mit dem Hauptschulabschluss abgehen und eine Lehre beginnen werden. Für einen Lehrer sind derartige Leistungsunterschiede, die es in unterschiedlichem Ausmaß an jeder Schule gibt, eine Herausforderung. Auch am Gymnasium gibt es Kinder, die länger brauchen, um einen Zusammenhang zu verstehen, und die Schnellmerker, die mehr als alle anderen wissen. Dennoch erwartet jedes Kind und jeder Jugendliche zu Recht, dass der Lehrer herschaut, wenn sie etwas vorzeigen, und dass er zuhört, wenn sie Fragen oder Antworten haben.

Im Mathematikunterricht der sechsten Klassen, genauso wie in allen anderen Fächern und Jahrgangsstufen, versuchen wir mit diesem Dilemma fertig zu werden, indem wir die Jungen und Mädchen sehr oft und sehr zeitintensiv selbständig Aufgaben und Fragestellungen nachgehen lassen. Sie sollen möglichst viel selber machen. Das verändert die Aufgaben und die Rollen der Lehrer. Natürlich sind vor allem sie es, die ihre Schüler durch das Einüben von Regeln und Verhaltensweisen überhaupt erst zu selbständigem Arbeiten befähigen, wovon an anderer Stelle noch ausführlich die Rede sein wird. Darüber hinaus werden sie aus Belehrenden zu Lernberatern. Sie müssen die Materialien bereitstellen, oft sogar erst erfinden, die jeden Schüler genügend fordern. Sie müssen den Überblick über die verschiedensten Aktivitäten der kleineren und größeren Schülergruppen behalten. Und sie müssen sich dennoch die Zeit nehmen, um im richtigen Augenblick auf einzelne Schüler einzugehen, herauszufinden, welche Wege er oder sie gerade geht, welcher Fehler in die Irre geführt hat und wie man helfen kann, während alle anderen weiter arbeiten.

Reden ist in vielen Unterrichtsphasen erlaubt, manchmal würde Stillarbeit Schüler eher am Lernen hindern. Während der Mathelehrer mit Veronique und Tammy kurz ihre Erklärung für die erste Aufgabe durchspricht, sitzen Ehsan und Bryan nicht auf ihren Plätzen, sondern stehen bei Benjamin, um ihren mit seinem Lösungsweg zu vergleichen. Achim erklärt unterdessen seinen Tischnachbarn, wie sie den Koordinatenstreifen stanzen können. Kristian flucht über fehlende Gummiringe, bis ihm Lena ein paar von ihren gibt, damit er weiterarbeiten kann. Dass beim Arbeiten geredet werden darf, eigentlich sogar geredet werden muss, ist selbstverständlich. Angewöhnen muss man sich nur, es immer leise zu tun. Lernen ist ein Prozess. Ein ständiges Probieren und Revidieren, bei dem Fehler machen erlaubt und das Unterhalten darüber, warum etwas nicht geklappt hat und wie es besser funktionieren könnte, förderlich ist. Vermutlich ist es gerade die herkömmliche und vorherrschende Kommunikationssituation in der Schule, der so genannte »fragend entwickelnde« Unterricht mit der ganzen Klasse, die es dem Lehrer so schwer macht, auf jeden seiner Schüler einzeln einzugehen und die es Schülern unmöglich macht, im Unterricht auch einmal die Aufmerksamkeit des Lehrers für sich allein zu gewinnen.

In der Klasse von Ehsan und Bryan sind die Schüler darauf trainiert, möglichst viele Wege zu gehen, um ein Problem zu lösen, anstatt immerzu auf den Lehrer und seine Anleitung angewiesen zu sein und zu verzweifeln, wenn der Lehrer nicht beratend oder auch drohend und kontrollierend an ihrer Seite steht. Wenn Bryan während einer Phase selbständiger Arbeit einmal nicht weiterweiß, fragt er seine Tischnachbarin Ehsan. Wenn die es auch nicht weiß, gehen beide zusammen zum Klassenbesten in Mathe und fragen ihn. Erst wenn auch der keine Antwort weiß, gehen sie zu dritt zum Lehrer.

Ein Stockwerk höher rückt für die Schüler der 9a der Termin für die nächste Mathearbeit näher. Adrian hat zweimal gefehlt, die verpassten Stunden werden ihm jetzt fehlen. Er ist nicht der Einzige, der die Lektion unbedingt nochmal wiederholen möchte. Wer will, könne doch die Freistunden nutzen, Dienstags in der fünften und sechsten Stunde, und statt nach Hause zu gehen, den Stoff mit den Mitschülern gemeinsam durchgehen, schlägt die Mathelehrerin vor. Von 26 Schülern bleiben daraufhin über die Hälfte da, organisieren sich in kleinen Gruppen, in denen ein, zwei gute Schüler mit einigen schwächeren lernen, ohne dass ein Lehrer dabei ist. Taucht tatsächlich einmal eine Frage auf, die keiner der anwesenden Schüler beantworten kann, kommen sie in den Unterricht der Mathelehrerin, die zur selben Zeit eine andere Klasse unterrichtet, und fragen, ob sie kurz helfen könnte. Sie hilft, ohne dass die Klasse, in der sie gerade unterrichtet, im Chaos versinkt, weil auch die Schüler der anderen Klasse sich selbst beschäftigen können. Diese gemeinsame Nachhilfestunde funktioniert so gut, dass die Klasse die freiwilligen Treffen regelmäßig wiederholt.

Ich habe eine der guten Schülerinnen gefragt, ob es nicht langweilig sei, mit einem schwachen Schüler etwas zu wiederholen, was ihr doch überhaupt keine Schwierigkeiten mache. Sie werde dadurch sogar besser, hat sie geantwortet, weil ihr durch das Erklären und Helfen klar werde, an welchen Stellen sie selbst noch unsicher sei. Den schwächeren Schülern helfe es dagegen, dass sie mal ohne Lehrer und in aller Ruhe Fragen stellen und über Antworten nachdenken könnten.

3. Stell dir vor, du wärst ...
Imagination und Lernen

Neben dem logischen und dem analytischen Denken, dessen Förderung die Schule – mit Recht! – zu ihrer Hauptaufgabe gemacht hat, gibt es auch die Fähigkeit der Imagination, die sie zu oft unverantwortlich vernachlässigt. In naiver Arbeitsteilung wird die Schulung des Vorstellungsdenkens den musischen Fächern zugewiesen, in denen »Kreativität« ihren Platz haben soll. Dabei waren auch in allen anderen Bereichen die interessanten und wichtigen Erkenntnisfortschritte nur möglich, weil jemand »kreativ« neue Fragen stellte und das Vermögen besaß, sich vorzustellen, dass vom Herkömmlichen abweichende Lösungen möglich sein könnten.

Unter Vorstellungsdenken wird – grob und verallgemeinernd formuliert – die Fähigkeit verstanden, mit Hilfe unserer Sinne und unserer Geisteskraft Bilder und Eindrücke aus der Wirklichkeit aufzunehmen, weiterzuverarbeiten und zu einem späteren Zeitpunkt wieder abzurufen. Verfügt man über diese Fähigkeit, erleichtert sie das Lernen und unterstützt das Gedächtnis. Manchmal hilft es Kindern und Jugendlichen sogar dabei, sich Ziele zu setzen und Selbstvertrauen zu gewinnen. Will man das ermöglichen, dann muss eine Schule beginnen, das Vorstellungsdenken ihrer Schüler im Unterrichtsalltag nicht mehr zufällig und nebenbei, sondern systematisch herauszufordern.[1]

---

1 Viele der Anregungen zu diesem Schwerpunkt verdanken wir Frau Dr. Eva Madelung und ihrer Stiftung für Bildung- und Behindertenförderung, die uns über viele Jahre auch finanziell unterstützt hat.

Die Schulung des Vorstellungsdenkens kann auf unterschiedlichen Wegen erfolgen. Sie stehen in Wechselwirkung zueinander:

1. Um die Sinne zu schärfen, ist es notwendig, so oft wie möglich Gelegenheiten zu visuellen, akustischen, taktilen und kinästhetischen Wahrnehmungen zu schaffen. Dabei sollte der ganze Körper als Wahrnehmungsorgan genutzt werden. Es sind schließlich die realen Erfahrungen beim Tasten, Fühlen, Hören und Schauen, die die Grundlage bilden, um Eindrücke aus der Wirklichkeit auch mental erinnern und hervorrufen zu können.

2. Aus der Psychoanalyse und Psychotherapie wissen wir, dass wir Bilder aus dem Unbewussten empfangen und mit ihnen in einen inneren Dialog treten können. Solche inneren Bilder können in einem entspannten Zustand auch bewusst hervorgerufen werden und eine heilende und stärkende Wirkung haben. Das Vorstellungsdenken ist körperorientiert und körpergebunden. Es wäre ein nicht zu unterschätzender Gewinn, wenn die Fähigkeit zur Entspannung auch in der Schule, beispielsweise an jedem Morgen vor dem eigentlichen Unterricht, geübt würde. Auch Bewegung – und damit ist der gängige Sportunterricht nur am Rande gemeint – entwickelt das Vorstellungsvermögen.

3. Viele Eindrücke, die wir tagtäglich gewollt, oft aber auch ungewollt in uns aufnehmen, verlangen danach, reflektiert zu werden. Das Nachdenken über die eigenen Wahrnehmungen ist die Voraussetzung, um den von außen auf uns eindringenden Welten wie beispielsweise der Flut von Medien, eigene Bilder entgegensetzen zu können.

Das Radiostudio

»Achtung Aufnahme! Band läuft.« Kerstin sitzt im Tonstudio vor dem Mikrofon, den Kopfhörer auf, ihren Text gut lesbar vor sich. Hanna sitzt am Mischpult und nickt. Sie hat alles im Blick und wenig später Kerstins ersten Versprecher im Ohr. »Macht nichts. Sprich den Satz einfach nochmal. Das Schneiden wir später.« Kerstin fängt trotzdem von vorne an. Den kurzen Text nur mit Hilfe der Technik ohne Stottern aufs Band zu bekommen, lässt ihr Ehrgeiz nicht zu.

Seit mehreren Jahren lernen unsere Schüler von einer Lehrerin, die mit einem Teil ihrer Stunden beim Hessischen Rundfunk arbeitet, das journalistische Handwerk. In einem Tonstudio nehmen sie selber auf, schneiden, texten und senden. Kerstin arbeitet gerade an einem Beitrag über ihren Tierarzt. Vor zwei Monaten hatte sie bei ihm ihren Hund einschläfern lassen müssen. Nun will sie ihr trauriges Erlebnis ihren Mitschülern schildern. Anfangs stellt sie das vor einige Probleme. Zwar kann sie sich an jedes Detail noch genau erinnern. Aber wie kann sie die Tierarztpraxis so beschreiben, dass sich andere, die nie dort waren, vorstellen können, was sie gesehen hat? Gibt es Geräusche, die für diesen Ort typisch sind? Mit welchen Worten kann sie beschreiben, was wichtig war?

Die Fragen verdeutlichen, wie beim Radiomachen das Vorstellungsvermögen gefordert ist. Fast immer muss für einen Beitrag ein Sachverhalt, ein Problem, eine Lektion oder eine Szene so in das akustische Medium umgesetzt werden, dass ein Hörer dies versteht und selbst wieder in eigene Vorstellungen übersetzen kann. Sichtbares wird in Hörbares verwandelt, um später im Kopf des Hörers wieder zurückverwandelt zu werden. Von beiden Vorgängen müssen sich Schüler zunächst einmal durch Training eine Vorstellung machen, um es später selbst erfolgreich zu probieren.

Das Radio ist von Musiksendern abgesehen nicht das beliebteste Medium. Fernsehen hat ihm längst den Rang abgelaufen. Lässt man Schüler entscheiden, wollen viele lieber einen Film drehen als eine Radiosendung produzieren. Das Nachdenken über die eigene und die fremde Wahrnehmung geht beim Filmen allerdings zu schnell und zu leicht verloren. Die bunten Bilder, dank technischer Fortschritte scheinbar »perfekt«, obschon fast immer gestümpert und imitiert, beeindrucken. Schüler lichten mit der Kamera ab, was sie sehen, und glauben, dass alle anderen dasselbe sehen. Auch wenn es bei uns in der neunten Klasse mittlerweile zwei Filmprojekte gibt, halten wir deshalb am Radio in der Schule fest.

Wie hört sich Wiesbaden an? Janis zuckt mit den Schultern. Der Siebtklässler ist zwar hier aufgewachsen, aber hingehört hat er noch nie. Sehenswürdigkeiten kann er aufzählen, wie Wiesbaden aussieht, weiß Janis auch. Aber wie hört sich die Stadt an? Die Schüler der 7b nehmen ihre Aufnahmegeräte und machen sich auf die Suche. Das Plätschern des Marktbrunnens? Andere Brunnen klingen doch genauso. Eine Zugankunft im Hauptbahnhof? Typisch für jede Stadt. Aber es gibt doch eine ganze Menge, was man nur in Wiesbaden hört: Das Glockenspiel der Marktkirche, die Kuckucksuhr, die Fahr- und Wassergeräusche der Nerobergbahn, selbst im Kurpark und auf dem Wochenmarkt findet Janis Geräusche, die es nur in Wiesbaden gibt. Im Studio schneidet die Klasse ihre Beiträge zusammen, die später im Hessischen Rundfunk, der nach dem besonderen Klang von Wiesbaden gesucht hatte, gesendet werden.

Eine andere Klasse präsentiert ihre Projektergebnisse nicht im Radio, sondern entwickelt eine eigene Hörinstallation. Während sie zwei Monate fächerübergreifend zum Thema »Wasser« gearbeitet haben, waren sie auch unterwegs, um Wassergeräusche aufzunehmen: einen kleinen Bach, die Brandung des Meeres, einen Wasserhahn, Regen. Jetzt wollen sie herausfinden, welche Vorstellungen die unterschiedlichen Klangbilder, die alle durch Wasser entstehen, bei ihren Zuhörern hervorrufen.

Angeregt durch Themen im Unterricht, aber auch durch aktuelle Ereignisse produziert fast jeder Schüler an der Schule wenigstens einmal einen Hörbeitrag. Damit sind nicht nur Radiosendungen gemeint. Hörbücher, basierend auf selbst geschriebenen Fortsetzungsgeschichten, Hörbriefe an Brieffreunde in der Ukraine, voll gesprochen mit Freien Texten, persönlichen Briefen, aufgelockert mit der eigenen Lieblingsmusik, oder sogar Referate, die in Form von Hör-Szenen und Info-Texten gesprochen werden – die Ergebnisse sind so vielfältig wie die technischen Möglichkeiten. Dadurch ist es fast immer möglich, auch den regulären Fachunterricht mit einer Schulung des Vorstellungsvermögens zu verknüpfen.

Es gibt noch andere Beispiele, die angeführt werden müssten, wenn es darum geht, wie Vorstellungsdenken geschult werden kann. Die praktische Arbeit im Rahmen des Projektunterrichts zählt dazu. Die Möglichkeiten, die beispielsweise das Projekt »Wald« zum imaginativen Lernen bietet, sind zahlreich: das Hören im Wald mit verbundenen Augen; barfuß den Waldboden spüren, Rinde, Laub und Gras betasten; Riechen von Pilzen, vermodertem und frischem Laub. Genauso bietet sich die Möglichkeit für das Einüben eines bildhaften und symbolischen Denkens. Etwa: die Festigkeit, Dauer und Zuverlässigkeit eines Baumes wahrnehmen und ihn so als Symbol für Geborgenheit in anderen Situationen wieder abrufen können.

Auch die Theaterarbeit, die in den letzten Jahren zu einem der wichtigsten Merkmale unseres Schulkonzeptes geworden ist, wird noch ausführlicher beschrieben. Sie ist ein wesentlicher Bestandteil unserer Bemühungen, die Schulung des Vorstellungsvermögens in die Unterrichtskonzeption zu verankern.

Der Raum der Stille

Kinder sind verschieden. Es gibt die unruhigen und ungeduldigen, aber auch die geduldigen und ruhigen. Das war schon immer so. Und immer schon, insbesondere wenn sie in Gruppen mit Gleichaltrigen zusammen waren, ist es vielen schwer gefallen, sich nicht ablenken zu lassen, sich auf ihre eigenen Vorhaben zu konzentrieren. Doch nicht wenige Lehrer haben den Eindruck, dass es mehr und mehr Kinder gibt, denen es nicht nur schwer fällt, sondern fast unmöglich ist, länger als ein paar Minuten still zu sitzen und still zu sein. Es ist, als lebten sie in einer ständigen, nervösen Sorge, ja nichts zu versäumen, alles irgendwie mitzukriegen und auf jeden Reiz zu reagieren. Dass dieses Interesse und diese Reaktionen dann jeweils nur kurz und oberflächlich sein können, liegt auf der Hand. Mag sein, dass das, wie viele meinen, mit der »Reizüberflutung« zusammenhängt, die nicht nur den Alltag der Kinder und Jugendlichen prägt, sondern an die auch wir Erwachsenen uns mehr oder weniger gut angepasst haben. Ganz sicher ist dieses Überangebot an Informationen, Botschaften und Unterhaltungsmöglichkeiten durch die allgegenwärtigen elektronischen Medien noch einmal gewaltig verstärkt worden. Aber die sind es nicht allein. Es scheint so, als gebe es da nach einiger Gewöhnung so etwas wie einen Sucheffekt. Stille oder das Ausbleiben von irgendwelchen »interessanten« Ablenkungen werden nicht als erholsam oder als befriedigend, sondern als quälend empfunden. Man muss geradezu lernen, sie auszuhalten.

Selbst wenn Besuchern unserer Schule immer wieder auffällt, dass es zum Beispiel in den Pausen wenig von dem üblichen Pausengeschrei gibt oder dass während des Unterrichts meist eine Arbeitsatmosphäre vorherrscht, bei der kleine Gruppen gedämpft miteinander reden, so dass sie die anderen möglichst nicht stören: Wirkliche Stille herrscht auch an unserer Schule selten. Es schien uns wichtig, dass Kinder und Jugendliche nicht nur lernen, sie zu ertragen, sondern sie als wohltuend und als eine Quelle neuer Erfahrungen zu erleben. Das, meinten wir, müsse man üben können. Also haben wir in einem Seitentrakt des Schulgebäudes einen Raum der Stille eingerichtet. Er hat keinen besonders glücklichen Grundriss, ist eher lang und schmal, in der Fläche aber ungefähr so groß wie die übrigen Klassenräume und er ist, bis auf die circa 25 schwarzen Matten und Sitzkissen, die in einer bestimmten Ordnung auf dem hellen warmen Teppichboden liegen, leer. An einer der Stirnseiten liegt ein Sitzkissen, das meist von dem Lehrer benutzt wird. In dessen Nähe steht eine große Klangschale. Wenn sich eine Klasse mit ihrem Religionslehrer oder Klassenlehrer das erste Mal in diesen Raum zurückzieht, üben sie eine Reihe von Regeln ein. Der Weg vom Klassenraum zum Raum der Stille wird schweigend zurückgelegt. Vor der Tür werden die Schuhe ausgezogen. Im Raum sitzt jeder für sich allein, niemand soll sich beobachtet fühlen.

Richtig sitzen und atmen ist für erstaunlich viele Kinder nicht leicht. Manchen tun nach kurzer Zeit die Beine oder der Rücken weh. Sie fühlen sich unbehaglich, und es gelingt ihnen erst nach und nach, sich zu entspannen. Die eigentliche Übung beginnt mit dem tiefen und lange nachschwingenden Ton der Klangschale. Die Aufmerksamkeit sammelt sich. Zum aufmerksamen Hören kommt meist das Tasten. Vielleicht hat der Lehrer einen Stein mitgebracht. Jeder nimmt ihn in die Hand, versucht zu spüren, wie schwer er ist, welche Oberfläche er hat, und gibt ihn weiter. Ist er warm oder kalt? Wo kommt er wohl her? Welche Geschichte hat er erlebt? Es wird nicht gleich geredet. Jeder soll sich auf seine eigenen Eindrücke und Gedanken konzentrieren. Später kann man sie austauschen und so miteinander teilen.

Stille kann man hören, Stille kann Angst machen, Stille ist wohltuend. Schüler haben die unterschiedlichsten Empfindungen, wenn sie versuchen herauszufinden, wie sich Stille anfühlt. Unheimlich, beruhigend, peinlich. Kann man Stille überhaupt fühlen? Der Klassenlehrer schlägt während einer Übung vor, sich vorzustellen, wie es ist, barfuß über einen feuchten Waldweg zu gehen. Dabei Vögel zu hören, Blätter zu spüren, Pilze zu riechen. Fast zwanzig Minuten gehen die Schüler auf Fantasiereise, in den Wald, an den Strand, in den Regen.

Ich weiß von einigen Lehrern, die sich damit quälen, dass zu viele ihrer Schüler einfach nicht mehr stillsitzen können. Deshalb haben sie erprobt, ob man nicht im Unterricht Stilleübungen oder Fantasiereisen machen könne. Oder auch Atemübungen: Weil viele Schüler zu flach und zu schnell atmen, werden sie angeleitet. Die Achtsamkeit und Wahrnehmung werden geschult: Welchen Weg nimmt der Atem eigentlich durch meinen Körper? Kann ich Schwingungen spüren, wenn ich einen Ton vor mich hin summe? Was fühle ich, wenn ich schnell und flach oder ganz langsam und tief atme? Manchmal gelingt das, aber oft scheitern solche Versuche im Unterricht auch, führen zu eher peinlichen Situationen. Ein wichtiger Grund für dieses Scheitern wird vermutlich sein, dass der gewohnte Klassenraum schlechte Voraussetzungen bietet, um in der Alltagshektik einen Moment innezuhalten. Möglicherweise binden in der gewohnten Alltagsumgebung die Ablenkungen und die Erinnerungen an den sonstigen Betrieb die Energien der Kinder einfach zu stark.

Selbst in einem eigens eingerichteten Raum der Stille mit seiner besonderen Atmosphäre können diese Übungen misslingen. Manche Schüler beginnen zu kichern, was dann leicht andere ansteckt, oder sie versuchen, aus der ungewohnten Sitzordnung auszubrechen, flegeln sich hin oder stoßen den Nachbarn an. Fast immer müssen auch die Lehrer erst lernen, wie man eine Stilleübung wirkungsvoll anleitet. Zu diesem Zweck trifft sich an unserer Schule die Konferenz der Religionslehrer – und manch andere Lehrer nehmen daran teil – in größeren Abständen und man tauscht Erfahrungen aus oder macht auch selbst die eine oder andere neue Übung.

Natürlich ist das Alter der Schüler wichtig. Pubertierende Jugendliche, die so etwas vorher noch nie erfahren und geübt haben, sind den Anforderungen, die solche Übungen im Raum der Stille mit sich bringen, häufig nicht gewachsen. Auf keinen Fall wollen sie sich vor den anderen bloßstellen und haben darum fast nicht überwindbare Hemmungen, sich in deren Gegenwart auf Ungewohntes einzulassen. Wir beginnen deshalb mit allen fünften Klassen, bald nach Beginn des ersten Schuljahres bei uns. Unser wichtigstes Ziel ist, dass den Jungen und Mädchen diese regelmäßigen »besonderen« Zeiten im Raum der Stille selbstverständlich werden. Glücklicherweise kennen immer mehr von ihnen Stilleübungen oder Ähnliches schon aus der Grundschule. Sie wissen bereits, wie gut ihnen das tut.

Es kommt aber auch vor, dass ältere Schüler, insbesondere diejenigen, die bereits Erfahrungen mit dem Raum der Stille gemacht haben, ihre Mitschüler und ihre Lehrer überzeugen, dass es allen gut täte, mal wieder gemeinsam eine Stunde im Raum der Stille zu verbringen. Eine längere sitzende Stilleübung kann übrigens auch in andere sanfte Körperübungen übergehen, beispielsweise aus dem Yoga oder dem Tai-Chi. Die meisten Schüler gehen nach einer solchen Stunde erfrischt und gestärkt zurück in den normalen Unterricht.

Der Raum, der sich schon äußerlich von den anderen Räumen in der Schule unterscheidet, die besonderen Übungen und die Erfahrungen, die dort einerseits jeder für sich, andererseits alle gemeinsam machen (wodurch dieser Raum auch zu einem sozialen Raum wird), all das sind Hilfen, um etwas Verschüttetes wieder zu entdecken oder überhaupt zum ersten Mal zu erleben. Diese Hilfe kann vor allem dann wirken, wenn der Raum und das sich dort Versammeln in den Augen der Schüler in dieser Schule zu den selbstverständlichen Gewohnheiten gehören und nicht von der zufälligen Person eines Lehrers abhängen. Dass sich dort immer wieder auch einzelne Lehrer aufhalten, um einfach nur einmal eine Viertelstunde innezuhalten und still zu sein, vermittelt den Schülern zugleich die Gewissheit: Du bist kein Spinner! Auch Erwachsene haben ähnliche Bedürfnisse wie du, empfinden ähnlich wie du, suchen nach etwas, das sie Ruhe finden lässt und ihnen gut tut. In den Cliquen der Gleichaltrigen, wahrscheinlich auch in den meisten Elternhäusern gelten Stille und meditative Übungen in der Regel nichts. Als Kind oder Jugendlicher macht man sich damit lächerlich.

Auch an unserer Schule war es durchaus umstritten, ob wir einen besonderen Raum einrichten sollten, dessen einziger Sinn darin besteht, der Stille einen Ort zu geben. Der Konflikt brach offen und mit vielen Stellungnahmen von Befürwortern und Gegnern aus, als sich die Möglichkeit bot, einem Raum, der bis dahin als Druckerei gedient hatte, aber kaum noch genutzt wurde, eine neue Bestimmung zu geben. Einige Lehrer waren der Meinung, die Schule brauche viel dringender einen zweiten Computerraum. Die vorhandenen Möglichkeiten seien einfach nicht ausreichend. Computer und Internet seien das, was alle Schüler unbedingt zu beherrschen lernen müssten. Ein Raum der Stille dagegen wirke eher esoterisch, für eine Schule geradezu seltsam. Was sollte denn dort unterrichtet werden? In den Rahmenplänen stehe Stille jedenfalls nicht! Erst als für die Computer-Befürworter eine andere Lösung gefunden wurde, nämlich zusätzliche Computer dezentral in jedem Schülertreff für die Schüler zur Verfügung zu stellen, damit sie einen leichteren und schnelleren Zugang zu diesem Arbeitsgerät bekämen, war auch der Raum der Stille durchzusetzen. Fast in jeder Lehrergruppe, die seitdem unsere Schule besuchte und in den Raum der Stille geführt wurde, hat jemand gesagt: »Ach, wenn ich das in meiner Schule hätte!«

Marius hat mit seiner Klasse zum ersten Mal im Raum der Stille eine Fantasiereise gemacht. Beim Abendessen berichtet er davon. Daraufhin erzählen ihm seine Eltern, dass es zu allen Zeiten und in ganz verschiedenen Kulturkreisen immer besondere Räume gab, in die Menschen sich zurückziehen, in denen sie nachdenken, beten und zu sich selbst finden konnten. Selbst in Berlin, mitten in der Großstadt, gebe es einen ähnlichen Raum der Stille, der zwar von Verkehr umbrandet, aber in dem es ganz leise ist. Sie beschließen, fünfzehn Minuten ganz leise zu sein und einfach beieinander zu sitzen.

4. Ernsthaft miteinander reden
Religionsunterricht

Eines Tages erschien ein zehnjähriger Junge vor meinem Schreibtisch und sagte mir, er wolle aus dem Religionsunterricht austreten. Er habe bereits seine Eltern gefragt und die seien damit einverstanden. Auf meine Nachfrage, warum er das tun wolle, gab er mir zur Antwort. »Ich glaube an den Urknall.« Nach einigem Nachdenken entgegnete ich ihm, dass dies ein sehr interessanter Gedanke sei. Warum er nicht in seine Klasse gehen würde, um ihn dort mit seinen Mitschülern zu besprechen? Am besten im Religionsunterricht. Daraufhin ist er gegangen, um seine Überzeugung dem Religionslehrer mitzuteilen. Austreten wollte er danach nicht mehr.

Mit der Religion in der Schule ist es wie mit allen wichtigen und schönen Dingen: In der einen Schule wird Musik etwas, woran man sich gemeinsam freut, was uns in der Seele berührt, uns einfach gut tut. In der anderen wird sie zu Lehrstoff, an dem nur interessiert, was einer davon nach ein paar Wochen noch genau erinnert, damit man ihm eine gute oder schlechte Zensur geben kann. Als die Helene-Lange-Schule noch ein Gymnasium war, gab es evangelischen und katholischen Religionsunterricht. Eltern, die der Meinung waren, ihr Kind gehöre weder in den einen noch in den anderen Unterricht, konnten ihr Kind abmelden. Mit vierzehn galten die Kinder als religionsmündig und konnten dies alleine tun, wovon sie ausgiebig Gebrauch machten. Als das Fach Ethik eingeführt wurde, um diese Schüler »aufzufangen«, führte dies dazu, dass von nun an Schüler ihre Wahl von der Person des Lehrers abhängig machten. Es gab sogar Fälle, in denen evangelische Schüler im katholischen Unterricht saßen, weil ihnen die katholische Religionslehrerin sympathischer war als ihr evangelischer Kollege. Religion oder Ethik waren zu Fächern geworden, die Schüler mit möglichst wenig Anstrengung hinter sich bringen wollten. Ernsthafte oder gar persönliche Fragen, die einen Schüler vielleicht beschäftigten, wurden dort nur selten besprochen. In den Gruppen, die sich oft in jedem Jahr anders zusammensetzten, fehlten die Kontinuität und der Schutz einer vertrauten Gruppe und eines bekannten Lehrers, um sich auch an solche Fragen heranzuwagen.

Religion im Klassenverband

Fast zwanzig Jahre später, in derselben Schule, erzählt eine Siebtklässlerin im Religionsunterricht, ihr Opa sei gestorben, aber sie dürfe nicht an der Beerdigung teilnehmen. Ihre Eltern wollten sie schonen. Die Lehrerin bestärkt sie in ihrem Wunsch, zur Beerdigung zu gehen. Nach einem Telefongespräch mit den Eltern darf die Schülerin doch mit. Einige Tage später erzählt sie der Klasse, was sie erlebt und wie sie sich gefühlt hat. Der Pfarrer habe sich viel Zeit genommen, um mit ihrer Oma und ihrer Mutter die Predigt vorzubereiten. Während er dann erzählt habe, was ihr Opa für ein Mensch gewesen sei, habe sie immerzu geweint. Außerdem habe sie sich gefragt, ob das wirklich ihr Opa sei, der da in dem blumengeschmückten Sarg liegt. Ihre Mitschüler hören gespannt zu und fragen sie aus.

Im Unterricht herrscht eine konzentrierte Stimmung. Dazu trägt vor allem das Ritual bei, das die Lehrerin für ihre Klasse eingeführt hat und das auch von einigen anderen Religionslehrern übernommen wurde: Jeweils zwei Schüler haben die Aufgabe, sich für die Religionsstunde ein Mandala auszudenken und die notwendigen Materialien mitzubringen. Mit Muscheln, Steinen, Federn oder Kastanien legen sie in der Pause auf einen schönen Teppich ihr Muster und geben dem einen Namen. Wenn die Lehrerin den Raum betritt, sitzen die Schüler bereits leise im Kreis um das Mandala herum. Dann wird über das Thema, das sich die Schüler gewählt haben, geredet. Anschließend öffnet ein Schüler die Tafel, auf die er einen »Weisheitsspruch« geschrieben hat. Oft suchen sich die Kinder und Jugendlichen einen Spruch aus der Bibel, beispielsweise »Ich habe dich bei deinem Namen gerufen«. Über den Spruch wird gesprochen, anschließend setzen sich die Schüler an ihren Platz und schreiben ihn in »Schönschrift« in ihr »Weisheitsheft«. Das Ritual ist so beliebt, dass selbst ältere Schüler es immer wieder von ihrem Lehrer einfordern.

Tatsächlich unterscheidet sich heute der Religionsunterricht an der Helene-Lange-Schule deutlich von dem Religionsunterricht früherer Zeiten. Eine wichtige Voraussetzung dafür war die Entscheidung, Religion im Klassenverband zu unterrichten. Wir trennen nicht mehr nach Konfessionen, sondern unterrichten alle Schüler gemeinsam, ob sie aus katholischen, evangelischen, muslimischen, buddhistischen, jüdischen oder atheistischen Elternhäusern kommen. Wir tun dies aus fester Überzeugung. Einerseits, weil wir mit Hartmut von Hentig einer Meinung sind: »Das schwierigste Pensum unseres heutigen Lebens ist, mit Unterschieden, mit dem Pluralismus, mit dem raschen Wandel der Dinge zu leben. Die Schule muss ein Ort sein, an dem man lernen kann, Unterschiede und Wandel wahrzunehmen, zu bejahen, zu bewältigen: In ihnen seinen Stand zu fassen.«[1] Wie sollen Kinder und Jugendliche das ler-

---

1 Das Leben mit Unterschieden ist seit mehr als drei Jahrzehnten für Hartmut von Hentig ein zentrales Thema, das er immer wieder aufgenommen hat (vgl. z. B. »Systemzwang und Selbstbestimmung«, Stuttgart 1968, S. 75 ff. oder »Die Schule neu denken«, Weinheim 2003, S. 219 ff.); die oben zitierte Formulierung stammt aus einem Rundfunkinterview aus dem Jahre 1997.

nen, wenn wir sie gerade dann sortieren und trennen, wenn es um jene Fragen und Erfahrungen geht, bei denen sie sich mit Recht und gutem Grund unterscheiden – und vielleicht dennoch Gemeinsames entdecken, vor allem aber sich darüber verständigen könnten, wie wichtig die »letzten« und »vorletzten« Fragen sind?

Andererseits weil das Unterrichten im Klassenverband eine Kontinuität schafft, die es überhaupt erst möglich macht, in einer vertrauten Gruppe geschützt und mit einem Lehrer, der über mehrere Jahre in der Klasse bleibt, auch persönliche Fragen zu besprechen.

Welche Fragen, Erfahrungen und »Gegenstände« könnten das sein?[1]

1. Die Fragen des Umgangs miteinander und mit sich selbst, nicht als sozialpsychologische Fragen (so hilfreich auch solche Gesichtspunkte sein können!), sondern als »existenzielle«. Was für ein Mensch bin ich? Was für ein Mensch will ich einmal sein? Wohin und wozu geht es mit mir weiter? Was erhoffe ich mir von den anderen? Wie möchte ich, dass sie mit mir umgehen? Wie möchte ich mit ihnen umgehen?

2. Die Fragen nach Recht und Gerechtigkeit, danach, was ein guter Mensch, ein gutes Leben, eine gute Gesellschaft ist, wofür ich verantwortlich bin, was Schuld und Verhängnis sind. Und zwar nicht als Fragen, an denen wieder nur die Entwürfe vergangener und gegenwärtiger Ethiken dekliniert und zum abprüfbaren Lehrstoff werden, sondern als Fragen, die Kinder und Jugendliche (und hoffentlich auch Erwachsene) unruhig werden lassen und an denen sie einander erklären wollen, wovon sie überzeugt sind und warum.

---

1 Die folgenden Überlegungen wurden auch schon beim Forum »Religionsunterricht« des Deutschen Evangelischen Kirchentags in Leipzig vorgetragen, damals von Gerold Becker.

3. Die Erfahrung der Unwiederbringlichkeit, der verpassten Gelegenheit, der versäumten Chance, etwas für mich oder für meine Umgebung zum Guten zu wenden, die Erfahrung der erbarmungslos verrinnenden Zeit, die Frage nach meiner persönlichen Schuld an dem, was ich getan habe, und dem, was ich nicht getan habe. Und in all diesem immer wieder die Frage nach dem »Sinn« meiner Existenz, nach dem »Sinn« dessen, was mir widerfährt, was ich wahrnehme, beobachte, miterlebe, worin ich verstrickt bin, auch wenn es weit entfernt, irgendwo in der Welt geschieht. Die Frage, worauf das alles hinauswill (oder soll), die Frage also nach dem »warum« und »wozu«, nach Gründen für Freude und Hoffnung, für Mut und Zuversicht, auch wenn Resignation oder Verzweiflung, die einzig angemessene Reaktion auf das zu sein scheinen, was ich wahrnehme und erlebe, die Fragen also: Was kann ich wissen? Was muss ich fürchten? Was darf ich hoffen? Was soll ich tun?

4. Die Fragen nach Grenzsituationen, ob es nun der eigene Tod oder der eines Menschen ist, der mir viel bedeutet, ob es Angst ist, die sich nicht wegerklären oder billig beschwichtigen lässt, ob es die Erfahrung ist, einem anderen Menschen liebend und sich nach seiner Nähe sehnend vollkommen ausgeliefert zu sein und zugleich zu wissen, dass mir außer Hoffnung nichts bleibt, weil jeder Besitzanspruch meine Liebe vergiften würde, oder ob es die Erfahrung ist, dass ich gescheitert bin, obgleich ich alles eingesetzt habe, was ich an Kräften und gutem Willen besaß, oder auch die Erfahrung des Scheiterns, von dem keiner außer mir selbst weiß. Auch Weggehen und Heimkommen, Verlassensein und Geborgensein, Verlorengehen und Gefundenwerden gehören zu solchen Grunderfahrungen und sind darum zugleich ein Teil der Bilder- und Gleichnissprache der Religionen.

Niemand von uns Erwachsenen kann diese Fragen ein für alle Mal und mit einer alle anderen überzeugenden Beweiskraft beantworten. Oft bleibt bei Erfahrungen, die den Kern unserer Person betreffen, die Ahnung eines nicht Erklärbaren, das über das Vorfindbare hinausweist. Jeder von uns hat, wenn er solche Fragen und Erfahrungen nicht verdrängt, sondern sich ernsthaft auf sie einlässt, sein eigenes »persönliches« Bezugssystem, das immer wieder die Grenze zur Metaphysik streift, wenn nicht überschreitet, sei es ängstlich-verteidigend, weil das doch nicht mehr »wissenschaftlich« und Religion doch »Privatsache« ist, sei es fröhlich-selbstbewusst, weil er oder sie zu wissen meint, dass die Welt letztlich von mehr und anderem zusammengehalten wird, als unsere Schulweisheit sich träumen lässt.

Beten

Viele Eltern haben lange solch einen Unterricht gefordert. Manche haben sogar ihre Anmeldung davon abhängig gemacht, dass es keinen konfessionsgebundenen Unterricht gibt. Es hat aber auch Eltern gegeben, die Bedenken hatten, ihr Kind an einem Religionsunterricht teilnehmen zu lassen, der alle Konfessionen vereint. Nachdem sie ihr Kind trotzdem versuchsweise am Unterricht teilnehmen ließen, waren es oft Erfahrungen, die aus diesen Unterschiedlichkeiten resultierten, die sie überzeugten. Als sich eine Klasse mit dem Thema »Islam« beschäftigte, war ein muslimischer Junge bereit, seiner Klasse zu zeigen, wie er jeden Tag mit seiner Familie betet. Er brachte seinen Gebetsteppich mit, seine Mitschüler setzten sich in einen Kreis um ihn herum und er zeigte, mit allen Gebärden und Formeln, wie seine ganze Familie morgens und abends betet. Das hat zu einem langen Gespräch über das Beten geführt. Manche Schüler waren ungläubig erstaunt, dass andere Familien täglich beten, andere erzählten, dass sie sich eigene Gebete ausgedacht haben, um abends vor dem Einschlafen, wenn sie irgendetwas bedrückt oder ihnen Angst macht, ihre Hoffnungen an Gott zu richten. In dieser Klasse war es dann auch möglich, das Vaterunser zu lernen und gemeinsam laut zu sprechen. Das setzt weder eine besondere Frömmigkeit voraus, noch hat es zum Ziel, Jugendliche anderer Glaubensrichtungen zu indoktrinieren. Als ich andere Religionslehrer gefragt habe, ob sie mit ihrer Klasse das Vaterunser gelernt hätten, haben mich viele entgeistert angeschaut. Das könne man doch nicht machen!

Warum eigentlich nicht? Mittlerweile kommen die meisten Kinder als religiöse Analphabeten zu uns in die Schule. Eltern sprechen mit ihren Kindern nicht über Gott oder den Tod. Es scheint fast so, als würden diese Fragen tabuisiert. Religiosität wird nicht mehr eingeübt, das gemeinsame Tischgebet ist fast gänzlich ausgestorben, es gibt vor allem aber kein Wissen mehr. Weder über die eigene Religion noch über die Religionen anderer Kulturen. Zugleich gibt es bei Kindern und Jugendlichen eine Sehnsucht nach Spiritualität, von der die wenigsten wissen oder gelernt haben, sie auszudrücken. Manche können überhaupt nicht damit umgehen.

Wir verdanken es einem Gospelsänger, dass wir erlebt haben, wie es auch anders sein kann. Wir hatten ihn um Rat gefragt, weil wir eine Weihnachtsfeier veranstalten wollten, sich unsere Schüler jedoch zunehmend weigerten, Weihnachtslieder zu singen. Das mag verschiedene Ursachen haben: In den Familien wird kaum noch gesungen, Weihnachtslieder verbreiten längst keine festliche Stimmung mehr, weil uns Kaufhäuser und Radiostationen bereits Monate vor dem Fest damit die Ohren voll dudeln, christliches Liedgut ist sowieso verpönt.

Der Gospelsänger, den jeder Schüler nur als Beppo kennt, kam dennoch gerne und nahm hundert Schüler des Jahrgangs sechs mit in die benachbarte Kirche. Als ich dort nach einigen Tagen einmal vorbeischaute, sah und hörte ich, wie die Schüler ausnahmslos auf den Altarstufen standen und mit Begeisterung sangen. Obwohl sie tagelang nichts anderes gemacht hatten, als jeden Tag mehrere Stunden zu singen und zu tanzen, war ihnen weder Müdigkeit noch Langeweile anzusehen. »Jesu azali awa nabiso. Alleluja ah na Jesu«, ertönte es. Auf meine Frage, was sie da singen, antwortete mir ein Schüler, dies sei ein Lied aus dem Kongo und übersetzt würde es heißen: »Jesus ist mitten unter uns. Jesus lebt.« Ich war erstaunt. Derselbe Schüler hätte niemals ein »Lobet den Herrn« gesungen.

Mit Beppo erleben unsere Schüler, was Religion sein kann. Eigentlich ist er nämlich kein Sänger, sondern hat lange als Weichensteller bei der Bundesbahn gearbeitet. Er wurde pensioniert, als er schwer an Krebs erkrankte. Die Ärzte sagten ihm, er habe nicht mehr lange zu leben. Daraufhin entschloss er sich, für den Rest seines Lebens zu singen. Erst sang er nur für sich, später auch für und mit seinem Freundeskreis und zu seiner eigenen Überraschung wurde er wieder gesund. »Ich singe, um Gott zu danken, dass ich lebe«, erzählt er den Schülern. Und viele von ihnen erleben das erste Mal, dass jemand das Wort »Gott« ganz selbstverständlich gebraucht. Wenn Beppo mit den Schülern singt, erklärt er ihnen auch einen Ausspruch von Augustinus. Singen sei ein doppeltes Gebet, weil man beim Singen nicht nur mit Worten, sondern mit dem ganzen Körper bete.

Beppos tiefer Glauben und seine Begeisterung für das Singen reißt mit, die fremde Sprache der Gospellieder erleichtert es den Schülern, religiöse Inhalte zu transportieren, Beppos Bassstimme und die Bewegungen, die er mit ihnen zu den Liedern einstudiert, lassen die Kinder und Jugendlichen mit Freude singen. Was sie dabei lernen, ist ein offenerer, neugieriger Umgang mit Religiosität. Die Kirche, in der sie so viele Tage verbracht haben (manche Schüler waren mit Beppo überhaupt das erste Mal in einer Kirche), wird zu einem bekannten Ort. Über das, was dort passiert, kann und darf gesprochen werden. Zugleich steht Beppo für etwas, von dem ich froh wäre, wenn es die Kinder und Jugendlichen in unserem Religionsunterricht häufiger erfahren könnten. Es gibt Fragen, die einen umtreiben und vielleicht verstören, auf die es, anders als sonst fast immer in der Schule, keine richtigen oder falschen Antworten gibt. Aber es gibt dennoch Antworten. Antworten, bei denen die Wahrheit eine subjektive Seite hat.

5. Streiten und Versöhnen
Demokratie und Verantwortung lernen

Jonathan und Alexander hassten sich. Oft waren die Anlässe für Dritte kaum auszumachen, die den beiden Zehnjährigen genügten, um mit wutverzerrtem Gesicht aufeinander loszugehen. Jonathan rempelte Alexander an, Alexander stupste Jonathan und schon gab es wieder eine Prügelei, bei der geschlagen, getreten und gebissen wurde. Über die Ursachen ihrer Feindschaft wollten oder konnten sie nichts sagen. Versuchte ein Erwachsener mit ihnen darüber zu reden, beschimpften sich die beiden mit wütenden Anschuldigungen. Ich bat die Eltern zu einem Gespräch in die Schule.

Alexanders Mutter kam allein, der Vater – leitender Angestellter eines Großunternehmens – hatte aus Termingründen absagen müssen. Die Mutter, selbstsicher und energisch auftretend, bestand darauf: »Mein – Sohn – prügelt – sich – nicht!« Dazu sei er zu gut erzogen, er würde sich nur wehren, wenn er grundlos angegriffen werde. Im Übrigen sei Jonathan verwahrlost, sein Vater sei ein Versager und seine amerikanische Mutter habe weder ihre Ehe noch ihre Kinder im Griff. Trotz ihrer entschiedenen Parteinahme für Alexander hatte ich das Gefühl, dass es auch zwischen der Mutter und ihrem Sohn kriselte. In die Auseinandersetzung der Jungen einmischen wollte sie sich jedenfalls nicht. Dafür gebe es doch gar keinen Anlass.

Jonathans Vater, ein massiger, leicht cholerischer Mann, nahm die Sache deutlich ernster. Er forderte ein massives Einschreiten der Schule und ließ sich auch von seiner Frau nicht beruhigen. Sie war überzeugt, dass sich der Konflikt im Guten beilegen ließe, wenn alle in Ruhe miteinander reden würden. Jonathans Vater hielt davon nichts. Die Schule solle die notwendigen Konsequenzen ziehen. Ob die Mutter tatsächlich mit Jonathan geredet, ob sein Vater ihm gedroht hat, weiß ich nicht. Am Hass zwischen ihm und Alexander änderte sich nichts. Gelang es den Lehrern die Prügeleien in der Schule ein wenig einzudämmen, so fanden sie eben auf dem Heimweg statt.

Einige Kollegen schlugen vor, Jonathan in eine Parallelklasse zu versetzen, weil der schmale, hoch gewachsene Junge auch in der Klasse zunehmend isoliert wurde. Alexander war beliebter, meistens ergriffen seine Klassenkameraden, wenn der Streit mit Jonathan eskalierte, offen Partei für ihn. Vor allem aber war die Klasse den Streit leid und viele glaubten, die einzige »Lösung« sei, Jonathan verschwände. Dann sei doch wieder alles in Ordnung. Aber so leicht wollte ich die Klasse nicht aus ihrer Verantwortung entlassen.

Am Ende der Woche setzte ich mich mit den Kindern in den Kreis und sagte sehr ernst: »So kann es nicht weitergehen. Der Streit macht diese Klasse kaputt.« Jeder spürte, dass jetzt etwas Entscheidendes passieren würde. Ich bat Alexander und Jonathan, sich in der Mitte des Kreises mit etwa einem Meter Abstand einander gegenüberzusetzen und sich genau anzuschauen. Sie taten es – widerwillig, aber sie taten es. Die Klasse bat ich, still zu sein und die beiden in Gedanken mit ihren guten Wünschen für eine friedliche Lösung zu begleiten. Dann fragte ich die beiden Jungen, ob sie bereit seien, einige Übungen ganz genau zu befolgen. Sie nickten. Zuerst stellte ich ihnen die Aufgabe, eine typische Tätigkeit des anderen nachzuahmen. Jonathan und Alexander wären am liebsten abgehauen. Aber sie hatten zugestimmt und die Erwartung der ganzen Klasse hielt sie im Kreis. Jonathan begann Alexander zu imitieren, wie er als Linkshänder einen Text schrieb. Einige Kinder fingen an zu lachen. Wäre ich nicht zugegen gewesen, hätte sich Alexander wahrscheinlich wutentbrannt auf Jonathan gestürzt. Stattdessen parodierte er den kurzsichtigen Jonathan, wie er seine Brille putzt und sich umständlich auf die Nase setzt. Wieder gab es ein paar Lacher. Nun sollte jeder dem anderen etwas sagen, was er gut an ihm fände. »Mir gefallen deine neuen Jeans«, brachte es Alexander schnell hinter sich. Jonathan saß stumm und regungslos im Kreis, bis ihm Tränen in die Augen traten und er ganz leise sagte: »Du hast ein sehr schönes Bild gemalt.« Zum Ende gab es zwei weitere Aufgaben. Jeden Morgen sollte die Klasse um Jonathan und Alexander einen Kreis bilden, die beiden sollten sich die Hand geben und sich gegenseitig etwas Gutes für den Tag wünschen. Außerdem sollte die Klasse darüber wachen, dass sich die beiden in der Pause nicht zu nahe kamen.

Am Montag war der versöhnliche Geist, der eine Stunde lang im Raum zu spüren gewesen war, verschwunden: Jonathan hielt seine Hände demonstrativ hinter seinem Rücken verschränkt und Alexander schrie, er gebe Jonathan nicht die Hand. Die Klasse war verunsichert, wie es nun weitergehen würde. Ich erinnerte an das Abkommen, das wir geschlossen hatten, und daran, dass beide bereit gewesen waren, alle von mir gestellten Aufgaben zu erfüllen. Es dauerte eine quälend lange Minute bis sich Jonathan und Alexander dann doch noch die Hand reichten. Sie hatten sich kaum berührt und waren schnell zurückgezuckt, aber sie hatten sich die Hand gegeben und sich einen guten Morgen gewünscht. Von diesem Tag an kam es – wenigstens in der Schule – zu keiner Prügelei mehr. Jonathan und Alexander empfanden das Händegeben zwar immer noch als peinlich und unangenehm, aber sie wünschten sich nach und nach nicht mehr nur förmlich einen guten Morgen, sondern beispielsweise gute Ergebnisse bei Klassenarbeiten oder Erfolge beim Tennis-Turnier. Woche für Woche folgten weitere Aufgaben, auf deren Erfüllung die Klasse oder einzelne Mitschüler bestehen sollten, bis Jonathan und

Alexander nach einem halben Jahr in der Lage waren, gemeinsam ein Referat zu erarbeiten – zum Thema »Vulkane«.

Vier Jahre später, die Feindseligkeiten zwischen Jonathan und Alexander waren nur noch eine matte Erinnerung, bat mich Alexander um Hilfe. Seine Mutter war unheilbar erkrankt und an den Rollstuhl gefesselt. Zugleich hatte sie sich in die fixe Idee verbissen, er sei an ihrem Unglück schuld, sei rücksichtslos und kümmere sich nicht um sie. Alexander konnte die Vorwürfe nicht länger ertragen. Ich schlug ihm vor, auf ein Internat zu wechseln, redete auch mit seinem Vater, dem diese Lösung einleuchtete, und so wechselte er die Schule. Auch Jonathan musste ohne Mutter auskommen. Seine Eltern hatten sich getrennt, und während seine Schwester bei der Mutter lebte, hatte er sich bereit erklärt, bei seinem Vater zu bleiben.

Es schien, als meisterten Jonathan und Alexander ihr Leben. Bis Alexander zwei Jahre später in eine tiefe Krise geriet. Er verweigerte den Unterricht, brach eine Zusatzausbildung mit Gesellenprüfung ab, legte das Amt eines Tutors für jüngere Schüler nieder und lehnte jedwede weitere Anstrengung ab. Er wolle nicht immer nur arbeiten, er wolle auch mal leben, sagte er, als ich ihn bei einer zufälligen Begegnung ansprach. Ob er mal ausführlicher mit mir reden wolle? Nein. Er verließ die Schule nach Abschluss der zwölften Klasse. Sein Vater mietete ihm eine eigene kleine Wohnung und besorgte ihm eine Lehrstelle, aber Alexander, trotzig und unnachgiebig, verweigerte auch diese Ausbildung, brach den Kontakt zu seinen Eltern ab und landete im Drogenmilieu. Der Vater drängte mich, nochmal mit Alexander zu reden. Ich sei die einzige Person, auf die er vielleicht hören würde. Ich versprach es, aber ich schob die Begegnung vor mir her. Ich fand Ausflüchte, zögerte, fühlte mich überfordert. Das Gespräch kam nie zustande.

Ein Jahr später begegnete ich Jonathan, wie er verwegen auf Rollschuhen durch die Fußgängerzone kurvte. Das Abitur bestanden, eine Ausbildungsstelle bei einer Bank, ein Nebenjob, der ihm eine kleine Wohnung ermöglichte – Jonathan war offensichtlich glücklich. Lachend nahm er mir das Versprechen ab, ihn als Vermögensberater anzuheuern, sollte ich einmal reich werden. Wir gaben uns die Hand. »Übrigens«, sagte er, »Alex wohnt jetzt bei mir und zur Schule geht er auch wieder.« Dann war er verschwunden.

Die meisten Vorschläge, die in den letzten Jahren diskutiert und manchmal auch umgesetzt wurden, hatten nur ein Ziel, wenn es um die Frage ging, wie unser Bildungssystem zu verbessern und Schule wirkungsvoller zu machen sei: Bessere Schulleistungen, gemessen an internationalen und nationalen Leistungstests! Das ist sicher wünschenswert. Wichtiges im Gedächtnis zu behalten und zu reflektieren, logisches Denken, die Fähigkeit, Wissen zu ordnen und miteinander zu verknüpfen, all das sind wichtige Kompetenzen, in denen Schüler unbedingt geschult und trainiert werden sollten. Aber Schulen werden noch zu mehr gebraucht. Wo sonst können Schüler lernen, mit anderen Menschen, deren Gesellschaft sie sich nicht ausgesucht haben, respektvoll umzugehen, gemeinsam zu arbeiten und zusammenzuleben? Wo sonst wird die Demokratiefähigkeit von Kindern und Jugendlichen geübt?

Weil eine offene Gesellschaft nur überleben kann, wenn eine große Zahl von Menschen bereit ist, am kommunalen Leben und den politischen und gesellschaftlichen Entscheidungsprozessen teilzuhaben, ist die öffentliche Schule heute notwendigerweise auch eine »Bürgerschule«. In ihrem Alltag muss erfahrbar sein, wie man in einem Gemeinwesen Verantwortung übernehmen kann, wie man seine Kräfte und Fähigkeiten nicht nur zum eigenen Nutzen einsetzt, sondern für das Gemeinwohl. Schlimmer als das durchschnittlich zu geringe Leistungsniveau der Schüler scheint mir, dass an zu wenigen Schulen den Schülern ernsthafte Verantwortung zugemutet wird.

Selber putzen

Das fängt beim Dreck an. Beseitigt wird er von Putzfrauen, die keiner der Schüler kennt und die dem Schulträger erhebliche Kosten verursachen, die er bei der Renovierung oder Lehrmitteln wieder einsparen muss. Warum putzen Schüler ihre Schule nicht selbst?

Die Klassenräume, die Schülertreffs, die Flure, die zu den Jahrgangsbereichen gehören – bei uns hat jeder Jahrgang sein »Revier«, für das die hundert Schüler und ihre etwa acht Lehrer verantwortlich sind, dafür, dass es dort sauber und »schön« ist und dass eine Atmosphäre herrscht, die das Lernen fördert. Dazu gehören Pflanzen, die von den Schülern großgezogen werden – alle fünften Klassen fahren in den Palmengarten oder in Gärtnereien der Umgebung und besorgen sich kleine Ableger, die dann in der Schule gepflanzt werden und mit den Kindern durch die Schulzeit hindurch wachsen. Sie müssen von den Schülern und Lehrern gepflegt werden, auch in den Ferien. Zu einer solchen Atmosphäre gehören Plakate und Fotos, die von den Schülern hergestellt werden, Bilder aus dem Kunstunterricht ebenso wie Projektberichte aus Mathematik oder Versuchsergebnisse aus dem Physikunterricht. Und dazu gehört das Putzen: Tische wischen, Fensterbänke reinigen, Tafel sauber machen, Staub saugen. Jeden Tag nach Ende des Unterrichts haben über hundert Schüler ihren wöchentlichen »Putzdienst«, der mal eine Viertelstunde, manchmal auch eine halbe Stunde dauert.

Die Wirkung auf die Schüler ist überzeugend. Wenn alle wissen, dass heute mein Nachbar oder ich selbst für Ordnung sorgen muss, achten alle mehr auf ihre Umgebung. Sie nehmen Dreck und kaputte Dinge wahr und machen sich gegenseitig darauf aufmerksam. Das sind Nebenwirkungen, über die sich die Erwachsenen freuen. Die Schüler sehen das meist schlichter. Auf die häufige Frage von Hospitationsgruppen, warum sie ihre Schule putzen würden, haben die Schüler die einfache Antwort: »Damit es sauber wird.«

Natürlich macht Putzen nicht immer Spaß. Aber wenn wir bei einigen Schülern nachhelfen mussten, dann vor allem deshalb, weil sie nicht putzen konnten. Manche hatten noch nie ein Waschbecken sauber gemacht, weil das zu Hause entweder die Putzfrau oder die Mutter erledigt. Kinder und Jugendliche werden heute in der Regel nicht wirklich an der Führung des Haushalts beteiligt, die meisten kennen keine selbstverständlichen Pflichten, die über ihren Privatbereich hinausgehen. Vielleicht werden sie angeschnauzt, weil sie ihr Zimmer nie aufräumen. Aber dann sammelt doch die Mutter die schmutzigen Socken ein und wäscht sie.

Der Putzdienst der Schüler stieß übrigens auf Widerstände, mit denen ich vorab kaum gerechnet hatte. Weniger bei Schülern und Lehrern, die ihn bald selbstverständlich fanden. Aber in der Bürokratie des Schulträgers war so etwas nicht vorgesehen. Hygiene-Argumente wurden ins Feld geführt, die Kompromisse nötig machten: Die Treppenhäuser und sanitären Bereiche werden regelmäßig von einer Auftragsfirma gereinigt. Als in der Presse von unserer Regelung berichtet wurde, gab es in Leserbriefen sogar den Vorwurf, wir zwängen die Schüler zu »Kinderarbeit«. Als ließen wir sie in Bergwerken rumkriechen oder zwängen sie an Teppichknüpfmaschinen. Unsere Schüler sollen im Rahmen ihrer Möglichkeiten Verantwortung für ihre Umwelt übernehmen, was auch Arbeit bedeutet. Reale Arbeit, bei der sofort deutlich wird, was es bedeutet, wenn sie nicht erledigt wird.

Es gibt in einer Schule viel zu tun: Botendienste zum Sekretariat, Arbeitsblätter, die kopiert werden müssen, Materialien, die jemand für fehlende Schüler sammeln sollte, Videorecorder und Overhead-Projektoren, mit denen sich jemand auskennen muss. Es ist nicht einzusehen, warum an vielen Schulen nur die Lehrer für solche Aufgaben zuständig sind. Bei uns hängt in jeder Klasse eine große Liste mit Ämtern, zu denen bestimmte Aufgaben und Arbeiten, die erledigt werden müssen, zählen. Dahinter steht der Name des Schülers, der dieses

Amt zurzeit ausübt. Halbjährlich werden die Ämter neu verteilt und immer gilt dabei: Jeder Schüler übernimmt mindestens ein Amt. Anfangs würde vermutlich manches schneller gehen, wenn der Lehrer es selbst erledigt. Es wäre auch weniger anstrengend, als Schüler zu überzeugen, sie anzuleiten und darauf zu achten, dass sie ihr Amt sorgfältig wahrnehmen. Doch von Schülern, die gelernt haben, Aufgaben für ein Gemeinwesen zu übernehmen, profitieren am Ende alle. Wer in der Schule putzt, wird später wahrscheinlich auch auf sein Umfeld achten, wird hoffentlich Hemmungen haben, seinen Müll im Park zu hinterlassen.

Der Klassenrat

Nimmt man Schüler derart in die Verantwortung, hat das fast immer eine weitere Wirkung. Sie wollen dann auch bei wichtigen Entscheidungen in der Klasse, bei Problemen und Streitereien mitreden. Wer zur Klassengemeinschaft etwas beiträgt, der will auch mitgestalten. Der nimmt sich mit Recht den Anspruch heraus, über die eigenen Angelegenheiten reden, auch streiten und selbst Lösungen finden zu wollen. In einer Schule müssen dafür Formen gefunden werden, damit die Lernarbeit nicht ständig gestört oder durch endlose Diskussionen über Gruppenanliegen sogar in den Hintergrund gerät. Die »Wandzeitung« und der »Klassenrat« sind dafür zwei wichtige Anregungen, die wir aus den Schriften des französischen Pädagogen Célestin Freinet entnommen haben.

An der Helene-Lange-Schule ist der Klassenrat ein festes Ritual am Ende einer Woche. Vorbereitet wird er durch eine Wandzeitung, die jedem Schüler im Laufe der Woche die Möglichkeit bietet, seine Wünsche, positiven Anmerkungen, aber auch Kritik und Konflikte einzutragen. Jeder weiß, dass alles, was in der Wandzeitung steht, im Klassenrat zur Sprache kommen wird. Wenn ein Konflikt von den Schülern nicht vorher beigelegt und die Eintragung gestrichen wurde, wird die ganze Klasse darüber beraten.

Hiran ist noch nicht lange in Deutschland. Erst seit ein paar Monaten gehört sie zur 6b, und es macht sie ziemlich stolz, dass die Klasse ihr gleich den Blumendienst, das regelmäßige Gießen aller Blumen in der Klasse, anvertraut hat. Jeder Schüler hat seine eigene Pflanze, die er bei der Pflanzaktion in der Stadtgärtnerei eingetopft hat. Von Hirans Amt hängt viel ab. Weil sie es besonders gut machen will, gießt sie die Blumen fast täglich. Bald gehen die Ersten ein.

Im Klassenrat ist die Stimmung aufgebracht. Einige Blumenbesitzer sind richtig zornig und wollen Hiran sofort das Amt entziehen. Hiran ist bestürzt, sie kann zu wenig Deutsch, um sich zu verteidigen, und fängt an zu weinen. Nun reagiert die Klasse beschämt. Nach einer kurzen, hilflosen Pause gibt es Taschentücher und Trost. Hiran sollte eine Chance bekommen, es besser zu machen, sagt ihre Tischnachbarin. Im Gespräch stellt sich heraus, dass Hiran in ihrem Heimatland nie Topfblumen kennen gelernt hat, also gar keine Erfahrung hat, wie man Blumen gießt. Die Klasse beschließt, ihr eine kundige Mitschülerin an die Seite zu stellen, die ihr vier Wochen lang bei ihrem Amt hilft. Danach soll sie zeigen, dass sie es alleine kann. In zwei Monaten will die Klasse dann neu entscheiden. Die Lösung wird im Protokollbuch festgehalten. Hiran hat dann für den Rest ihrer Amtszeit die Blumen mustergültig versorgt.

Das Beispiel ist nicht ausgedacht. Allerdings müssen Schüler (und manchmal auch Lehrer) einen langen Weg gehen, bis sie in der Lage sind, Konflikte derart konstruktiv zu lösen. In der fünften Klasse gibt es Kinder, die noch gar nicht sprachmächtig genug sind, um Argumente vorzutragen und anzuhören. Fast alle können weder eine Diskussion leiten noch irgendetwas zusammenfassen. »Regelt das unter euch!«, ist in dieser Situation etwas, was kein Lehrer seiner Klasse sagen kann, weil die Schüler noch nicht wissen, wie und in welcher Form sie damit umgehen können. »Kindern das Wort geben«,

wie es Freinet formuliert und gefordert hat, erfordert Hilfe-
stellungen bis in die kleinsten Formulierungen hinein. Das
kann man miteinander üben, und es macht sogar Vergnügen!
Der Schüler, der Klassenratsleiter ist (auch ein »Amt«, meist
von zweien gemeinsam ausgeübt), sagt: »Hiermit eröffne ich
den heutigen Klassenrat mit den Themen unserer Wandzeitung.« Der Lehrer sitzt daneben und zeigt auf den ersten
Punkt. »Tobias hat mir dreimal gegen das Schienbein getreten.« Zuerst sagt derjenige etwas dazu, der die Kritik aufgeschrieben hat, dann Tobias, um sich zu rechtfertigen und
dann können Beiträge aus der Klasse kommen. Spätestens
wenn sich die Argumente wiederholen, fragt der Klassenratsleiter, wie nun eine Lösung aussehen könnte. Am Ende beendet er den Klassenrat und hält die Themen fest, die nicht
mehr besprochen werden konnten und deshalb erst am nächsten Freitag drankommen werden. Anfangs sind oft einige
Schüler enttäuscht oder wütend, weil ihr Thema nicht drankam. Aber nach einiger Zeit lernen alle, mit der knappen
Stunde ökonomischer umzugehen. Manchmal endet ein Klassenrat auch im Chaos oder mit Missstimmung. Aber das gehört dazu. Ohne die mühsamen, ersten kleinen Schritte Richtung Selbständigkeit wird es eine Schule nicht schaffen, dass je
ein Mädchen und ein Junge im Wechsel etwa ein Vierteljahr
lang den Klassenrat leiten, die Rednerliste führen, das Wort
erteilen, die Diskussion strukturieren und auf eine Lösung
hinsteuern. Natürlich werden die einen schneller lernen als
andere, ein Protokoll zu führen oder ein Gespür dafür zu entwickeln, wann man zum Schluss kommen sollte. Und manche
werden sich ohne Formulierungshilfe immer hilflos fühlen,
wenn sie öffentlich reden sollen. Aber in diesen Fällen ist Hilfestellung umso wichtiger.

Gerade die ersten Schritte bei diesem Lernen und geduldigen Einüben demokratischer Umgangsformen sind zu wichtig, um übersprungen zu werden. Die Lehrer halten dabei
eine schwierige Balance. Einerseits sind sie insbesondere in

den ersten Wochen und Monaten (und selbst später in Konfliktsituationen immer wieder einmal) mit ihrer Autorität die Garanten der »guten« Ordnung, in der sich eben nicht der Stärkste durchsetzt, sondern jeder zu seinem Recht kommt. Andererseits müssen sie darauf achten, dass eine Klasse tatsächlich lernt, ihre internen Probleme und Konflikte selbst zu lösen. Es ist ein Irrtum, dass Kinder Selbständigkeit und rücksichtsvolles Verhalten dadurch lernen, dass ständig über alles Mögliche abgestimmt wird, auch wenn das demokratisch scheint. Entscheiden bedeutet schließlich immer, Verantwortung für sich und andere zu übernehmen. Das schließt bestimmte Grundregeln mit ein, die selbst durch Mehrheitsentscheidungen nicht aufgehoben werden können. Etwa die, dass die Starken die Schwachen unter gar keinen Umständen demütigen oder gar unterdrücken dürfen, oder dass Gewalt an dieser Schule nicht geduldet wird.

Gerade bei jüngeren Schülern ist das Einüben bestimmter Verhaltensweisen oft die Voraussetzung, um die nächsten Schritte überhaupt gehen zu können. Im Stuhlkreis sitzt jeder neben dem Nachbarn, neben dem er auch am Tisch sitzt, die Stühle werden möglichst leise und zügig in den Kreis gestellt. Manche Lehrer quälen sich bis in die zehnte Klasse damit, dass ihre Schüler solche einfachen Verhaltensweisen nie gelernt und eingeübt haben.

Sind bestimmte Umgangsformen erst einmal selbstverständlich, ist ein »produktiver« Streit auch möglich, wenn es im Klassenrat einer Klasse nicht nur um persönlichen Streit, sondern um wirkliche Interessenkonflikte geht. Ein Wandertag wird geplant und die Klasse streitet darüber, was sie machen will. Die eine Hälfte der Klasse will die Abschlussfahrt auf einem Segelboot im Ijsselmeer verbringen, die andere Hälfte würde lieber nach Berlin fahren. Manchmal wird auch über Unterrichtsinhalte gestritten. Will die Mehrheit vier Wochen lang Theater spielen oder doch lieber einen Film drehen? Die Auseinandersetzung wird hoffentlich durch die besseren

Argumente entschieden. Wer kann wen überzeugen, wer gibt nach? Wer kann die eigenen Vorstellungen auch mal einem Gruppeninteresse unterordnen?

Abstimmen und Wiedergutmachen

»Ein Vorschlag! Wie wäre es, wenn wir für ein paar Tage auf Klassenfahrt gehen, um das Urzeit-Projekt nicht im Klassenzimmer, sondern mit einer Reise zu beenden?« Frau Reich war sich sicher, ihre fünfte Klasse würde begeistert sein. Sie hatte sogar schon die fehlenden Begleitpersonen gefunden, was angesichts ausgelasteter Kollegen gar nicht so einfach war. Drei ihrer ehemaligen Schülerinnen, mittlerweile in der zehnten Klasse, waren bereit mitzufahren.

Yana organisierte den Widerstand. Die Lehrerin hätte die Klasse fragen müssen, ob sie drei fremde Schülerinnen als Betreuer akzeptiert, meinte die Zehnjährige und startete – nach dem Vorbild jener Politiker, die im hessischen Wahlkampf gerade Unterschriften gegen das neue Einwanderungsgesetz sammelten – eine Unterschriftenkampagne. Sie fragte jeden ihrer Mitschüler, ob er auch unterschreiben würde. Die ganze Klasse sei dagegen, mit drei fremden Schülerinnen auf Klassenfahrt zu gehen, erklärte sie daraufhin beim nächsten Klassenrat, hier seien die Unterschriften.

Bis auf drei Schüler hatten tatsächlich alle unterschrieben. Ob sie denn wüssten, was sie da unterschrieben hätten, fragte die Lehrerin. Sie habe unterschrieben, weil alle unterschrieben hätten, sagte ein Mädchen. Die Liste sei eben im Unterricht rumgegangen, ergänzt ein Junge. Offensichtlich hatten viele in der Klasse keine Ahnung, wozu diese Liste dienen sollte. Aber immerhin – drei Schüler waren doch mutig genug gewesen, nicht zu unterschreiben! Was sie sich dabei gedacht hätten, wollte die Lehrerin von ihnen wissen. Sie zögerten. Sie hätten gewusst, dass das nur Ärger gäbe.

Yana beharrte darauf, sie habe in der Grundschule gelernt, in einer Demokratie müssten alle gefragt werden und anschließend müsse man abstimmen. Dann habe sie noch nicht genug gelernt, sagte Frau Reich. Bevor man jemanden ablehnen dürfe, müsse man denjenigen erst mal kennen lernen. Im Übrigen könne sie sich nicht vorstellen, dass die drei Mädchen überhaupt noch Lust hätten, mitzufahren, nachdem sie von der Klasse vorverurteilt und abgelehnt worden wären. Betroffene Gesichter. Die nächsten Schritte verabredeten die Schüler unter sich. Sie luden die Zehntklässlerinnen zum Wandertag ein, diskutierten über Unterschriftenaktionen und schrieben anschließend einen langen Brief, in dem sie die Lehrerin baten, doch mit ihnen und den drei Schülerinnen auf Klassenfahrt zu gehen.

Demokratie an einer Schule bedeutet vor allem, das gemeinsame Lernen und das Zusammenleben zunehmend selbständig und eigenverantwortlich zu organisieren. Manchmal sind dabei auch Abstimmungen hilfreich, wenn man vorher gelernt hat, ernsthaft miteinander zu reden. Die Freiheit der Schüler, bestimmte Entscheidungen selbst zu treffen, hat Grenzen, die jeder kennen muss. Schüler, die sich im Ton vergreifen, Wände beschmieren oder ihren Mitschülern wehtun, müssen unmissverständlich erfahren, dass ihr Verhalten unerwünscht ist und dass die Schule über die Einhaltung bestimmter Regeln wachen wird, wenn es eine Klasse nicht alleine schafft. Schüler spüren, ob an einer Schule vom Hausmeister bis zum Schulleiter alle wegschauen, wenn etwas passiert, oder ob Lehrer auch nach einem anstrengenden Vormittag noch die Kraft aufbringen, einzuschreiten, wenn es geboten ist. Es ist aufwändig, aber wirkungsvoll, wenn eine Schule am gleichen Tag bei den Eltern anruft, um sich freundlich nach einem fehlenden Schüler zu erkundigen. Formen von Vandalismus und Gewalt gibt es an jeder Schule. Keine Schule wird das gänzlich unterbinden können. Wie soll sie reagieren? Eines der wichtigsten Prinzipien ist, auf Wiedergutmachung zu bestehen.

Edding-Ede hatte zugeschlagen. Die Wände des Jungenklos waren mit unflätigen Sauereien bedeckt, die Klodeckel beschmiert, die Spiegel verschmiert. Überall markige Sprüche. Dieser langweiligen Schule hatten sie es mal so richtig gezeigt, waren sich Ede und seine Kumpanen sicher und prahlten im Kreis ihrer Freunde damit. Die Reaktion der Schule, nachdem dann irgendwie doch alles herausgekommen war: In den Sommerferien mussten die Jungen antreten und das Schulklo renovieren. Eine Woche lang. Die Schule bezahlte die Materialien und – einen Spraykünstler. Am Ende hatten Edding-Ede und seine Freunde das Klo in eine Unterwasserlandschaft verwandelt.

Nach den Ferien wurde die Arbeit der Jungen offiziell gefeiert. Vor der ersten Besichtigung durch die Mitschüler gab es eine Trompetenfanfare, die Schulleiterin hielt eine Rede und eine Mädchengruppe forderte umgehend das Recht, in den Herbstferien auch die Mädchentoilette renovieren zu dürfen. Sie wollten ihr Klo in einen Dschungel verwandeln.

Kunst ist nach unseren Erfahrungen ein vorbeugendes Mittel gegen Vandalismus. Sie wirkt befriedend. In unserer Schule, in den Klassen, den Fluren und Treppenhäusern hängen überall Bilder, an die fast nie auch nur ein Bleistiftstrich gekommen ist, obwohl sie mitunter lange hängen bleiben. Kunst schützt sich gewissermaßen selbst, insbesondere wenn sie von den Schülern selbst gemacht, von anderen bewundert wird.

Über viele Jahre haben wir mit einer Jugendstrafanstalt Kontakt gehabt, manchmal auch gemeinsame Projekte durchgeführt. Den Sozialarbeitern dort bereitete die aufgeladene, aggressive Stimmung beim Mittagessen große Probleme. Ohne Unterhaltung und Rücksicht wurde das Essen runtergeschlungen, es gab oft Streit, der Speisesaal war regelmäßig völlig verdreckt. Bis der Leiter auf die Idee kam, die Gefangenen gemeinsam mit Künstlern den Speisesaal neu herrichten zu lassen. Ein Mosaikfußboden entstand, die Wände wurden gestaltet und die Gefangenen legten Pflanzenbecken an, die anschließend von ihnen versorgt wurden. In der Schreinerei bauten einige mit Hilfe der Meister runde Tische, so dass es nun im Speisesaal viele Sitzgruppen statt langer Tafeln mit Bänken auf beiden Seiten gab. Die neue Umgebung führte dazu, dass es viel ruhiger wurde. Die Meister, die sich bisher davor gegraust hatten, mit den Gefangenen zu essen, saßen nun sogar gern mit ihnen am Tisch. Außerdem wurde eingeführt, dass jeweils für eine Woche einige Gefangene als »Kellner« bedienten. Mir leuchtet es ein, dass Menschen sich in schönen, geordneten, sorgfältig geschmückten Räumen anders verhalten als in kahlen, hässlichen, lieblos eingerichteten oder verwahrlosten. Das gilt sicher noch mehr, wenn die Schönheit der Umgebung das Ergebnis eigener Planung und Anstrengung ist. Es hat mich immer wieder verblüfft, wie wenige Schulen dieses einfache Mittel nutzen. Die meisten sind unwohnlich, anstaltartig, entweder steril oder abgenutzt und verwahrlost, manchmal selbst die Lehrerzimmer.

An unserer Schule heißen Wiedergutmachungsaufgaben wie jene für Ede und seine Kumpels »Sozialdienst«. Manche unserer Schüler meinen, es sei ehrlicher, wenn man sie »Strafdienst« nennen würde. Wir bleiben bei »Sozialdienst« und erklären den Schülern immer wieder, warum: Jemand, der gegen die Regeln der Klassen- oder Schulgemeinschaft verstoßen hat, soll etwas tun, was dieser Gemeinschaft dient, damit das Verhältnis zwischen ihr und ihm wieder »in Ordnung« kommt. Je nach Schwere des Verstoßes kommen die Schüler über kürzere oder längere Zeit nachmittags, um dem Hausmeister oder der Sekretärin zu helfen. Sie räumen Werkstätten auf, sie geben anderen Kindern Nachhilfe oder sie reparieren nach Möglichkeit die Dinge, die sie kaputtgemacht haben. Vielleicht gelingt uns das nicht immer, aber unsere Absicht und Hoffnung ist, dass Schüler in dem, was sie als Sozialdienst machen, einen Sinn finden und dass sie für etwas, das ihnen gut gelungen ist, dann auch Lob und Anerkennung bekommen.

Michael, Kevin und Peter hatten auf dem Schulhof aus dem Hinterhalt mit Krampen auf jüngere Schüler geschossen. Das kann dem, der getroffen wird, sehr wehtun, mit etwas Pech sogar zu üblen Verletzungen führen. Ein Mädchen aus der 6a kam weinend aus der Pause. Es dauerte nicht lange, bis ihr Klassenlehrer herausgefunden hatte, wer auf seine Schüler geschossen hatte: drei Schüler aus der neunten Klasse! Es gab eine Konferenz. Ermahnungen schienen uns nicht ausreichend. Große Schüler, die ihren Übermut an Kleineren auslassen? Da muss die Reaktion ganz eindeutig sein! Wir versammelten den gesamten Jahrgang sechs, die Übeltäter kamen in dessen Schülertreff und es gab eine öffentliche Verhandlung. Die drei mussten sich vor dem gesamten Jahrgang bei dem kleinen Mädchen entschuldigen. Außerdem wurde entschieden, dass sie zur Wiedergutmachung drei Monate jeweils einen Nachmittag in der Woche in der Druckerei der Schule arbeiten müssen, um den Schulkalender herzustellen.

Nach den drei Monaten lagen die Schulkalender, sorgfältig gedruckt und gebunden, ordentlich gestapelt in der Druckerei. Wieder wurde der gesamte Jahrgang sechs versammelt, wieder standen die drei vor den hundert Schülern, diesmal jeder mit »seinem« Schulkalender in der Hand. Sie hatten hart gearbeitet, um wieder in Ordnung zu bringen, was passiert war. Die Sechstklässler klatschten laut und zufrieden.

Das Prinzip der Wiedergutmachung gilt für alle, die zur Schulgemeinschaft gehören. Auch für Lehrer, die im Klassenrat einer Klasse kritisiert werden können, wenn sie sich falsch verhalten haben. Solche Kritik und vor allem der souveräne Umgang eines Lehrers damit, schwächt nicht – wie manche vielleicht befürchten würden – seine Autorität. Wer sich Kritik nicht verbittet, sondern aufmerksam zuhört, sich fragt, ob diese Kritik berechtigt ist, und wer sogar selbst einen Vorschlag macht, wie er einen Fehler wieder gutmachen und künftig vermeiden kann, wird Schüler eher beeindrucken und seine Autorität stärken.

Als Yvonne dieselbe Frage zum dritten Mal stellte, rastete der Mathematiklehrer Mayer aus. Er schimpfte, schlug mit der Faust auf den Tisch. Die Klasse war geschockt. Dann empört. Sie mochten Herrn Mayer und respektierten ihn, aber das ging nicht. Es wurde heftig diskutiert und die Schüler beschlossen, ihren Mathelehrer in den Klassenrat einzuladen, um über sein Verhalten gegenüber Yvonne zu reden und um von ihm eine Entschuldigung zu verlangen. Eine Stunde lang stritten Lehrer Mayer und die Klasse miteinander – bis der Mathelehrer seinen Fehler eingestand und sich bei Yvonne entschuldigte. Auf die Idee, sich bei den Eltern über ihren Lehrer zu beschweren und es denen zu überlassen, sich mit dem Lehrer auseinander zu setzen, war von den Schülern keiner gekommen.

Drei Jahre zuvor in derselben Klasse. Die Klassenlehrerin war mit einer geplanten Unterrichtseinheit nicht zum Ende gekommen, weil die Klasse ständig unruhig gewesen sei und gestört habe, wie sie meinte. Sie beschloss: »Ihr bleibt heute alle länger!« Als sie aus der Pause zurückkam, saß ihre Klasse mit gepackten Sachen im Schülertreff. Als sie nachfragte, was die Schüler denn vorhätten, antworteten die: »Wir bestreiken Ihren Unterricht.« Nicht jedes Verhalten eines Lehrers müssten sie hinnehmen. Die Klassenlehrerin sagte, wenn das so sei, würde sie jetzt ins Sekretariat gehen und die Klasse melden. Sie bekämen alle einen Eintrag in die Akten. Dann ging sie und trank mit der Sekretärin einen Kaffee. Vermerke in Schülerakten? Nichts als ein alter Lehrerbluff. Als sie zurückkam saßen alle Schüler mit aufgeschlagenen Heften auf ihren Plätzen. Einen Eintrag wollten sie offensichtlich nicht riskieren. Zur Überraschung der Schüler war die Klassenlehrerin jetzt richtig wütend. Sie habe von der Klasse mehr Rückgrat erwartet. Seine Meinung zu vertreten, sei oft mit Konsequenzen verbunden, die man aushalten und vor denen man nicht weglaufen dürfe. Deshalb habe sie eben gerade angefangen, stolz auf ihre Klasse zu sein. Jetzt sei sie enttäuscht. Drei Jahre später hatte die Klasse diese Lektion offenbar gelernt.

6. Raus aus der Schule
Lernen in Ernstsituationen

Es gab Momente, da hätte Johannes am liebsten kehrt-
gemacht. An jenem Montagmorgen beispielsweise, als er,
kaum sechzehn geworden, einer ganzen Klasse geistig behin-
derter Jugendlicher als neuer Betreuer vorgestellt wurde. Ausgerechnet er, der im Unterricht nie um eine Antwort verlegen
war, schaute verunsichert in fremde Gesichter. Er, der regelmäßig mit klugen Einfällen glänzte, fragte sich, was die vor
ihm sitzenden Oberstufenschüler von ihm, dem Praktikanten, erwarteten. Plötzlich stürmte Stefanie, eine Schülerin mit
Langdon-Down-Syndrom, auf ihn zu. Sie hatte beschlossen,
Johannes zu mögen. Endlich mal ein neues Gesicht im tristen
Schulalltag! Aufgeregtes Lachen, ein kaum verständlicher
Willkommensgruß und plötzlich hatte Johannes eine Menge
Speichel im Gesicht. Nur nichts anmerken lassen! Unter keinen Umständen wollte Johannes offen zeigen, wenn ihn etwas
anekelte. Er hatte sich fest vorgenommen, seine behinderten
Schüler ohne Abscheu so zu akzeptieren, wie sie waren, wie
viel Überwindung es ihn auch kosten würde. Normal und
selbstverständlich wollte er mit ihnen umgehen.

Nicht, dass Thomas in seinem Rollstuhl besonders furcht-
erregend ausgesehen hätte. Er wirkte eher harmlos mit seinen
fest aneinander gepressten dünnen Beinen, ohne Chance, die
eigenen Bewegungsabläufe exakt zu koordinieren. Aber Thomas musste ebenso oft auf die Toilette wie jeder andere, und
ab heute sei es Johannes' Aufgabe, sich gemeinsam mit dem

Zivi darum zu kümmern, sagte die Klassenlehrerin. Jedes Mal nach dem Frühstück, nach dem Mittagessen und manchmal auch noch zwischendurch. Drei Wochen lang bedeutete das für Johannes: Eine Fahrt mit dem Rollstuhl, Thomas vom Rollstuhl hochheben, Hosen runter und aufs Spezialklo setzen. Wenn das Geschäft erledigt war, das Ganze in umgekehrter Reihenfolge plus Hände waschen. Johannes hätte lieber einen Berg von Hausaufgaben erledigen mögen. Aber mit Hausaufgaben war, obwohl das Schuljahr gerade erst angefangen hatte, in den nächsten drei Wochen nicht zu rechnen. In dieser Zeit ging Johannes, der im nächsten Jahr in die gymnasiale Oberstufe wechseln würde, nicht zur Schule, sondern war im Sozialpraktikum.

Drei Wochen weniger Unterricht für eine Abschlussklasse? Ist das zu rechtfertigen, nachdem »Unterrichtsausfall« doch als ein besonders schlimmes Übel gilt? Wenn eine Schule drei Wochen lang die Erziehung und Ausbildung ihrer Schüler vernachlässigen würde, sicherlich nicht. Wohl aber, wenn eine Schule daran interessiert ist, Schüler mit realen, aber für sie ungewohnten Lebenssituationen zu konfrontieren, damit deren angelerntes Wissen nicht nur theoretisch bleibt, sondern sich mit eigenen Erfahrungen verbindet. Das Sozialpraktikum ist eine Möglichkeit, die dafür erdacht und erprobt worden ist. Alle Schüler der zehnten Klassen arbeiten drei Wochen lang in Altenheimen, Behinderteneinrichtungen oder integrativen Kindergärten, manche von ihnen sogar im hunderte Kilometer entfernten Görlitz, acht Stunden täglich – wie andere Angestellte auch.

In unserer Schule war die Meinung durchaus geteilt, ob man Sechzehnjährigen solche Aufgaben zumuten könne. Manche waren überzeugt, Jugendliche seien in diesem Alter mit derartigen Situationen überfordert. Auch viele Erwachsene empfinden ja die Hilfeleistung für alte oder behinderte Menschen oder den Umgang mit den Gebrechen anderer als unangenehme Zumutung, versuchen Situationen, in denen ihre Hilfe gebraucht wird, zu vermeiden. Doch rechtfertigt das, dass wir unsere eigenen Ängste und Vorbehalte auf Kinder und Jugendliche übertragen und deshalb behaupten, wir müssten die Heranwachsenden vor diesen Unzumutbarkeiten beschützen? Ich jedenfalls wünsche mir Jugendliche, die keine Angst haben, anderen zu helfen. Jugendliche, die nicht nur im Klassenraum sitzen und über Mitmenschlichkeit reden, sondern auch mal einen alten Menschen waschen, einem Baby die Windeln wechseln oder einen kranken Freund zum Arzt begleiten. Alles Erfahrungen, die manche ausgefallene Unterrichtsstunde wert sind.

Das Erste, was Johannes feststellte, war, wie schweißtreibend ein Gang aufs Klo sein kann. Jemandem, der die Knie aneinander presst, die Hose runter und wieder hoch zu ziehen, damit er sich nicht darauf pinkelt, während man ihn zugleich festhalten, eigentlich sogar tragen muss, ist nicht ganz einfach. Zu Johannes' eigener Überraschung war es nicht eklig, mit Thomas aufs Klo zu gehen. Eher lustig. Denn wo kann man schon so gut miteinander reden und herumalbern wie auf dem Klo. Mit schelmischem Blick flüsterte Thomas ein »Holzkopf« in Richtung Zivi, der daraufhin drohte, er werde Thomas auf dem Klo verhungern lassen. Ein verzückter Schrei kommentierte diesen Vorschlag. Thomas schien sich ziemlich sicher, dass dies eine hohle Drohung war. Johannes musste grinsen. So hatte er sich das Wasserlassen von Thomas nicht vorgestellt.

Viele Kinder und Jugendliche haben keine oder falsche Vorstellungen, was es heißt, mit hilfsbedürftigen Menschen umzugehen. Kaum ein Kind erlebt alte oder behinderte Menschen zu Hause. Großeltern, ältere Tanten und Onkel leben nicht in der Familie, sondern irgendwo allein, oft weit entfernt. Wenn sie sich nicht mehr selber helfen können, sind es meist Fremde, die ambulant oder stationär die Pflege berufsmäßig übernehmen. Kinder und Jugendliche erfahren so nur noch selten aus persönlicher Anschauung, dass alte und kranke Menschen nicht nur Unterstützung brauchen, sondern im Alltag auch viel geben können, wenn man sich mit ihnen beschäftigt. Und je weniger hilfsbedürftige Menschen sie im Umgang erleben, desto seltener wird ihnen bewusst, dass sie selbst irgendwann einmal auf Hilfe angewiesen sein werden.

»Tätige Nächstenliebe«

In der Religionsfachkonferenz zerbrachen sich unsere Lehrer die Köpfe, wie den Schülern der biblische Begriff »Nächstenliebe« auf der Grundlage von Texten der Bibel oder anderen Büchern näher gebracht werden könne. Losgelöst aus einem realen, alltäglich erlebten Zusammenhang erschien diese Forderung im Unterricht seltsam lebensfremd, wirkte irgendwie altmodisch und sehr moralisch, was bei Jugendlichen leicht Widerstände auslöst. Die Religionslehrer beschlossen, »Tätige Nächstenliebe« nicht zu unterrichten, sondern von ihren Schülern einzufordern.

Vier Monate lang müssen alle Jungen und Mädchen in den achten Klassen seitdem einen Nachmittag in der Woche mit einem Menschen verbringen, der ihre Hilfe braucht. Am Anfang des Schuljahres müssen sie ihn mit Hilfe ihrer Eltern oder der Unterstützung von Freunden oder Bekannten finden. Die gemeinsame Suche mit den Eltern ist ein wesentlicher Bestandteil des Konzepts. Schließlich sind es die Schüler (nicht die Schule!), die Verantwortung für einen anderen Menschen übernehmen werden und die deshalb auf angemessene Weise einen persönlichen Kontakt herstellen müssen. Je intensiver die geplanten Begegnungen mit dem alten oder kranken Menschen in der Familie diskutiert und je weniger die Schule helfend eingreifen muss, desto eher reift zudem bei den Jugendlichen das Bewusstsein dafür, dass »Tätige Nächstenliebe« kein beliebiges Schulprojekt ist. Wer Verabredungen nicht einhält, lustlos rumschlampt oder blöde Sprüche klopft, ist kein Held, der sich gegen schulische Autorität auflehnt, sondern einer, der »seinen« Alten im Stich lässt.

Wie ernst die Schüler ihre Besuche bei den alten Menschen nahmen, merkt man, wenn man in den Tagebüchern blättert, die von den Schülern während des Projekts geschrieben wurden. »Als ich heute wieder mal zur Frau H. ging, nahm sie meine Hände und merkte, wie kalt sie von draußen waren. Schnell steckte sie sie unter ihre Decke, um sie aufzuwärmen. Das fand ich sehr lieb. Als meine Hände warm waren, meinte sie aus Scherz: ›Dich hätte ich ja sogar ganz unter meine Decke stecken können!‹ Dabei hat sie gelacht. Es war das erste Mal, dass ich sie lachen sah. Sie erzählte, dass die Schwester sie schikanieren würde und kein Verständnis dafür hätte, dass ihr von der Operation beim Laufen alles wehtut und sie deshalb liegen bleibt.

Ihr ist auch total kalt, hier gäbe es keine Wärmflasche oder so. Ich guckte dann im Kleiderschrank nach einer Hose, die sie wärmen sollte. Als ich eine fand, war Frau H. sehr froh und zog sie gleich an. Sie fragte mich, ob ich gut Fingernägel schneiden kann und ob ich so gut wäre, ihre zu schneiden. Obwohl ich es nicht so gut kann, nahm ich ihre Schere und schnitt sie. Das fand sie wahnsinnig nett und sagte, ich hätte das gut gemacht. Die Fingernägel sahen irgendwie komisch aus. So abgekaut, aber ich sah sie nie daran kauen.«

Als die Religionslehrer dieses Projekt das erste Mal durchführen wollten, gab es allerlei Widerstand. Nicht von den Schülern, aber von einigen ihrer Eltern. Es sei unglaublich belastend für ein Kind, hieß es auf Elternabenden, mit einem alten Menschen zusammen zu sein. Die Schule müsse eine besondere psychologische Betreuung sicherstellen. Seien sich die Lehrer eigentlich darüber im Klaren, was alles passieren, was alles schief gehen könne, wenn beispielsweise einer der zu betreuenden Alten krank werde.

Dahinter steckt natürlich auch eine bestimmte Vorstellung

von den Aufgaben der Schule. Sie mag für deutsche Literatur oder Atomphysik, sogar für »Sozialkunde« zuständig sein, aber all das soll im Klassenraum bleiben, soll durch Worte geschehen, soll mit dem Leben außerhalb der Schule nichts zu tun haben. Schon die Frage, ob sich Schüler um Alte kümmern und sorgen sollten, zeigt, wie weit wir uns bei der Erziehung unserer Kinder von realen Lebensanforderungen entfernt haben. Damit meine ich nicht nur, aber auch die Schule als Institution. Wie kann man es für gefährlich halten, einmal in der Woche zu einem Menschen zu gehen, ihm Geschichten zu erzählen, das Geschirr zu spülen und mit dem Hund rauszugehen? Wird das Wohl eines Kindes beeinträchtigt, wenn es mit einem alten Menschen »Mensch ärgere dich nicht« spielt, den Rollstuhl schiebt oder zuhört, wenn jemand Geschichten von früher erzählt? Warum ist ein hilfsbedürftiger Mensch, der wie jeder andere Mensch auch krank werden kann, eine übermäßige Belastung für ein Mädchen oder einen Jungen von vierzehn Jahren? Selbstverständlich sind alte Menschen nicht immer nur herzerfrischend und gut gelaunt. Es gibt grantige Omas, die kaum reden, höchstens eine Anweisung nuscheln. Es gibt vergessliche Alte, die jedes Mal erneut fragen, wer dieser junge Mann vor der Tür ist und was er hier will. Das passiert vier, fünf, sechs Mal hintereinander, und der Schüler muss jedes Mal wieder sagen, dass sie verabredet sind, dass er schon letzte Woche da war, Tobias heißt und von der Helene-Lange-Schule kommt. Ist das unzumutbar, eine übermäßige Belastung? Oder ist es eine Aufgabe, die jeder Schüler bewältigt haben sollte, weil jemand, der nie gelernt hat mit den Gebrechen und Anzeichen des Älterwerdens umzugehen, auch als Erwachsener dazu nicht fähig sein wird? Ist es nicht eine Aufgabe, an der Jugendliche sich beweisen und mit der sie wachsen können? Vermutlich ermöglichen Herausforderungen wie diese jene Erfahrungen, die für Schüler ebenso notwendig und unerlässlich sind wie die Beschäftigung mit Geschichte, Englisch oder Mathematik.

»Liebes Tagebuch, heute haben wir noch über meine Familie geredet. Frau H. fand es schön, dass meine Eltern noch zusammen sind. Es sei gut, Eltern zu haben, denn sie könne man immer fragen, wenn es Probleme gäbe, und sie wüssten immer Rat. Nun ja, dachte ich, nicht immer. Ich weiß jetzt auch, dass Frau H. acht Enkel hat, alle von ihrem Sohn. Aber leider besucht sie niemand mehr, außer ihrem Schwager. Auch heute sagte sie richtig sehnsüchtig: ›Ich wünschte, ich würde einschlafen und nie mehr aufwachen.‹ Deine Maren.«

Einer Schule wird es umso leichter gelingen, solche notwendigen Erfahrungen zu ermöglichen, je größer das Zutrauen ist, das sie in die Fähigkeiten ihrer Schüler hat. Sie sind mit vierzehn keine Kinder mehr. In früheren Zeiten sind Jugendliche mit vierzehn von der Schule in den Beruf gegangen, manche waren mit sechzehn schon an der Universität. Heute leben wir in einer Welt, in der die Kindheit ständig verlängert wird, unter anderem dadurch, dass wir Jugendliche, die durchaus fähig sind, sich schwierigen Herausforderungen zu stellen, ihre Zeit in Schulen verbringen lassen, aus denen das Leben ausgesperrt ist. Wir wollen sie ständig schonen und beschützen, aber zugleich nehmen wir selbstverständlich in Kauf, dass viele von ihnen »versagen«, oft mit unverantwortbaren Folgen für ihr ganzes weiteres Leben. Schule ist langweilig, weil Schüler nicht herausgefordert werden, in wirklichen Ernstsituationen (nicht nur von den Kunstproblemen der Schule) bis an ihre Grenzen zu gehen, und keiner von ihnen erlebt, wie sie selbst oder andere Mitschüler viel mehr können, als normalerweise von ihnen verlangt wird. Zwanzig Vokabeln am Tag pauken, ein paar Formeln auswendig lernen, ab und zu abgefragt werden – das sind, auch in den Augen der Jugendlichen, keine Herausforderungen. Wenn das alles ist, was Schule zu bieten hat, braucht sich niemand zu wundern, wenn Jugendliche der Schule überdrüssig werden.

Die Schule müsste anerkennen, dass sie nicht für alle Schüler und nicht für jede Altersgruppe der geeignetste Ort ist, um tatsächlich zu lernen. Vermutlich wäre es für sehr viele vierzehnjährige Mädchen und Jungen hilfreich, ein Jahr lang überhaupt nicht zur Schule gehen zu müssen. Diese Teenager, die endlich erwachsen sein, die sich nicht mehr ständig bevormunden lassen wollen, brauchen Ernstsituationen. Sie sollten auf Schiffen die Welt erkunden, nach Halt suchend in Steilwänden hängen oder eben etwas tun, was sie unmittelbar erfahren lässt, dass sie gebraucht werden und nützlich sind. Jugendliche in diesem Alter sind bereit für ihr persönliches Überlebenstraining. Sie wollen schwierige Situationen meistern, die nicht von Lehrern für sie ausgedacht wurden, sondern in die sie durch ihre eigenen Entscheidungen geraten sind. Sie wollen losgelassen werden. Lassen wir sie gehen und sich selbst in Schwierigkeiten bringen! Anders können sie die Erfahrung nicht machen, was es heißt, auf eigenen Beinen zu stehen. Nur so wird ein Halbwüchsiger in Situationen geraten, die ihn vor Probleme stellen, die er als echt empfindet, die ihm vielleicht Angst machen und die er ernst nimmt, weil von seinem Verhalten reale Konsequenzen abhängen. In der Schule haben alle Probleme etwas Künstliches. Aufgabenstellungen werden sorgfältig vorgedacht, oft müssen sie sogar ministeriell abgesegnet werden. Das Vorgehen des Schülers hat vor allem eine Folge, nämlich eine Note. Sonst hängt in der Regel nichts von ihm ab. Dennoch kann dieser Notendruck, insbesondere bei Schülern, die immer wieder versagen, eine Angst auslösen, die besonders schädlich ist, weil sie sich nicht überwinden lässt. Für solche Schüler wird Schule zur ständigen Stresssituation, aus der es kein Entkommen gibt und gegen die sich nichts ausrichten lässt. Alle Jugendlichen brauchen aber Angstsituationen, aus denen sie als Sieger hervorgehen. Wer eine große Herausforderung auf sich zukommen sieht, die ihm Angst macht, während er insgeheim doch weiß, dass er nicht sterben wird, wenn er jetzt dableibt anstatt wegzurennen, der mobilisiert Kräfte, von denen er manchmal selbst nicht glaubt, dass sie in ihm stecken.

Sozialpraktikum

Als Franziska im Altenheim das erste Mal einen nackten, alten Frauenkörper sah, war das ein Schock. Etwas in ihr sträubte sich gegen die Vorstellung, dass dies ein Mensch sei und dass ihr eigener Körper auch einmal so verfallen würde. Auch Sechzehnjährige wissen das, selbst wenn sie – wie wir alle – es möglichst verdrängen. Franziska hat diesen verfallenden Körper gesehen, hat tief Luft geholt und einen Waschlappen genommen, um die Frau, die vor ihr im Bett lag, zu waschen. Franziska hat mit der Frau gesprochen, obwohl die nicht mehr antworten konnte. Aber sie hatte trotzdem das Gefühl, der Frau tue das gut. Sie fütterte und pflegte sie wie die anderen Altenpfleger auch. Noch während des Sozialpraktikums starb diese Frau. Franziska war bei diesem Sterben nicht anwesend. Aber sie hat um die alte Frau getrauert.

So eine Grenzerfahrung erleben Schüler oft als einsamen Moment, als eine Situation, die sie ohne Hilfe meistern müssen, in der es allein auf sie ankommt. Einerseits ist dies gewollt, andererseits ist es eine Belastung für die Heranwachsenden, die von der Schule ein Gespür für die Grenzen und die notwendigen Bedingungen solcher »Zumutungen« verlangt. Die Schule gibt die Rahmenbedingungen vor, wägt gemeinsam mit Eltern und Schülern ab, was möglich und was wünschenswert wäre. Zugleich nimmt sich die Schule Zeit, die jungen Menschen bei ihrem Vorhaben zu begleiten und zu beraten. Wann immer es notwendig ist, kann ein Ansprechpartner zur Verfügung stehen, die Erlebnisse und Erfahrungen der Schüler im Sozialpraktikum werden während eines gemeinsamen Klosteraufenthaltes mit der ganzen Klasse nachbereitet.

Der Alltag im Sozialpraktikum ist für die Sechzehnjährigen allerdings weit weniger von Grenzerfahrungen als von Routine geprägt. Da kommt es auf Pünktlichkeit und Zuverlässigkeit an. Da muss man ganz einfache Handgriffe für das Umbetten, Waschen, vielleicht auch Füttern lernen. Meist ist das Pflegepersonal hilfsbereit, erläutert und zeigt den Jugendlichen, wie dies oder das am besten, am schonendsten für die alten Menschen, am kräftesparendsten für die Helfer zu machen ist. Die Jugendlichen beobachten die Erwachsenen in ihrem Arbeitsverhalten, stellen Vermutungen an, welchen Einfluss die eigene Einstellung, die Tagesform oder die jahrelange Erfahrung im Pflegeberuf auf den Umgang mit den alten Menschen haben. Aber auch dieser harmlose Alltag enthielt doch immer wieder das Schwanken zwischen Angst und Erleichterung, den Zweifeln, ob man der nächsten Situation gewachsen sei, und der Befriedigung, die sich einstellt, wenn man merkt, wie sehr sich diese alten Menschen über die Hilfe freuen und wie dankbar die übrigen Pfleger in dem Altenheim sind, wenn man mit anpackt und sich nicht zu schade ist für schwierige, dreckige, manchmal auch eklige Arbeiten. Es hat an unserer Schule viele, oft sehr grundsätzliche und darum manchmal sehr persönliche Diskussionen über dieses Projekt gegeben, in denen letztlich eine Überzeugung besonders deutlich wurde: Wer älteren Jugendlichen derartige Erfahrungen ermöglicht, vergrößert die Chancen, dass sie wirklich erwachsen und mündig werden.

Die Schule ist – aus gutem Grund – kein Ort, an dem solche Erfahrungen möglich sind. Aber eine Schule kann dafür sorgen, dass sie möglich werden. Schüler allein zu lassen, fällt einer Schule oft schwer. Schulen neigen dazu, sich doppelt und dreifach abzusichern, damit nichts schief gehen kann. Das Zauberwort, eigentlich: das Totschlagargument, heißt »Aufsichtspflicht«. Im Gefolge der allgemeinen Verrechtlichung pädagogischer Probleme wurde sie immer feinmaschiger gestrickt. Vor allem versicherungsrechtliche Gründe und entsprechende Prozesse haben dazu geführt, dass die juristische Absicherung zu oft wichtiger ist als jedes pädagogische Argument – und sei es noch so einleuchtend. Versucht man diesem Teufelskreis zu entkommen, so erfordert das zusätzliche Anstrengungen, Fantasie und manchmal auch Mut. Übrigens neigen Schüler – wer wollte es ihnen verübeln – dazu, die vielen Auffangnetze, die wegen des schulischen Absicherungsbedürfnisses gespannt werden, auch zu nutzen – also gerade nichts zu wagen. Dem kann eine Schule nur entgegenwirken, indem sie ernst macht und die Jugendlichen wirklich allein in die Fremde schickt – so wie Johannes, der sein Sozialpraktikum an Deutschlands Ostgrenze, weit weg von zu Hause, erlebte.

Görlitz ist eine der Partnerstädte Wiesbadens, und der Vater eines Schülers hatte nach der deutschen Einheit dort erste Kontakte geknüpft. Nun fragte er uns, warum unsere Schüler ihr Sozialpraktikum nur in Wiesbaden absolvierten. Warum nicht für die, die sich das zutrauen, auch in Görlitz mit der zusätzlichen Herausforderung, dort weitgehend auf sich allein gestellt zu sein und den eigenen Alltag organisieren zu müssen. Dank dieser Anregung schicken wir seit 1994 jedes Jahr im Herbst etwa 25 Schüler nach Görlitz, um dort in sozialen Einrichtungen zu arbeiten und in Wohngemeinschaften zusammenzuleben. Ohne Eltern, die Probleme aus der Welt schaffen könnten, und auch die beiden Lehrer, die man um Hilfe oder Rat bitten kann, reisen spätestens nach der ersten Woche wieder ab. Die Schüler sind allein. Sie leben von Pfannkuchen aus Mehl und Wasser, wenn wieder keiner den Einkauf erledigt hat. Sie sitzen frierend neben kalten Kohleöfen, wenn wieder niemand Kohlen aus dem Keller hochgeschleppt hat. Sie müssen Streitigkeiten untereinander selbst aus der Welt schaffen. Zwei Wochen lang finden sie heraus, wie sie in der Welt der Erwachsenen bestehen können. Sie packen täglich ohne zu nörgeln in Altenheimen und Behinderteneinrichtungen mit an. Sie repräsentieren die Schule bei einem Empfang des Oberbürgermeisters und geben Interviews für die Lokalzeitung. Viele machen zum ersten Mal die Erfahrung, wie es ist, als junger Erwachsener behandelt zu werden, dessen Arbeit für andere wertvoll ist – und eben nicht als Schüler.

Wenn die Jugendlichen am Ende der Heimreise aus dem Zug steigen, erscheint den meisten Eltern ihr Kind »einen Kopf größer« – mindestens.

Reisen

Leider ist in Deutschland nicht alles selbstverständlich, was pädagogisch wünschenswert ist – oft wird es nur unter kleinlichsten Auflagen erlaubt. Schon der harmloseste Versuch, auch ältere Schüler ohne Lehrer außerhalb der Schule etwas erledigen zu lassen, ist per Erlass genau geregelt, nicht selten untersagt, insbesondere dann, wenn es sich um noch nicht Sechzehnjährige und eine Veranstaltung während der Schulzeit handelt. Beim zuständigen Schulamt bekommt man ein reflexhaftes »Nein« oder »Unmöglich« zu hören, wenn man Vorschläge macht, die darauf hinauslaufen, Vierzehnjährige allein in die Fremde schicken zu wollen. Irgendwohin, wo sie nur mit einem Rucksack bepackt ankommen und sich selbst durchschlagen müssen. Für manche Gruppen der bündischen Jugend war und ist das selbstverständlich, aber mehr als eine winzige Minderheit hat das nie erreicht. Wir wollten dagegen ein »Reiseprojekt« für *alle* Neuntklässler unserer Schule. Wir träumten davon, Schüler am Pariser Hauptbahnhof mit dem Auftrag allein zu lassen, sich von dort nach Lyon durchzuschlagen, anstatt sie im Französischunterricht mit Rollenspielen zu beschäftigen. Wir träumten davon, Schüler in Irland auf Wanderschaft zu schicken.

Die Schule, von der Eltern und Schüler oft annehmen, sie bestimme über alles, was die Kinder im Unterricht tun dürfen und müssen – und innerhalb bestimmter Grenzen ist das sogar eine zutreffende Annahme –, ausgerechnet die Schule ist selbst eine Gefangene zahlloser Vorschriften und Gesetze, die ihr fast jeden Spielraum nehmen, ungewöhnliche pädagogische Wege zu gehen. Ohne Fantasie und Hartnäckigkeit und ohne Verbündete in der Schulbehörde kann eine Schule daran fast nichts ändern. Doch wie findet eine Schule in einer Behörde Verbündete für eine Idee, die mit allerlei Regelungen zur Aufsichtspflicht in Konflikt gerät und komplizierteste Haftungsfragen aufwirft? Beantragt sie eine Erlaubnis, ist eine Ablehnung für den verantwortlichen Beamten der risikoloseste Weg, auf den ersten Blick oft auch der juristisch einzig mögliche. Stellt eine Schule Forderungen, genügt ein formales Antwortschreiben mit dem Verweis auf zwei oder drei Erlasse, um die Idee vom Tisch zu wischen. Es ist billig, zu jammern oder die Schuld bei der uneinsichtigen oder ängstlichen Verwaltung zu suchen. Die Schulbehörde muss eingebunden werden, will man den pädagogischen Anspruch, Schüler ohne Eltern oder Lehrer auf Reisen zu schicken, mit den rechtlichen Gegebenheiten in Einklang bringen. Statt Forderungen oder einen Antrag auf Erlaubnis zu stellen, baten wir die zuständigen Beamten um fachlichen Rat. Wer sonst würde besser wissen, wie unser pädagogisches Projekt trotz aller Vorschriften zu verwirklichen sein könnte? Das Resultat waren endlose Diskussionen, war ein runder Tisch, an dem Kultusministerium, Jugendamt und Schulbehörde saßen, war viel beschriebenes Papier, aber – keine Absage. Der Schulbehörde gefiel es offenbar, dass wir sie nicht als Gegner betrachteten, gegen den wir etwas durchsetzen wollten, sondern als Partner, mit dem wir ein Projekt planten. Irgendwann führte dies dazu, dass auch die Beamten der Schulbehörde vom Ehrgeiz gepackt wurden und nun unbedingt einen Weg finden wollten, das angeblich Unmögliche möglich zu machen. Gemeinsam fanden wir einen juristisch möglichen Ausweg. Wenn die Eltern eine von uns zusammen mit den Beamten formulierte Erklärung unterschrieben, mit der sie die Schüler für die Zeit der Reise sozusagen von der Schule abmeldeten (bzw. durch die sie zustimmend zur Kenntnis nahmen, dass es sich bei dem Projekt »Sich in der Fremde bewähren« und den Reisen in kleinen Gruppen nicht um eine »Schulveranstaltung« im rechtlichen

Sinne handele), und wenn wir dafür sorgten, dass die Schüler von einer Person über sechzehn als »Schutzengel« ohne Aufsichtspflicht begleitet wurden, könnten wir sie auf Reisen schicken.

Max liebte diese Idee. Die ursprüngliche Idee wohlgemerkt, nicht das, was wir Lehrer in etlichen Konzeptionsrunden daraus gemacht hatten. Max wollte seine Sachen packen, keinen Pfennig Geld mitnehmen und herausfinden, ob er sich über Wasser halten könne. Wir Lehrer hatten uns überlegt, dass vier- bis achtköpfige Schülergruppen mit einem Etat von 130 Euro pro Person ein Forschungsthema wählen und anschließend eine sieben- bis zehntägige Reise planen sollten. Max wollte die Reise auf sich zukommen lassen. In der Schule wurde eine Reise-Jury gebildet, bestehend aus Lehrern und Schülern des Jahrgangs, die sämtliche Unterlagen zum Reiseverlauf, Unterbringung und Verpflegung vorab prüfen und genehmigen mussten. Max wollte eine Woche lang selbst entscheiden, was er tun würde. Wir Lehrer hatten uns immerhin darauf geeinigt, die Schüler selbst entscheiden zu lassen, welchen ökologischen oder kulturellen Schwerpunkt sie sich setzen und während ihrer Reise dokumentieren würden. Max, pfiffig wie er war, pochte auf die beschlossenen Vorgaben. Gemeinsam mit drei Kumpels, erklärte er uns, werde er erforschen, wie es gewesen sein könnte, als Handwerksbursche auf die Walz zu gehen. Natürlich sei das nur ohne einen Pfennig Geld in der Tasche möglich, die Wanderburschen früher seien schließlich auch nicht mit 130 Euro für den Notfall durch die Gegend gezogen. Er und seine drei abenteuerlustigen Begleiter ließen ihre Eltern zusätzliche Formulare unterschreiben, in denen die Schule von jeder Verantwortung befreit und jede zu erwartende Haftung ausgeschlossen wurde. Dann zogen sie los. Im Hunsrück werde es schon genug Bauern geben, von denen sie Arbeit und ein Dach über dem Kopf erwarten könnten, erklärten sie uns, worauf ein Lehrer einwandte, die Bauern würden vermutlich eher vor Max und seinen neongrün gefärbten Haarstoppeln davonlaufen, als dem Trüppchen einen Platz zum Schlafen oder gar Arbeit anzubieten. Von solchen Nörgeleien blieben Max und seine Freunde unbeeindruckt, uns zweifelnden Pädagogen würden sie schon beweisen, was sie draufhätten. Kerle wie sie würde doch jeder Bauer gern beschäftigen. Sie irrten sich. Es gab nicht einen Bauern, der Max und die drei anderen auch nur ein einziges Mal den Stall ausmisten oder auf dem Feld rackern ließ. Die Halbstarken, die mit trotzigen Sprüchen losgezogen waren, mussten feststellen, dass ihre naiven Vorstellungen vom schönen, alten Bauernhof, auf dem man im Morgengrauen mit dem Melken anfängt und am späten Abend wohlig auf einem Heuhaufen liegend den Sonnenuntergang verfolgt, längst von der Wirklichkeit überholt waren. Das Melken war mechanisiert, schweres Gerät beackerte die Felder, manche Bauernhöfe waren von einer Industrieanlage kaum noch zu unterscheiden. Kein Landwirt wusste da etwas mit diesen vier jungen Kerlen anzufangen, die ihre Hilfe anboten. Sie fanden keine Arbeit, sie verdienten kein Geld, sie hatten keinen Platz zum Schlafen. Die ersten Nächte verbrachten Max und seine Freunde im Straßengraben irgendwo im Hunsrück und hungerten. Es war mitten im Sommer, auf den Feldern war noch nichts reif. Selbst wenn das anders gewesen wäre, sie hatten nie gelernt, sich wie die Helden eines Abenteuerromans, die tagelang abseits der Zivilisation vor ihren Verfolgern untertauchen müssen, von den Früchten des Waldes zu ernähren. Eines aber hatten sie sich vielleicht doch von diesen Vorbildern abgeschaut: niemals aufgeben. Für die Gruppe kam ein Abbruch der Reise, das Eingeständnis des eigenen Scheiterns, verbunden mit einer vorzeitigen Rückkehr in den Schoß der Schule, nicht in Frage. Notfalls hätten sie lieber die ganze Woche gehungert, bevor sie den Lehrern diesen Triumph gegönnt hätten.

Sie entdeckten die Gastfreundlichkeit der Kirche. Vielleicht hätte der eine oder andere Pfarrer diese Horde ungewaschener, übermüdeter Jugendlicher am liebsten auch weitergeschickt. Aber hier eine warme Suppe und dort einen Schlafplatz in einer alten Kirche haben die Jungen so ergattert. Der akute Geldmangel, der sich nun ziemlich unangenehm bemerkbar machte, ließ sich damit allerdings nicht beheben. Betteln gehen wollten sie nicht, also stellten sie sich in Idar-Oberstein in die Fußgängerzone und fingen an zu singen: Vier abenteuerliche Gestalten mit dem Anflug von Dreitagebärten und einer Gitarre, die versuchten, für einige Groschen wenigstens ein paar Akkorde zu treffen. Ob sie das geschafft haben oder ob die Leute ihnen aus Mitleid Geld gegeben haben, war ihnen am letzten Abend ihrer Reise gleichgültig. Wichtig war, dass sich die vier leisten konnten, etwas nach ihrem Geschmack zu essen, und mit dem Rest vom Geld haben sie es dann auch wieder nach Hause geschafft. Mit stolzgeschwellter Brust marschierten sie in die Schule ein und erklärten ihrem Lehrer, sie wüssten jetzt zwar nicht, wie Handwerksburschen auf der Walz im 19. Jahrhundert ihr Geld verdient hätten, aber dafür wie Landstreicher von heute ihr Auskommen fänden.

So wie Max und seine Freunde waren nach der Rückkehr auch die anderen Schüler in Hochstimmung. Die einen erzählten von einem völlig überfüllten Zeltplatz, den sie hundemüde mitten in der Nacht erreicht hatten und von dem sie trotzdem weggeschickt wurden. Andere waren bei strömendem Regen in einem Dorf von einer Frau entdeckt und zum Abendessen eingeladen worden, wo sie anschließend sogar auf dem Dachboden übernachten durften. Manche hatten sich tagelang verirrt, andere Stunden damit verbracht, Preise zu vergleichen, um Nahrungsmittel möglichst billig einzukaufen. Kaum eine Gruppe, die ihre Reise nicht als Erfolg betrachtete. Nur wir Lehrer waren enttäuscht. Fast keiner der Forschungsaufträge war erfüllt worden, weil sich die Schüler um nasse Klamotten hatten kümmern müssen, das Kochen weitaus mehr Zeit in Anspruch genommen hatte als vorgesehen oder weil sich eine Gruppe zwei Tage lang hoffnungslos zerstritten hatte. Es schien uns, als ob die Jugendlichen eines unserer wichtigsten Grundanliegen, sie möchten durch genaue Planung, Organisation und Durchführung ihrer Reise eine gewisse Selbständigkeit einüben, von Anfang an völlig ignoriert hatten. Anstatt sich bereits im Vorfeld auf alle Eventualitäten vorzubereiten, hatten sie dann doch alles auf sich zukommen lassen. Uns kamen Zweifel: Hatten die Schüler überhaupt etwas gelernt oder war das nur eine Woche ohne Schule mit ein paar kleineren Abenteuern gewesen? Andererseits: Sie hatten auf jeden Fall etwas geleistet, darüber waren wir uns bald einig. Sie hatten einige Tage in kleinen Gruppen überlebt, waren mit Ärger und Wut fertig geworden, hatten manche Ratlosigkeit überwunden und sich ihren Ängsten gestellt. Aber hatte sich für dieses Resultat der Aufwand gelohnt, den die Schule betreiben musste, um so ein Projekt zu ermöglichen?

Eine Antwort ergab sich erst in den folgenden Wochen. Jeder, der ein wenig mit dem Schulalltag vertraut ist, kennt diese Müdigkeit, die ausbricht, je näher die Ferien rücken, diese Unlust, sich noch einmal aufzuraffen und ein paar Dinge zu erledigen, die angeblich oder tatsächlich notwendig sind. Kaum ein Lehrer oder ein Schüler, der nicht in den letzten Tagen vor den Sommerferien von sich sagt, er sei urlaubsreif. Viele Schüler verabschieden sich schon Wochen davor in eine Art Dämmerzustand, der bis zur Zeugnisausgabe anhält. Mit dem Reiseprojekt hatte sich das für diesen Jahrgang geändert. Vielleicht hatte die Situation, in der sich diese Vierzehn- und Fünfzehnjährigen für eine Woche befunden hatten, es ihnen ermöglicht, die eigene Rolle als Schüler und ihre Erwartungen an die Schule einmal von außen zu sehen. In einigen Gruppen ist wohl tatsächlich über solche Fragen intensiv diskutiert worden. Jedenfalls schien es uns, als sei die Schule für diese Neuntklässler ein interessanterer Ort geworden, möglicherweise sogar ein Ort, von dem sie ahnten, dass sie hier Dinge lernen könnten, die ihnen draußen in der Welt niemand erklären würde. Sie schienen uns wissbegieriger geworden zu sein. Außerdem brannten sie darauf, uns ihre Erlebnisse mitzuteilen, nachdem sie eine Woche ohne Eltern, ohne Lehrer »überlebt« hatten. Wir waren erstaunt. Wir hörten auf, uns über die nicht erledigten Forschungsaufträge zu ärgern. Es mag einer Schule schwer fallen, Schüler gehen zu lassen, weil sie sich ernsthaft Sorgen um ihr Wohlergehen macht oder auch weil sie davon überzeugt ist, eigentlich können Kinder und Jugendliche gar nichts lernen, wenn wir Lehrer es nicht sorgfältig geplant haben. Aber dieses Gehenlassen wird ihr leichter fallen, wenn sie das erste Mal die Entdeckung gemacht hat, dass die Jugendlichen motiviert und lernwillig zurückkommen.

Kindergarten-Praktikum

Bei allen intensiven Erfahrungen außerhalb der Schule ist nicht zu unterschätzen, was es für Jugendliche bedeutet, mit Menschen zusammenzuarbeiten, die sich noch kein Urteil über sie gebildet haben. Die Schule ist ja kein Ort, an dem ein Schüler oder eine Schülerin jeden Tag aufs Neue wie ein unbeschriebenes Blatt erscheinen kann, um etwas Neues zu wagen, sich selbst auszuprobieren oder auch mal Unsicherheiten zu zeigen. Die Schule kennt ihre Schüler – oder glaubt sie zu kennen. Das gilt für die Lehrer, aber auch für die Klassenkameraden. Jeder lässt jeden hier spüren, was man ihm zutraut, wann über ihn gelacht und was an ihm respektiert wird. Jeder Schüler hat seinen Ruf. Kaum einer, der diesen Ruf, und sei es nur kurzzeitig, loswerden will, schafft das, solange er in der Schule ist.

Zugleich erzeugen die verfestigten Erwartungen im Klassenraum und auf dem Pausenhof besonders ungünstige Bedingungen, um einem großmäuligen Halbstarken, der meint, sich überall mit seiner Aggressivität durchsetzen zu müssen, erfahren zu lassen, dass es keine Schande ist, sich um andere zu sorgen. Wie können wir es Jugendlichen erleichtern, aus solchen Rollenzuweisungen auszubrechen? Eine mögliche Antwort, die uns immer wieder einleuchtet, wenn wir merken, dass wir in der Schule an unsere Grenzen stoßen, heißt: Raus aus der Schule, zumindest für eine begrenzte Zeit, und weg von ihrem – notwendigen! – Grundschema, alles in »Stoff« und Unterrichtseinheiten zu verwandeln.

Es sind zwei Wochen, in denen wir seit drei Jahren die Schüler der siebten Klasse zurück in den Kindergarten schicken, wo sie als Praktikanten, unbeobachtet von Klassenkameraden und Lehrern, Kleine auf dem Schoß halten, einer ganzen Horde von Vorschulkindern etwas vorlesen oder beim Mittagessen die Kinder daran hindern, ein Chaos anzurichten. Die Kindergärtnerinnen lernen unsere Schüler erst bei dieser Arbeit kennen, sie können nicht wissen, ob ihr Praktikant in der Schule ein unflätiger Störenfried oder Lehrers Liebling ist. Die Wirkung ist erstaunlich. Da sitzt der Rabauke Florian umringt von Kindern, die an seinem Hosenbein hängen, mitten im Raum und ist der sanfteste Mensch, den man sich vorstellen kann. Die Kinder freuen sich jeden Morgen, wenn er durch die Tür kommt, und die Kindergärtnerinnen sind des Lobes voll, wie freundlich und einfallsreich er mit ihnen umgeht. Hätte Florian in der Schule lernen können, dass er auch »so« sein kann – und dass ihm das sogar gefällt?

7. Wer viel Theater spielt, wird gut in Mathematik
Die Bühne als Schule

Osterferien, Montagmorgen, 10.00 Uhr, in der ungeheizten Aula. Der Raum ist dunkel, nur der Bühnenbereich mit zwei Scheinwerfern erleuchtet. Abdul, der Regisseur, sitzt davor an einem kleinen Tisch. Hendrik und Fee proben das Ende des siebten Bildes. Hans und die Prinzessin stehen sich zum ersten Mal gegenüber und gestehen sich ihre Liebe.

Hendrik: »Prinzessin …«

Abdul springt auf: »Überleg dir, in welcher Situation du bist. Du stehst unter Druck. Groß anfangen! Man muss das Gefühl haben, du bist gespannt wie ein Flitzebogen, nur – du kannst die Pfeile nicht abschießen. Deine innere Unruhe, probier, sie auszudrücken.«

Abdul setzt sich wieder. Hendrik und Fee versuchen den Anfang erneut bis zu Hendriks »Mir wird so warm«.

Abdul rennt nach vorne: »Nicht so beiläufig, so cool! Du stehst doch nicht an der Bushaltestelle. Du musst uns vorführen, was mit dieser Figur passiert. Es steigt in dir hoch. Du machst dich so schön wie möglich, wie ein Gockel, der sich aufplustert. Deutlich spielen und nicht schämen. Und jetzt noch mal von vorne bis zum Ende.«

Die beiden Jugendlichen proben die Szene wieder und wieder. An diesem Morgen wohl fast zwanzigmal.

Wer den drei mitten in den Ferien bei ihrer Arbeit zusieht, spürt eine Intensität, die fast vergessen macht, dass man in einer Schule ist. Aber mit dem üblichen Schulbetrieb hat dieses Arbeiten nichts mehr zu tun. Tage und Nächte verbringen Hendrik und Fee mit Proben. Sie machen sich über Requisiten und Kostüme Gedanken, reden am Telefon mit Freunden über die eigene Rolle und probieren, aus sich herauszukommen. Ihnen zur Seite steht ein professioneller Regisseur oder Schauspieler, der mit seiner Erfahrung die Begeisterung aller Beteiligten für das Theater weckt und sie zur Konzentration und Auseinandersetzung mit sich selbst herausfordert. Wie kann ich in die Rolle einer anderen Person schlüpfen und dabei doch ich selbst bleiben?

Eine andere Rolle spielen

Wieder wird geprobt. Diesmal mitten im Schuljahr. Es sind noch zwei Wochen bis zur Premiere. Am Ende der Szene, in der Diana ein Attentat verhindern soll, hält es den Regisseur nicht mehr auf seinem Platz: »Schlag zu!« Diana lässt die Aufforderung ziemlich kalt: »Nein.« »Komm schon. Der Königssohn wird attackiert, es geht um Leben und Tod. Da kannst du den Attentäter nicht streicheln.« »Das mach' ich nicht.« Mit verschränkten Armen blickt Diana zum Regisseur. Der ist in die Rolle des Attentäters geschlüpft, der von Diana eigentlich in letzter Sekunde niedergeschlagen werden sollte. »Wenn du mich nicht schlägst, schlag ich dich«, lässt der Attentäter die Schülerin wissen. »Das würdest du nicht machen.« Ein Regisseur schlägt doch keine Schüler. »Ich zähle bis drei, und wenn du mich bis dann nicht niedergeschlagen hast, haue ich dir eine runter, dass du dort hinten an der Wand klebst!« Die Drohung klingt ernst. Würde der Attentäter sie schlagen? Diana holt tief Luft und schlägt zu.

Sie ist eine der Besten in der Klasse. Sie ist klug genug, um sich mit Worten zu verteidigen. Beherrscht genug, um ihre Gefühle und Gedanken vor anderen zu verbergen, wenn sie will. Aggressionsausbrüche bei anderen empfindet sie als kin-

disch oder peinlich. Ausgerechnet die soll sie auf der Bühne
nun zeigen – gespielte Gewalttätigkeit zwar, aber während der
Proben ihre Rolle und die damit verbundenen Gefühle von
ihrer eigenen Person zu trennen, ist schwierig.

Tastend, experimentierend, äußerst konzentriert, spiele-
risch und zugleich ernst entdecken die »Schauspieler« ihre
inneren Welten und lernen, ihnen Ausdruck zu geben. In der
Auseinandersetzung mit eigener Gewalttätigkeit, mit Themen
wie Liebe und Angst wird sowohl ein äußeres wie ein inneres
Suchen angestoßen. Dianas Suche nach ihrem Platz in einer
Welt, die brutal und rücksichtslos ist, genauso wie Hendriks
Beschäftigung mit der Figur des Hans, der mittellos in die
Welt zieht, sind gleichzeitig Entdeckungsreisen zu sich selbst.

Nico, der sich sonst gern als »cooler Typ« gab, spielte in
den »Bremer Stadtmusikanten« den Hund, der den Weg verloren hat und allein und verlassen im dunklen Wald sitzt. »Ich
habe gar keine Angst«, versichert er lautstark, und die Zuschauer spüren seine Angst und seine innere Verletzbarkeit,
die er in dieser Rolle gestalten kann und gleichzeitig als ein
Stück von sich selbst zeigen darf.

Das sollte nicht zu einem Missverständnis führen: Ernsthaftes Theater mit Jugendlichen ist keine Selbsterfahrungsver-
anstaltung. Es geht nicht darum, dass sich am Ende alle an die
Hand fassen und jeder sagt, wie er sich fühlt. Theater wird
immer für andere gemacht. Auch wenn die Schüler während
des Entstehungsprozesses sich selbst gegenübertreten, am
Ende stehen bei uns alle Mitspielenden – nicht nur die begabten Schauspieler – einem kritischen Publikum gegenüber. Sie
liefern sich in ihrer Rolle, mit ihrer Gestaltung eines Themas
oder einer Figur, den Blicken und der Kritik einer fremden
Öffentlichkeit aus. Alle schauen auf mich!

»Kann ich nicht wenigstens die Hose anlassen?« Die Probe
hat noch gar nicht angefangen, aber Paula machen die Regie-
anweisungen im Text Sorgen. In der Schlussszene soll sie den
ahnungslosen Geliebten scheinbar verführen und in dessen

Kleider schlüpfen, um ihn so vor ihrem rachsüchtigen Vater zu schützen. »Meinetwegen ziehe ich Christoph das Hemd aus. Aber die Hose lasse ich an, okay?« Armin, der Regisseur, möchte lieber erst mal proben. »Lass uns das später entscheiden.« Die beiden jugendlichen Darsteller nehmen sich an der Hand.

Paula: »Wir machen diese Nacht / zu einem Fest der Liebe, willst du? / Komm!«

Armin unterbricht sie: »Vergiss für einen Moment die Gefahr. Dein Geliebter muss das Gefühl haben, du lässt alle Sorgen hinter dir und es gibt nur noch euch beide. Stell dir vor, du bist die Erfüllung aller seiner Sehnsüchte!«

Paula versucht es noch einmal.

Paula: »Mit diesem Kuss verlobe ich mich dir.«

Armin: »Nicht so hastig. Das ist ein besonderer Moment, den genießt ihr. Das können selbst böse Väter nicht verhindern.«

Paula fällt das Genießen schwer. Im Publikum sitzen ihre Klassenkameraden, vor ihr kniet Christoph, und Armin möchte, dass sie die ganze Szene mit tieferer Stimme probiert. Sie wird rot. Plötzlich macht Armin das Licht aus, selbst die Notbeleuchtung hängt er ab, bis es stockfinster ist.

Armin: »Probiert die Szene nochmal. Ich höre euch zu.«

Zwanzig Minuten spielen die beiden Fünfzehnjährigen die Liebesszene wieder und wieder im Dunkeln – bis Paula plötzlich anfängt, ihren Text verführerisch zu flüstern. Am Ende applaudiert Armin. »Das war genial. Pause!«

In der Pause kommt Paula zu ihm. Sie könne diese Szene nicht spielen. Schon gar nicht im grellen Licht und vor hundert Leuten. »Dann grölt mir doch in jeder Pause der ganze Jahrgang hinterher.« »Niemand wird grölen«, verspricht Armin. Alle wissen doch, dass sie auf der Bühne nicht Paula sei, sondern eine Rolle spiele, und weil das kaum jemand so gut hinbekommt wie sie, würden die anderen sie nicht auslachen, sondern bejubeln. Außerdem sei es im Stück so, dass sie die

Liebesszene nur vortäusche, um den gefährdeten Liebsten zu retten. Unzufrieden nippt Paula an ihrem Wasser. Die Probe geht weiter.

Eine Woche später – vor über hundertfünfzig Premierengästen – klappt der Kleidertausch problemlos. Paula und Christoph spielen das Liebespaar so überzeugend, dass sie von Mitschülern sogar Fanpost bekommen. Ausgelacht wird keiner von beiden. Es denkt auch niemand, Paula und Christoph wären wirklich ein Liebespaar. Trotzdem waren sich die beiden bis zuletzt nicht sicher, was das Publikum von ihnen denken wird.

Die Unsicherheit der Jugendlichen, durch die Pubertät oft um ein Vielfaches verstärkt, ist die größte Schwierigkeit und zugleich eine Chance, die unsere Theaterregisseure bei ihrer Arbeit mit den Jugendlichen begleitet. Wer als Person gerade damit beschäftigt ist, herauszufinden, wer er eigentlich ist, der schlüpft nicht selbstsicher und bewusst in andere Rollen. Verunsicherte Jugendliche, die sich selbst nicht ausstehen können, die sich hässlich finden und denen gleichzeitig nichts wichtiger ist als die Meinung ihrer Altersgenossen, gehen auf einer Bühne selten ungehemmt aus sich heraus. Stattdessen bemühen sie sich, Klischeevorstellungen gerecht zu werden, die sie beispielsweise von Filmen oder Fernsehserien abgeschaut haben. Wie sie gehen, wie sie sprechen, wie sie sich kleiden, ihre Begriffe von Schönheit und Attraktivität entwickeln die wenigsten Jugendlichen aus sich selbst heraus, sondern sie greifen auf Vorbilder zurück, meist auf solche, die auch in ihrem Freundeskreis anerkannt sind.

Bevor Jugendliche auf der Bühne erscheinen, ganz gleich ob als kaltschnäuziger Schurke, als sanfter oder leidenschaftlicher Liebhaber, meistern sie eine doppelte Schwierigkeit. Einerseits arbeiten sie daran, ihre Rolle überhaupt ausfüllen zu können, andererseits müssen sie mit ihrer Angst zurechtkommen, die Zuschauer könnten denken, sie seien so, wie sie sich auf der Bühne gezeigt haben. In einem Klassenprojekt wurde »Frühlings Erwachen« von Frank Wedekind gespielt. Das Projekt drohte zu scheitern, weil Kristian, der die Hauptrolle spielte, sich weigerte, Nena zu küssen. Es sei ihm nicht unangenehm, sagte er. Aber er wolle nicht, dass alle denken, er sei mit Nena zusammen.

Mit der Hilfe eines guten Regisseurs lernen auch jugendliche Laien, diese Hürden zu überwinden, indem sie sich mit ihrem ganzen Vorstellungsvermögen auf eine Rolle einlassen. Die Suche nach Ausdrucksmöglichkeiten ist dann die gemeinsame Arbeit. Susanne soll ein Mädchen darstellen, dem der Liebhaber weggelaufen ist. Das Stück spielt in den 20er-Jahren. Was bedeutete das damals? Wie bewegte man sich in dieser Zeit? Was hörte man für Musik? Was konnte man riechen? Plötzlich geht es ganz selbstverständlich um Geschichte, weil Susanne herausfinden muss, ob man sich damals anders verhalten hat, als sie es heute tun würde. Auf den Proben lernt Susanne zu unterscheiden zwischen dieser anderen Person und sich selbst, zugleich findet sie heraus, wie sie das damals und sich heute in Übereinstimmung bringen kann, wenn sie auf der Bühne steht und ihre Rolle spielt. Erst mit der Hilfe des Regisseurs, irgendwann dann ganz allein. Spätestens bei den Aufführungen sind ausnahmslos alle Schüler auf sich gestellt.

Theater braucht Künstler und Zeit

Für die Ernstsituation einer Aufführung gibt es an einer Schule nichts Vergleichbares. Fast alle Schüler haben vor der Premiere ziemliche Angst. Gleichzeitig wissen sie im hintersten Winkel ihres Bewusstseins, dass sie es schaffen werden. Bevor sich der Vorhang öffnet, machen die Jugendlichen auf diese Weise eine Erfahrung, die sie prägt. Viele würden im letzten Augenblick am liebsten flüchten. Es kostet große Anstrengung, auf die Bühne zu treten. Wenn sie dann aber vorm

Vorhang stehen, die ersten Worte sagen und das Publikum in ihren Bann ziehen, ist das eine große Befreiung: Ich werde nicht ausgebuht, ich kann Leute zum Lachen bringen, ich kann sie zum Weinen bringen, ich habe Erfolg. Das stärkt das Vertrauen in die eigenen Kräfte und den Mut, sich auch in anderen Bereichen auf neues, unbekanntes Terrain zu wagen. Schüler mit solchen Erfahrungen begegnen dann erstaunlich oft auch anderen Aufgaben mit einer neuen Haltung: Ich will das schaffen und ich werde das schaffen!

Ernsthaftes Theater spielen, das auf Jugendliche solche Wirkungen hat, wird wahrscheinlicher, wenn man zumindest zwei Einsichten beachtet:

1. Theater lebt durch Künstler – Schauspieler, Regisseure, Tänzer, Dramaturgen, Menschen, die Theater aus Leidenschaft zu ihrem Beruf gemacht haben, die sich Theater nicht anlesen, sondern selber machen und für die am Ende einer Probenphase nur eines zählt: ein vorzeigbares Ergebnis auf der Bühne. An der Helene-Lange-Schule haben in den letzten zehn Jahren über zwanzig Künstler gearbeitet. Schauspieler und Regisseure, Tänzer, Clowns, Sänger und Komponisten, die auf langjährige, sehr unterschiedliche Praxiserfahrungen zurückgreifen konnten. Vom Schauspieler des Hessischen Staatstheaters über einen Experten der Commedia dell'Arte und einen Theaterintendanten aus Basel bis hin zu einem irischen Newcomer-Regisseur und einer Tänzerin und Trommlerin aus Korea – bei der Suche nach »Experten«, die das Theaterspielen für Schüler und Lehrer erfahrbar machen konnten, sind wir immer fündig geworden. Es gab ein Auswahlkriterium, das zugleich eine wichtige Balance bei dieser Aufgabe beschreibt. Einerseits müssen es von ihrem Beruf begeisterte Könner sein, die ihr Handwerk tatsächlich beherrschen, andererseits muss ihnen bewusst sein, dass es hier nicht darum geht, ein paar Stars zu

Höchstleistungen zu bringen, sondern dass es auch für die wenig Talentierten, Unbeholfenen, eben für alle, eine passende Rolle geben muss, in der sie Erfolg haben und darum mit Recht stolz sein können. Meist hatten wir Glück, aber einige der Profis waren auch enttäuschend. Mit manchen war die Zusammenarbeit, um es zurückhaltend zu beschreiben, ziemlich spannungsreich. Auch deshalb ist es wichtig, dass sie keine Festanstellung mit einem regulären Angestelltenvertrag haben, sondern für einen vereinbarten Zeitraum auf Grundlage eines Honorarvertrages frei von institutionellen Zwängen an einer Schule arbeiten können. Ein Künstler, der zu lange fest und ausschließlich an einer Schule arbeitet, ist in der Gefahr, sich ihren Zwängen anzupassen und sozusagen Teil des Kollegiums zu werden. Er verliert damit seine Widerspenstigkeit und sein Ganz-anders-Sein, von dem Schüler und Lehrer so sehr profitieren. Sind die Künstler nur zu Gast, ist die Schule immer wieder Veränderungen und neuen Einflüssen ausgesetzt, behält es aber zugleich in der Hand, Veränderungen selbst herbeizuführen und Impulse zu setzen.

2. Ernsthaftes Theaterspielen bannt und lässt für eine Weile nicht los. Das gelingt vor allem, wenn die Jugendlichen während »ihrer« Theaterproduktion in möglichst viele Entscheidungen miteinbezogen werden. Dann verlangt ihnen das Theaterspielen ein Maß an Beteiligung ab, das in dieser Intensität und Vielseitigkeit in der Schule selten oder nie gefordert wird. Das verträgt sich nicht mit dem 45-Minuten-Rhythmus von Schulstunden. Theater, bei dem die Jugendlichen in den Werkstätten stehen, um ihre Bühnenbildentwürfe zu realisieren, für das sie auf Flohmärkten nach Kostümen und Requisiten stöbern, bei dem jeder in mindestens einer Rolle auf der Bühne zu sehen ist *und* das den Qualitätsansprüchen professioneller Theatermacher genügen soll und kann, lässt sich nicht einmal wöchentlich

in den Stundenplan einer Arbeitsgemeinschaft einplanen. Dieses Theater braucht Zeit – für ein paar Wochen sogar alle Zeit, die eine Schule zur Verfügung stellen kann.

An der Helene-Lange-Schule gibt es deshalb so genannte Theater-Intensivphasen. Vier Wochen, in denen alle Schüler, die an der Theaterproduktion beteiligt sind, keinen Unterricht haben, keine Klassenarbeiten schreiben und keine Hausaufgaben erledigen müssen. Die üblichen Regeln einer Schule werden außer Kraft gesetzt. Es gilt der Grundsatz »Nichts als Theater«.

Vier große Produktionen mit Intensivphase werden im Jahr erarbeitet, wobei sich die Zusammensetzung und die Arbeitsweisen der Gruppen, die solche Intensivphasen nutzen können, zum Teil erheblich unterscheiden:

- Zwei Projekte werden von neunten Klassen erarbeitet. Diese so genannten Klassenprojekte zeichnen sich dadurch aus, dass alle Schüler einer Klasse ohne Ausnahme auf der Bühne stehen. Mit von Schuljahr zu Schuljahr wechselnden Regisseuren erarbeiten sie Stückvorlagen oder schreiben Texte selbst. Das Ergebnis, das in sechs bis sieben Aufführungen gezeigt wird, schauen sich alle Jahrgänge der Schule an.
- Die »TheaterWerkstatt« der Schule, eine Art Arbeitsgemeinschaft für Schüler ab der achten Klasse, probt das ganze Jahr hindurch einmal wöchentlich. Dazu kommen mehrere Intensivphasen, die einerseits in den Weihnachts- und Osterferien liegen, in den letzten Wochen vor der Premiere aber auch in der Unterrichtszeit. Wer in der Theater-Werkstatt mitspielen möchte, schließt dafür einen Vertrag mit der Schule, in dem er sich verpflichtet, in den Ferien, an Wochenenden und Nachmittagen, während die TheaterWerkstatt probt, da zu sein. Im Gegensatz zu den Klassenprojekten wird mit der Jahresproduktion der Theater-

Werkstatt auch ein Publikum über die Schulöffentlichkeit hinaus angesprochen. Gastspiele im Staatstheater und anderen Schulen sind keine Seltenheit.

- Die »Kleine TheaterWerkstatt«, ein Ableger der »Theater-Werkstatt« für die Schüler der jüngeren Klassen, hat ihre Intensivphase traditionell vor den Sommerferien. Nach den Ferien geht die Produktion regelmäßig auf Tournee – spielt in Grundschulen und Kindergärten der Stadt.

Neben diesen vier großen Produktionen gibt es immer wieder kurze Intensivphasen für Projekte einzelner Klassen. Im Jahrgang acht erarbeitet eine Klasse mit einem irischen Regisseur kurze Szenen und Improvisationen, ein Gospelsänger studiert mit dem Jahrgang sechs ein Weihnachtskonzert ein oder die nächste »Kunst im Treff«-Veranstaltung wird vorbereitet. »Kunst im Treff« bedeutet: In den Klassen fünf bis sieben gibt es alle vier bis sechs Wochen montags in der ersten Stunde eine Aufführung. Eine der Klassen bereitet für den Rest des Jahrgangs kleinere Vorführungen vor. Neben dem, was im Unterricht wichtig gewesen ist, stellen die Schüler dort auch ihre besonderen Talente vor, spielen Sketche, zeigen Tänze, die sie vorher geprobt haben, oder tragen eine selbst geschriebene Geschichte vor.

Sich für das Theater bewerben

Theaterspielen, so wie es an unserer Schule verstanden wird, verlangt von den Schülern, dass sie sich auf Ungewohntes einlassen, dass sie motiviert sind, über sich hinauszuwachsen, und dass sie Arbeit nicht fürchten. Eine Intensivphase bedeutet deshalb auch: Vier Wochen lang endet die Schule nicht mehr um Viertel nach eins, sondern wenn der Regisseur es sagt. Hobbys und Freunde stehen hinter Probenterminen zurück. Wochenenden werden in der Werkstatt oder auf der

Bühne verbracht. Nicht jeder Schüler würde für ein Theaterprojekt auf so vieles verzichten. Wer Theater spielen möchte, muss sich deshalb bewerben.

»Diese Klasse wird Theater spielen.« Die Wahrsagerin im abgedunkelten Klassenzimmer ist sich sicher. Ihre Prophezeiungen stimmen immer. Nur um ein wenig nachzuhelfen, ruft sie noch einige Geister, die den Theaterbeauftragten der Schule an einen Kartenständer fesseln. Freundlich-drohend flüstern sie ihm die Schrecken ein, die ihm blühen, sollte er anderer Meinung sein. Als der letzte Geist verschwunden ist, geht plötzlich das Licht an und die Schüler, brav und unschuldig, sitzen im Kreis vor dem Lehrer, jeder einen Buchstaben in der Hand: »Wir wollen Theater spielen. Ihre 9a.«

Bei der Bewerbung geht es nicht um schauspielerisches Talent. Eine Klasse, die für ein Klassenprojekt ausgewählt werden möchte, muss überzeugend beweisen, dass alle Schüler der Klasse mitmachen wollen. Auch wenn es immer Befürworter und Gegner eines Theaterprojektes gibt. Die Entscheidung hängt davon ab, ob die Schüler einer Klasse miteinander diskutieren können und ob es den Jugendlichen gelingt, alle zu motivieren. Der Theaterbeauftragte, von Geistern und Wahrsagern ebenso beeindruckt wie von dem anschließenden Gespräch, stimmt der Wahrsagerin zu: »Die 9a wird Theater spielen.«

Auf die Motivation der Schüler legen wir deshalb so viel Wert, weil die Schule mit ihren Theaterprojekten ein nie auszuschließendes Risiko eingeht. Theater bedeutet immer auch: Es kann schief gehen. Es gibt niemanden, der Gewähr bietet, dass auf und hinter der Bühne alles glatt läuft und die Schüler rechtzeitig zur Premiere fertig werden. Was ein Künstler mit den ihm anvertrauten Jugendlichen erarbeitet, welche Wege sie einschlagen, können weder die Schulleitung noch die begleitenden Lehrer vorwegnehmen. Das kann zu Spannungen führen. Aus gutem Grund ist der Unterricht einer Schule nicht beliebig, sondern ergebnisorientiert. Die Ergebnisoffenheit des Theaters lässt es in der Form, wie wir es wollen, manchem als zu risikoreich erscheinen. Dass dieses Risiko letztlich lohnt, haben wir auch erst nach und nach gelernt.

Abdul

Einer unserer ersten Künstler mit Honorarvertrag war ein junger Regisseur, der seit seinem vierzehnten Lebensjahr im Theater tätig war und als Schreiner, Beleuchter, Tonmeister, Schauspieler, Regisseur und Dramaturg gearbeitet hatte. Seine letzte Stelle als Spielleiter hatte er aufgegeben, um seine neugeborene Tochter zu versorgen. Abdul, wie er von allen in der Schule genannt wurde, blieb ungewöhnlich lang, nämlich drei Jahre. Für seine nicht eben üppige Entlohnung arbeitete er 60 bis 80 Stunden pro Woche. Im Grund war er es, der dem Theaterspielen einen zentralen Platz an unserer Schule erstritt. Leidenschaftlich, kompromisslos und ohne Rücksicht auf in der Schule übliche Beschränkungen.

Einmal wöchentlich stattfindende Proben erklärte er für Humbug. Laien könnten das Erarbeitete nicht über den Zeitraum von einer Woche behalten. Stattdessen forderte er Intensität, also längere Phasen, in denen ausschließlich Theater gespielt würde. Wenn er vormittags Proben wollte, ging er mitunter von Klasse zu Klasse und holte die Schüler einzeln aus dem Unterricht. Es sei dringend, sagte er meistens. Wenn Schüler zu ihm kamen und sagten, diese Woche könnten sie nicht, weil zwei Klassenarbeiten anstünden, redete Abdul so lange auf die Lehrer ein, bis sie nachgaben und die Klassenarbeit für die »Schauspieler« verschoben. Es sei für alle unglaublich wichtig, sagte er dann. Die Regeln und Zwänge des Schulalltags fand er spießig und kleinlich. Mit den Schülern arbeitete er bis spät in die Nacht und selbstverständlich auch in den Ferien. Die Regel, dass die Schule nachmittags leer und in den Ferien geschlossen ist, galt für Abduls TheaterWerkstatt nicht.

Bei Lehrern, Eltern, selbst beim Schulamt löste Abduls Treiben Befremden und Besorgnis aus. Manche Lehrer wollten schwache Schüler grundsätzlich vom Theaterspielen ausschließen, weil sie zu viel versäumen und ihren Abschluss gefährden würden – und die starken wiederum fehlten ihnen als Zugpferde im Unterricht. In Notenkonferenzen gab es Streit, weil Lehrer erklärten, sie könnten Schüler nicht bewerten, wenn sie nicht regelmäßig am Unterricht teilnehmen und alle Arbeiten mitschreiben würden. Abdul weigerte sich, die Leistungen dieser Schüler mit irgendwelchen Noten zu bewerten, so dass es auf dem Zeugnis wenigstens einen Ersatz für die fehlende Englischzensur gegeben hätte. Das Schulamt war nur nach mühseligen Verhandlungen davon zu überzeugen, dass Schüler der Helene-Lange-Schule auch in den Ferien in der Schule arbeiten wollten und deshalb bestimmte Räume geheizt werden müssten. Die Eltern schließlich probten den Aufstand, als ihre vierzehnjährigen Kinder gegen zehn Uhr abends aus der Aula ins elterliche Auto gezwungen werden mussten und manche der Jugendlichen mit Abdul sogar nachts in der Schule blieben, um zu hämmern, zu streichen, Lichtproben zu machen oder Kostüme zu nähen. Den größten Eklat gab es vier Wochen vor der ersten großen Premiere der TheaterWerkstatt unter Abduls Regie. Heimlich hatte er mit einer Schülergruppe vereinbart, über Nacht den Mehrzweckraum, der gerade neu gebaut und mit viel Geld als Veranstaltungsraum ausgestattet worden war, in einen richtigen Theaterraum zu verwandeln. Schwarz muss so ein Raum sein. Also strichen Abdul und die Schüler die Bühne und die halbe Decke des Raumes schwarz. Und als ob ihm das Entsetzen, das er damit bei Schulleitung und Hausmeister auslöste, noch nicht genügte, riss er am nächsten Morgen auch noch den teuren, elektrischen Vorhang der Bühne herunter. Der sei unpraktisch, sagte er.

Was Abdul tat, richtete sich nicht gegen die Schule. Es ging ihm nie darum, die Schule lächerlich zu machen oder mit den

Schülern gegen sie zu revoltieren. Er machte einfach nur Theater, so wie er Theater verstand. Nicht zuletzt, weil auf diese Weise die meisten zum ersten Mal unmittelbar erlebten, was »Arbeit« für einen Künstler eigentlich bedeutet, führte er an der Helene-Lange-Schule einen anderen Leistungsbegriff ein. Außerdem zeigte er vielen von uns, welche von uns nicht geahnten Möglichkeiten in jedem einzelnen Schüler verborgen sein können. In jedem, denn Theater war für Abdul nicht nur etwas für die schauspielerisch Begabten. »Jeder kann Theater spielen. Er muss sich nur ernsthaft einlassen.« Seine Aufgabe sei es, die besonderen Fähigkeiten, die jeder Mensch in sich trage, zu entdecken, zu stärken und sichtbar zu machen.

Hannes stotterte. Na und? Abdul gab Hannes die Rolle des Schusters, eines Wirbelwindes, der in seiner Werkstatt auf der Suche nach den passenden Schuhen ständig eine große Leiter rauf- und runterzuspringen hatte. Während Hannes also seinen Text sagte, sollte er schnell die Leiter hoch und wieder runter. Vielleicht hat diese akrobatische Herausforderung Hannes dabei geholfen, sein Stottern zu vergessen. Statt aufs Sprechen musste er sich auf die Stufen konzentrieren. Das gelang ihm so gut, dass er anfing, an sich selbst zu glauben.

Am erstaunlichsten war, wie jemand ohne pädagogische Ausbildung, der vor allem seine Kunst im Auge hatte, einen anderen, oft direkteren Zugang zu den Schülern fand und diese sich während der Theaterarbeit »verwandelten«. Er konnte manchen viel mehr zumuten, als das im Unterricht möglich schien. Eine Schülerin urteilte über Abdul: »Er vermittelt uns nicht das Gefühl, seine Schüler zu sein, sondern betrachtet uns eher als Gleichgesinnte, mit denen er ein Stück entwickelt. Er gibt uns nicht das Gefühl: ›Ich bin hier, um euch etwas beizubringen!‹, sondern er ist da, um mit uns Theater zu machen.«

Für Lehrer können diese besonderen Möglichkeiten des Gastes Anlass für Eifersucht sein und Kränkung bedeuten. (»Na ja, mit denen ein bisschen Popmusik machen, da hast du natürlich alle auf deiner Seite, aber denen dreimal in der Woche abverlangen, dass sie ihre französischen Vokabeln gelernt haben, das ist halt nicht so angenehm.«) Zumal Lehrer nicht nur Kontrolleure fürs Vokabellernen sind. Sie begleiten ihre Schüler bei uns in der Regel sechs Jahre lang auf einem oft schwierigen Weg mit Höhen und Tiefen. Die meisten von ihnen tun das mit großem Einsatz, mit Verlässlichkeit und Einfühlungsvermögen. Der Künstler darf einseitig »besessen« sein. Lehrer dürfen das nicht. Sie müssen immer wieder vermitteln und sie müssen für die vielen anderen Ansprüche einstehen, an denen die Schüler – ob zu Recht oder zu Unrecht – jetzt oder auch von ihren künftigen Lehrern und Ausbildern gemessen werden. Wenn es gut ging, ergab sich nach Missverständnissen und Reibungsverlusten zwischen Regisseuren und Lehrern eine produktive Arbeitsteilung und Zusammenarbeit. Die Lehrer erfuhren dabei, dass sie nicht für »alles« zuständig sind, sondern dass es manches gibt, das Schüler besser von anderen lernen können.

Nach Abduls Weggang hat sich vieles verändert. Für das Theaterspielen haben sich – wie vorhin dargestellt – tragfähige Formen der Abläufe und der Organisation entwickelt. Der Erfolg hat alle Bedenken der Anfangszeit gegen diese exotische Erweiterung der Schularbeit widerlegt. Allerdings ist das Verhältnis zwischen den Klassenlehrern, die in einem Theaterprojekt mitarbeiten, und den Regisseuren, die für das Projekt verantwortlich sind, nie Routine geworden, sondern muss jedes Mal neu ausbalanciert werden.

Das liegt auch daran, dass es die Jugendlichen als große Chance empfinden, mit einem Regisseur zu arbeiten, der erst mal nichts von ihnen weiß. Ihn interessiert weder ihre erbärmliche Rechtschreibung, noch weiß er von dem schlimmen Zwischenfall auf der letzten Klassenfahrt. Ihm können sie sich als neuer Mensch zeigen. Diese Chance wollen sie sich durch die Einmischung des Klassenlehrers nicht nehmen lassen. Das ist für Lehrer, gerade wenn sie sich um ein gutes Verhältnis zu ihrer Klasse bemühen, natürlich enttäuschend. Aber es zeigt, dass die Jugendlichen Bedürfnisse haben, deren Erfüllung ein Lehrer als Lehrer nur ermöglichen kann, wenn er sich raushält.

Rollenverteilung

Die Besetzung der Rollen ist für alle Jugendlichen, neben der Aufführung, einer der aufregendsten Momente in einem Theaterprojekt. Welche Rolle werde ich spielen? Was wird mir zugetraut? Der Regisseur, der dafür sorgen muss, dass jeder am Ende die für ihn passende Rolle hat, bewegt sich dabei häufig innerhalb eines komplizierten, über Jahre hinweg gewachsenen Beziehungsgeflechts. Nicht selten hat er es mit kaum zu erfüllenden Erwartungen der Schüler zu tun, die zwar nicht unbedingt alle eine Hauptrolle spielen wollen, mindestens aber eine »mittlere« Rolle. Mit »mittlerer« Rolle mag jeder etwas anderes meinen, aber fast immer heißt es, dass er oder sie auf gar keinen Fall eine kleinere Rolle als der beste Freund oder der ärgste Konkurrent haben möchte.

Hat der Regisseur über die Besetzung entschieden, sind selten alle zufrieden. Manchmal gibt es Tränen, mancher murrt hinter vorgehaltener Hand. Dennoch wird diese Entscheidung bereitwilliger aufgenommen, als wenn sie der Lehrer getroffen hätte, weil die Jugendlichen überzeugt sind, dass weder schulische Leistungen noch bestehende Hierarchien – zwei Maßstäbe, die, oft unbemerkt, über Aufgabenverteilungen in einer Klasse entscheiden – die Entscheidung bestimmt haben. Zudem vermittelt ein guter Regisseur den Jugendlichen auch die Wichtigkeit kleinerer Rollen. Der Tyrann in der Hauptrolle, der einen Wutausbruch hat, wird für das Publikum erst überzeugend, weil es einen Mitspieler gibt, der diesen Wutausbruch hervorruft und der zugleich die ganze Demütigung ausdrückt, die es bedeutet, einem solchen König ausgeliefert zu sein. Spielt der Untergebene nicht gut, selbst wenn er nur einen kleinen Auftritt hat, kann der König so viel toben wie er will. Er macht sich lächerlich. Bei den Proben merkt der Untergebene: Er muss sich bei dieser Szene genauso anstrengen wie der König.

Das Publikum

Das ernsthafte Theaterspielen verändert Sichtweisen. Auch die der Schulgemeinde insgesamt, die lernen muss, eine dem Theater angemessene, den »Schauspielern« gerecht werdende Gesinnung »zur Schau zu stellen«. Die Produktionen der TheaterWerkstatt oder eines Klassenprojektes sind an unserer Schule Höhepunkte des Schullebens. Tage vorher kündigen sorgfältig gedruckte Plakate die Aufführungen an, über das Sekretariat werden Presseeinladungen verschickt, die Schulleitung ist selbstverständlich bei der Premiere unter den Zuschauern, es gibt eine Premierenfeier, Proben- und Aufführungsfotos werden in einer Fotoausstellung im Treppenhaus der Schule präsentiert. Alle Klassen (ohne Ausnahme!) besuchen eine der Aufführungen – in der Regel während der Unterrichtszeit, wodurch die Schule deutlich macht, dass sie die Arbeit der Schüler als so wertvoll und sehenswert betrachtet, dass es zwei Unterrichtsstunden aufwiegt. Übrigens bezahlen alle Schüler Eintritt. Nicht viel, aber sie bezahlen. Auch dadurch soll deutlich werden: Theater und diese Aufführung sind etwas wert. In jedem Schuljahr gibt es vier »abendfüllende« Produktionen, oft von vier verschiedenen Regisseuren, immer mit anderen Darstellern. Es sind diese Abwechslung und gleichzeitig die große Regelmäßigkeit, die unsere Schüler daran gewöhnen, neben Kino und Fernsehen auch Theater als selbstverständlich zu empfinden.

Theater und Fachunterricht

Kann es an einer Schule zu viel Theater geben? Gibt es nicht viel mehr und ganz anderes, was Schüler dringender lernen sollten? Eine mögliche Antwort findet sich bei Hartmut von Hentig[1]:

»Ich traue mir die Einrichtung einer alle Bildungsansprüche befriedigenden Schule zu, in der es nur zwei Sparten von Tätigkeiten gibt: Theater und *science*. Es sind die beiden Grundformen, in denen der Mensch sich die Welt aneignet: subjektive Anverwandlung und objektivierende Feststellung. So, wie sich das eine auf alle Verhältnisse erstreckt, die sich versachlichen lassen, so das andere auf alles, was sich vermenschlichen lässt. Beide zusammen können alles umfassen, was Menschen erfahren und wollen, können und wissen.«

Das stimmt mit den Erfahrungen überein, die wir in den letzten Jahren gemacht haben. Die Zeit, die fast alle unsere Schüler im Laufe ihrer Ausbildung für das Theaterspielen aufwenden, ist erheblich. Das verringert natürlich jene Zeit, die für den Fachunterricht zur Verfügung steht. Im Vergleich zu anderen Schulen haben unsere Klassen weniger Mathematikstunden, sie sitzen nicht so oft im Englischunterricht und haben sich mit Naturwissenschaften seltener beschäftigt als in den Rahmenrichtlinien vorgesehen. Dennoch scheinen sie nicht weniger zu wissen. Bei den Vergleichsuntersuchungen der letzten Jahre (TIMSS und PISA) haben die Schüler unserer Schule überdurchschnittlich gute Ergebnisse gehabt.

Es fällt Eltern oft schwer zu glauben, ihre Kinder könnten von der Schauspielerei auch in Fächern wie Mathematik und Physik profitieren. Vor allem, wenn ihre Kinder wegen des Theaterspielens Unterricht versäumen und dann schlechte Zensuren nach Hause bringen. Selbst Eltern guter Schüler,

---

1 Hartmut von Hentig: »Bildung«, Seite 119 ff. [Carl Hanser Verlag München/Wien 1996]

die wochenlang nur für die TheaterWerkstatt gearbeitet haben, werden durch misslungene Klassenarbeiten eingeschüchtert. Die Oberstufe, in der sich ihre Kinder mit Schülern anderer Gymnasien werden messen müssen, macht Angst. Sie fragen sich zu Recht, was durch das Theaterspielen alles versäumt wurde. Schließlich ist Theater kein Unterrichtsersatz, auf der Bühne werden weder Matheformeln noch logisches Denken trainiert. Kurzfristig gesehen – und auf schulische Leistungsnachweise beschränkt – geraten Theater spielende Schüler im Vergleich zu ihren Mitschülern, die weiter am Unterricht teilnehmen, durchaus ins Hintertreffen. Der Gewinn, den Schüler haben, die intensiv Theater spielen, das Selbstvertrauen in die eigenen Fähigkeiten, den gelasseneren Umgang mit Herausforderungen im Alltag, wird oft erst ein, zwei Jahre später deutlich – auch bei den schulischen Leistungen.

Wanda fehlte wochenlang im Mathematikunterricht. Sie hatte die Rolle des Handwerkers Zettel in Shakespeares »Sommernachtstraum« bekommen. Die Proben waren das Einzige, was sie jetzt noch interessierte. Hausaufgaben? Fehlanzeige. Die Angebote ihres Lehrers, wenigstens in Mathe Nachhilfe zu nehmen (»Was du jetzt versäumst, wird dir später fehlen.«), lehnte sie ab. Am Ende des Jahres, der »Sommernachtstraum« war abgespielt und in die Schulgeschichte eingegangen, war sie in Mathe zwei Notenstufen schlechter.

Drei Jahre später stehen bei einer anderen Produktion andere Schüler im Rampenlicht. Zur Premiere ist auch Wanda gekommen. Nach Abschluss der 10 war sie an ein Oberstufengymnasium gewechselt. In wenigen Wochen wird sie dort ihr Abitur ablegen. Mit exzellenten Noten. Nach der Vorstellung gratuliert sie den Darstellern in der Garderobe. Mit Rosen und mit einem Satz: »Wenn ihr gut in der Schule sein wollt, dann spielt ganz viel Theater!«

8. Wider die Einzelkämpfer hinter verschlossenen Türen
Die Arbeit der Lehrer im Team

Dienstagmorgen, 8.45 Uhr. Es ist Besuch im Haus. Einige Schulleiter aus Brandenburg wollen sich ein Bild von unserem Alltag machen. In Begleitung der Schulleiterin gibt es einen ersten Rundgang. Der führt sie auch in eines der kleinen Lehrerzimmer, das zu jedem Jahrgang gehört. Was die Besucher dort sehen, irritiert die Schulleiterin erheblich: Die vier Klassenlehrer des Jahrgangs fünf sitzen mit frischen Brötchen und dampfendem Kaffee beisammen und frühstücken in aller Ruhe. Ziemlich peinlich! Mit bemühter Sachlichkeit werden die Lehrer von der Schulleiterin gefragt, weshalb sie nicht im Unterricht seien. Sie lachen. »Wo sind Ihre Klassen?«, fragt die Schulleiterin. »Im Unterricht bei Kollegen.« Die Klassenlehrer erklären ihr, dass sie zufälligerweise jeden Dienstag zwei Freistunden hätten. Einer der Besucher ist skeptisch. Wieso sie dann schon in der Schule seien, will er wissen. Es gäbe immer eine Menge Dinge, die alle Klassenlehrer des Jahrgangs miteinander verabreden und besprechen müssten, ist die Antwort. Die Teamsitzung am Montagnachmittag reiche dafür oft nicht aus. Deshalb würde man am nächsten Morgen einfach miteinander frühstücken. »Außerdem«, sagt eine Klassenlehrerin, »sind wir gerne in der Schule.« Die Besucher sind erstaunt.

Ohne dass dies geplant war, sind sie bei ihrem Rundgang auf eines der »Erfolgsgeheimnisse« dieser Schule gestoßen. Die meisten unserer Lehrer sind zufrieden mit ihrer Arbeit, obwohl sie im Vergleich zu anderen Schulen deutlich mehr Zeit in der Schule verbringen müssen. Einer der Gründe dafür ist sicher die Teamstruktur, in die alle Lehrer der Schule eingebunden sind. Für jeden Jahrgang mit hundert Schülern bilden acht bis zehn Lehrer ein Team. Sechs Jahre lang sind es diese Lehrer, die in den vier Parallelklassen unterrichten, wobei der Klassenlehrer in seiner Klasse immer mehr Stunden verbringt als alle anderen Lehrer, in den Anfangsjahren oft mehr als die Hälfte der Wochenstunden.

Das Beispiel eines jungen Lehrers, der vor einigen Jahren von einem Gymnasium an unsere Schule wechselte, zeigt, wie sich dadurch die Arbeitssituation deutlich verändert. Am Gymnasium unterrichtete Udo Borchert Physik und Sozialkunde. Mit dieser Fächerkombination wurde er in 12 Klassen aller Altersstufen eingesetzt. Das sind etwa 350 Schüler in der Woche. Manche von ihnen sah er nur ein halbes Jahr – bis zum nächsten Stundenplanwechsel. In der siebten Klasse, die er als Klassenlehrer betreuen sollte, wurde er nur vier Stunden pro Woche eingesetzt. Viel zu wenig, um die Kinder wirklich kennen zu lernen und ihnen bei Schwierigkeiten helfen zu können.

Bei seinem Vorstellungsgespräch an der Helene-Lange-Schule wird er gefragt, was er alles könne. Die Frage überrascht ihn, seine Fächerkombination steht schließlich in seiner Akte. Aber weil an dieser Schule ein Lehrer nach Möglichkeit mit allen Stunden in einem Team eingesetzt werden soll, genügen zwei Fächer nicht. Was kann ein Lehrer noch alles, mit dem er ein Gewinn für dieses Team oder die Schule sein kann? Der junge Kollege erzählt von Tätigkeiten, die er neben dem Studium mit Lust und Leidenschaft betrieben hatte. Er sei Bergsteiger, außerdem könne er gut kochen, weil er in einer Hotelküche gejobbt hatte, und mit einigen Freunden habe er es sich zum Hobby gemacht, Liegefahrräder zu bauen. Ob er sich auch noch für andere Unterrichtsfächer interessieren würde, wird er gefragt. Er habe schon immer ein Faible für Mathematik und Geschichte gehabt, antwortet er.

113

Er wird ins Team, das den neuen Jahrgang fünf übernimmt, aufgenommen. Als Klassenlehrer wird er in seiner Klasse in vier Fächern mit insgesamt 14 Stunden eingesetzt. Außerdem unterrichtet er Mathematik und Naturwissenschaften in einer Parallelklasse. Mit dem Rest seiner Stunden arbeitet er in der Fahrradwerkstatt.

Fachfremder Unterricht

Fachfremder Unterricht klingt für viele Eltern nach Notlösung. Sie sind skeptisch, wenn Lehrer nicht nur die Fächer unterrichten, die sie studiert haben, sondern darüber hinaus auch noch in anderen Fächern eingesetzt werden. Ist dieser Unterricht nicht zwangsläufig weniger fundiert als der Unterricht eines ausgewiesenen Experten? Nimmt eine Schule damit nicht fahrlässig in Kauf, dass Schüler weniger lernen als im Lehrplan vorgesehen? Das sind Befürchtungen, die wir in der Anfangsphase mit den Eltern durchaus geteilt haben.

Fast jeder Lehrer unserer Schule unterrichtet fachfremd, manchmal sogar zwei oder drei Fächer. Welche Fächer das sind, wird von der Schulleitung gemeinsam mit den Lehrern festgelegt. Niemand wird gezwungen als Deutsch- oder Geschichtslehrer gegen seinen Willen Chemie oder eine Fremdsprache zu unterrichten. Neigungen und Interessen des jeweiligen Lehrers spielen eine entscheidende Rolle. Meistens sind es deshalb nahe liegende Fächerkombinationen, die für den fachfremden Unterricht gewählt werden. Wer Biologie studiert hat, unterrichtet dann auch Chemie und Physik, ein Geschichtslehrer Sozialkunde und Geographie. Es gibt aber auch andere Beispiele. Besonders häufig kommt es vor, dass Klassenlehrer mit den Fächern Deutsch und Gesellschaftslehre auch Mathematik unterrichten. Ausgerechnet Mathematik, das allgemein als strammes Leistungsfach gilt, mit dem viele Schüler Schwierigkeiten haben.

Wir wollten kein Risiko eingehen. Also haben wir in den Anfangsjahren Vergleiche von Gruppen, die fachfremd in Mathematik unterrichtet wurden, mit den Parallelgruppen, die von einem ausgewiesenen Mathematiker möglichst noch mit Oberstufenerfahrung unterrichtet wurden, durchgeführt. Die Ergebnisse sprachen oft zugunsten der fachfremden Lehrer. Warum?

Es ist ein Gewinn, wenn ein Lehrer nicht alles kann. Oder nicht immer schon alles weiß. Vorausgesetzt er ist neugierig und motiviert, sich fehlendes Wissen anzueignen oder sich in ein fremdes Fach einzuarbeiten, kann das für Schüler ein großer Vorteil sein. Ein solcher Lehrer erlebt es jetzt wahrscheinlich erneut, was es heißt, bei einem mathematischen Problem Fehler zu machen. Dieselben Fehler hat er vielleicht schon in seiner Schulzeit gemacht. In den Fehlern seiner Schüler erkennt er Denkweisen wieder, die ihm vertraut sind. Im Idealfall erleichtert das beiden Seiten, sich einem Problem zu nähern und damit umzugehen.

Diese Erkenntnis wertet den Fachlehrer nicht ab und macht ihn schon gar nicht überflüssig. Im Gegenteil. Die Bedeutung des Fachlehrers wächst. Es gibt kein Team, in dem ein bestimmtes Fach ausschließlich fachfremd unterrichtet wird. Für jedes Unterrichtsfach gibt es einen Lehrer, der als ausgewiesener Experte die fachliche Kompetenz des Teams sicherstellt. Das setzt eine enge Zusammenarbeit der Lehrer im Team voraus. Jeder ist Lernender, zugleich aber auch Fachmann für ein bestimmtes Gebiet. Die Teamsitzungen werden regelmäßig nicht nur für organisatorische Absprachen, sondern auch für inhaltliche Arbeit genutzt. Der Kunstlehrer erklärt und übt mit seinen Kollegen das Buchbinden, der Naturwissenschaftler bringt den anderen bei, wie man Wasseruntersuchungen durchführt, der Sportlehrer zeigt Dehn- und Entspannungsübungen, damit die Klassenlehrer kurze Sporteinheiten in den Unterricht einbauen können, der Mathelehrer demonstriert Lernmethoden für eine Geometrieeinheit. Fast nebenbei entsteht so in der Schule eine Arbeitsatmosphäre, die viel zur Zufriedenheit eines Lehrers beiträgt: Auch wenn er die meiste Zeit immer noch allein vor der Klasse steht, ist er doch kein Einzelkämpfer mehr. Gibt es Probleme oder kann er eine Idee nicht alleine umsetzen, kann er sich bei seinem Team Hilfe holen.

In der Hand die durchsichtige Plastiktüte, in der glibberige Ochsenaugen hin und her schwappen, steht Physiklehrer Karsten Reimers vor seiner Klasse. Frisch vom Schlachthof sollen sie heute seziert werden. In der Klasse liegen Messer und Haken bereit. Aber obwohl Karsten Reimers den Versuch mit der Biologielehrerin des Teams durchgesprochen hat, ist er überfordert. Kreidebleich und mit Brechreiz verlässt er den Raum. Er bittet die Kollegin, die in der Parallelklasse unterrichtet, um Hilfe. »Ich schaff das nicht mit den Ochsenaugen.« Sie gibt ihrer Klasse einige Übungsaufgaben aus dem Buch. Dann eilt sie Karsten Reimers zu Hilfe.

Konflikte

Nicht immer lässt sich auf die Teamarbeit solch ein Loblied singen. Kritik zu ertragen und Schwächen zuzugeben fällt manchem Erwachsenen schwer. Im Team wird man wesentlich häufiger mit solchen Situationen konfrontiert, als wenn man alleine arbeitet. Das sorgt für allerlei Konfliktmöglichkeiten. Auch die intensive Zusammenarbeit innerhalb des Teams – das ständige Aufeinandertreffen in wöchentlichen Teamsitzungen, bei Fachkoordinationen und -konferenzen, bei der Vorbereitung fachfremden Unterrichts und der gemeinsamen Planung und Durchführung von fach- und klassenübergreifenden Projekten – kann eine Belastung sein. Immer dieselben Gesichter zu sehen, ohne ihnen aus dem Weg gehen zu können, ist aufreizend, insbesondere dann, wenn die »Chemie« nicht stimmt. Dann sorgen schon Kleinigkeiten für einen handfesten Krach.

Im Team Drei spült Herr Kobel das Geschirr in der Tee-küche nicht. Frau Meinhard ärgert das. Es ärgert sie auch, dass Herr Kobel in ihren Augen zu lasch mit seiner Klasse um-geht und in den Teamsitzungen aufs Tempo drückt, weil er direkt danach eine Verabredung in seinem Sportverein hat. Als das Geschirr zum dritten Mal stehen bleibt, reicht es Frau Meinhard. Sie übt harsche Kritik. Das lässt sich Herr Kobel nicht gefallen und packt nun seinerseits aus. Seine Klasse habe sich schon fünfmal im Klassenrat über Frau Meinhards autoritären Stil beschwert. Nur mühsam habe er die Eltern bislang davon abhalten können, zur Schulleitung zu gehen. Frau Meinhard bricht in Tränen aus.

In jedem Team gibt es persönliche Streitereien. Auch die Auseinandersetzung und der Streit über richtige Unterrichts-methoden gehören zur Normalität. Daran ist nichts auszuset-zen, solange es auch zu den Selbstverständlichkeiten gehört, Kompromisse zu suchen und einzugehen. Dafür, dass das Team im Arbeitsalltag besteht, ist jedes einzelne Mitglied mit-verantwortlich. Die Schulleitung greift nur in Ausnahmefäl-len ein oder wenn das Team darum bittet. In der Regel gelingt es, Konflikte zu lösen. Manchmal gibt es aber auch keine an-dere Lösung als die Trennung. Wie im richtigen Leben.

Gestaltungsspielräume

Es gibt eine Vielzahl von Entscheidungen, die Lehrer an unse-rer Schule treffen müssen und können, ohne um Erlaubnis zu fragen. Auch das eine Folge der Teamstruktur. Jedes Jahr-gangsteam besitzt Planungsfreiheiten und Gestaltungsspiel-räume, die durchaus den Eindruck vermitteln können, es han-dele sich um sechs »Schulen in der Schule«. Die Teams entscheiden, welche inhaltlichen Schwerpunkte sie im Schul-jahr setzen. Sie verfügen über ein eigenes Budget und organi-sieren eigenständig notwendige Vertretungsstunden, falls ein

Lehrer des Teams kurzfristig ausfällt. Die Schulleitung wird zwar in die Planungen generell miteinbezogen. Im Rahmen des Gesamtkonzeptes der Schule, das in vielen Jahren gemeinsam erarbeitet wurde, können die Teams aber die Mehrzahl ihrer Entscheidungen treffen, ohne die ausdrückliche Zustimmung der Schulleitung explizit einzuholen. Jedem Lehrer wird dadurch von vornherein weit mehr Verantwortung für die Schule in ihrer Gesamtheit übertragen, als das in Deutschland üblich ist. Das Ergebnis ist eine hohe Arbeitszufriedenheit, die ein Grund dafür ist, dass sich der Krankenstand deutlich vermindert hat. Vergleicht man die aktuellen Zahlen mit den krankheitsbedingten Ausfällen, die die Helene-Lange-Schule als Gymnasium hatte, ergibt sich ein Rückgang von über 50 Prozent.

Für Außenstehende besonders ungewöhnlich sind die Spielräume, die den Teams bei der inhaltlichen Arbeit mit den Schülern eingeräumt werden. Jedes Schuljahr erstellen die Lehrer ihren eigenen, auf die Bedürfnisse und Anforderungen des Jahrgangs zugeschnittenen Lehrplan. Im »Jahresarbeitsplan« legen sie fest, welche Themen in den 6- bis 8-wöchigen Projektphasen erarbeitet werden, wie die Projekte mit dem Fachunterricht verzahnt und wann zusätzliche fächerübergreifende Einheiten durchgeführt werden. Lehrgänge des reinen Fachunterrichts werden von ihnen im Jahresarbeitsplan ebenso festgehalten wie geplante Veranstaltungen und Ereignisse des zukünftigen Jahrgangs, seien es Klassenfahrten, Exkursionen, Praktika oder Feiern. Das hat zur Folge, dass sich die »Lehrpläne« der gleichen Jahrgangsstufe in den aufeinander folgenden Jahren durchaus unterscheiden können. Kaum ein Team versucht, den Jahresarbeitsplan des Vorgängerteams einfach vollständig zu übernehmen. Jedes möchte eigene Schwerpunkte setzen.

Wir werden immer wieder gefragt, ob wir denn die offiziellen Rahmenpläne des Kultusministeriums nicht einhalten müssten. Als öffentliche Schule müssen wir das selbstverständlich! Nur lassen sich aus diesen Vorgaben unterschiedliche Konsequenzen ziehen. Die verbreitetste ist wohl, dass Lehrer versuchen, mit den völlig überfrachteten Lehrplänen irgendwie zurechtzukommen, indem sie durch die Themen so schnell wie möglich durchhasten. Hauptsache, möglichst viel von dem, was sich im Lehrplan findet, wurde wenigstens mal angesprochen. Am Schuljahresende fällt aber meist doch noch das eine oder andere aus. Die Zeit reicht nicht.

Im Grunde wissen alle, dass die Lehrpläne aller Bundesländer überfrachtet sind. Als der Hessische Kultusminister Anfang der 90er-Jahre Arbeitsgruppen beauftragte, neue Pläne vorzulegen, sagte er, er habe sich die geltenden ziemlich genau angesehen. Man müsse wohl die Schulpflicht auf zwanzig Jahre ausdehnen, um sie angemessen zu erfüllen. Da scheint es sehr viel sinnvoller, wenn Lehrer von vornherein überlegen, auf was sie verzichten könnten, welche Schwerpunkte sie setzen wollen, welche Inhalte sich zusammenfassen lassen. Der Jahresarbeitsplan, den die Teams entwickeln, entsteht nicht willkürlich. Die amtlichen Rahmenpläne dienen als Orientierungshilfe, Fach- und Klassenlehrer diskutieren ausführlich mögliche Unterrichtseinheiten, auch die Schulleitung wird nach der Erstellung einer ersten Grobübersicht herangezogen. In einem fertigen Jahresarbeitsplan steckt viel Überlegung.

Trotzdem muss er nicht sklavisch eingehalten werden. Im Gegensatz zu den ministeriellen Lehrplänen ist ein Jahresarbeitsplan nie wirklich »fertig«. Was, wenn beispielsweise der Golfkrieg ausbricht und dieses Thema nun wichtiger ist als die Urgesellschaft? Oder wenn eine Klasse zu einem Thema so engagiert arbeitet, dass sie noch zwei Wochen braucht, um die Arbeit abzuschließen? Zweck des Jahresarbeitsplans ist es, dabei zu helfen, einen vorher vereinbarten, ungefähren Zeitplan einzuhalten und bei Abweichungen dies nicht hinter der verschlossenen Klassentür zu tun, sondern in der Teamsitzung darüber öffentlich zu reden und diese Abweichung zu begründen. Im Idealfall hat ein Jahresarbeitsplan sogar etwas, was in keinem normalen Stoffverteilungsplan je zu finden sein wird: Lücken. Tage und Wochen, die nicht schon monatelang im Voraus verplant sind, sondern Freiräume schaffen, um auf aktuelle Ereignisse im Schuljahr zu reagieren oder mit Schülern eigene Schwerpunkte zu erarbeiten.

Ämter im Team

Frau Stück ist völlig erschöpft. Seit Wochen pflegt sie ihre kranke Mutter. Ihr Team findet, sie müsse mal einen Tag zu Hause bleiben. Aber sie traut sich nicht, schon wieder bei der Schulleitung um Urlaub zu bitten. Also beschließt das Team, Frau Stücks Unterricht mit zu übernehmen, ohne dass die Schulleitung davon erfährt. Als ausgerechnet an diesem Tag der stellvertretende Schulleiter im Teamzimmer auftaucht, um Frau Stück eine Nachricht auszurichten, schwindeln die Kollegen. »Frau Stück ist gerade in der Sammlung.« Ohne Argwohn hinterlässt der Stellvertreter die Nachricht.

Eine solche Aktion an der Schulleitung vorbei ist natürlich problematisch. Mitunter ist es deshalb notwendig, den Teams deutlich zu machen, welche Befugnisse sie haben und welche Entscheidungen sie aus gutem Grund nicht treffen dürfen. Der ungewöhnliche Einsatz des Teams für Frau Stück zeigt aber auch das Selbstbewusstsein, mit dem die Lehrer unserer Schule Verantwortung nicht delegieren, sondern selbst übernehmen. Dazu gehört auch, dass die Teams kurzfristige Vertretungen eigenständig organisieren. Fällt ein Kollege aus, informiert er den Teamsprecher, der daraufhin versucht, einen Ersatz zu organisieren. Weil die Lehrer durch die enge Zusammenarbeit im Team häufig genau wissen, woran der Kollege gerade arbeitet, ist es möglich, Vertretungsstunden zu halten, in denen die Schüler an ihren eigentlichen Aufgaben weiterarbeiten können. Ist das nicht möglich oder steht kein Kollege aus dem Team zur Verfügung, wird der stellvertretende Schul-

leiter informiert. Erst dann wird zentral eine Vertretung bestimmt.

Von Lehrern, die nicht nur Dienst nach Vorschrift machen,
sondern mitdenken, abwägen und mitentscheiden, was das
Beste für ihre Schüler, ihren Jahrgang und damit auch für die
Schule ist, profitieren alle. Sogar die Lehrer selbst, für die dies
zunächst einmal erheblich mehr Arbeit bedeutet. In den
Teams hat ausnahmslos jeder Lehrer ein zusätzliches Amt in-
ne, um das er sich kümmert, sei es als Kassenwart, Material-
oder Organisationsbeauftragter oder Teamsprecher. Ganz abgesehen von den zusätzlichen Arbeitsstunden, die für Absprachen, Vorbereitungen und inhaltliche Überlegungen anfallen.
Oder den Nachmittagen, Abenden und Wochenenden, die für
Präsentationen, Theaterprojekte oder sonstige Schulveranstal-
tungen erforderlich sind. Aber die Autonomie des Teams gibt
ihnen auch die Freiheit des Ausprobierens.

Neues ausprobieren

Ein schwimmendes Klassenzimmer sollte es sein. Ein Segel-
schiff draußen auf der Nordsee. Drumherum nichts als Meer,
aber zwei Lehrer mit drauf, die mit der Klasse drei Wochen
lang das Thema »Wasser« erarbeiten sollten. Herr Essigs siebte
Klasse war schwierig. Aber eine derart veränderte Arbeits-
umgebung, hoffte er, würde daran vielleicht etwas ändern. In
der Teamsitzung erzählte er seinen Kollegen von der Idee. Die
zeigten sich alles andere als begeistert. »Willst du dir das wirklich antun?« Auch in der Gesamtkonferenz waren die Kollegen skeptisch. Das Risiko des Scheiterns sei viel zu groß, fand
die Mehrheit.

Das ist eine an deutschen Schulen durchaus übliche Situation. Ein Lehrer hat eine Idee, die er ausprobieren möchte. Allerdings braucht er die Zustimmung der Schulleitung, die
häufig mit der Begründung, das sei nicht möglich, abblockt,

und der Gesamtkonferenz. Dort ist die Mehrheit dagegen, weil es sie entweder nicht betrifft und sie deshalb keinen Grund sieht, dafür zu sein, oder weil es sie betrifft und sie deshalb befürchtet, auf sie könnte Mehrarbeit zukommen. Lässt man die Gesamtkonferenz von Anfang an darüber bestimmen, was inhaltlich an der Schule passiert, gelangt man innerhalb kürzester Zeit zu einer versteinerten Schule.

Herr Essig darf seine Idee trotz der Einwände verwirklichen, weil an der Helene-Lange-Schule andere Prinzipien gelten. Wer etwas Neues ausprobieren möchte, darf dies grundsätzlich tun. Erst wenn nach der ersten Erprobung eine Bilanz gezogen werden kann, entscheiden die Gremien der Schule darüber, ob die Erprobung fortgesetzt und später, nach einer weiteren Phase der Erprobung, vielleicht sogar in das Konzept der Schule mit aufgenommen wird. Zwar muss auch an der Helene-Lange-Schule jemand, der eine Idee verwirklichen will, die bislang im Schulkonzept noch nicht vorkommt oder ein vorhandenes Element weiterentwickelt, diese Idee seinem Team, der Schulleitung und der Gesamtkonferenz vorstellen. In diesen Gesprächen geht es jedoch in erster Linie darum, ein Vorhaben auf seine Durchführbarkeit hin zu prüfen, Anregungen zu geben und das Projekt in den Schulablauf mit einzuplanen. In diesem Fall wurde die Segeltour ein Erfolg. Nachgemacht hat sie niemand.

Erziehung als gemeinsame Aufgabe

Durch die Einbindung in ein Team wird der einzelne Lehrer auch von seinen Schülern anders wahrgenommen. Er erscheint nicht mehr isoliert, sondern eingebunden in eine größere Bezugsgruppe. Was im Unterricht erarbeitet wird, hängt nicht von einem Lehrer ab, sondern ist das Ergebnis von Absprachen. Häufig arbeiten Lehrer auch im Unterricht konkret zusammen und helfen sich, wenn nötig.

Umgekehrt nehmen die Lehrer ihre Schüler anders wahr. Weil viele mit allen Stunden, zumindest aber mit der Mehrzahl ihrer Stunden in einem Team eingesetzt sind, hat sich die Anzahl der Schüler, mit denen sie es innerhalb einer Woche zu tun haben, deutlich reduziert. Der Umgang mit weniger Kindern bedeutet mehr Zeit für den Einzelnen. Das ermöglicht, Schüler nicht mehr ausschließlich durch die »Brille« des eigenen Faches zu sehen, sondern auch zu erleben, was sie in anderen Bereichen können und wie sie sich insgesamt entwickeln.

Ein Beispiel: Mit mehrwöchigem Abstand hat ein Team Fallbesprechungen angesetzt. Eine Klassenlehrerin stellt möglichst umfassend einen Schüler dar, mit dem besondere Schwierigkeiten bestehen. Die Fachlehrer ergänzen das Bild aus ihrer Erfahrung. Die übrigen Lehrer und die Schulpsychologin beschreiben ihre Eindrücke und stellen weitere Fragen. Die Teamstruktur erleichtert es, sich aus unterschiedlicher Perspektive in einem vertrauten Kreis über einen Schüler zu verständigen. Diese Sicherheit, nicht alleine dazustehen, motiviert Lehrer, auch schwierige Probleme anzugehen, anstatt sie zu vermeiden.

Hausaufgaben macht Hassan nur ungern. Lieber trifft er sich mit seinen Kumpels und klaut. In Kaufhäusern, auf der Straße, in seiner Schule. Zuhälter wolle er werden, sagt er. Dass er nicht richtig Lesen und Schreiben könne, mache ihm deshalb keine Sorgen. Kommt er an eine neue Schule, dauert es nicht lange, bis ihn seine Lehrer aufgeben und weiterreichen. Eines Tages steht er vor einem Richter, der meint, er habe genug Chancen gehabt. Wegen Diebstahls und Erpressung wird er zu einer Jugendhaftstrafe verurteilt. Ein paar Wochen später werden sich hinter Hassan die Zellentüren schließen.

Schon einige Monate früher war Hassans Akte an die Helene-Lange-Schule gekommen. Er soll in eine neunte Klasse aufgenommen werden. Die betroffene Klassenlehrerin ist nicht begeistert. Dennoch geht sie die Akte durch, fragt eine Kolle-

gin, die im Umgang mit türkischen Familien erfahren ist, um
Rat und vereinbart mit Hassans Eltern einen Gesprächster-
min. Die Lehrerin weiß, dass es ihre Aufgabe ist, dem jugendlichen Straßenräuber nochmal eine Chance zu geben. Also
soll Hassan merken, dass sich ab jetzt wieder jemand um ihn
kümmert.

Hassans Vater machen die beiden Lehrerinnen deutlich,
dass sein Sohn eine sehr strenge Schule besuchen wird. Man
werde Hassan keine Minute aus den Augen verlieren und sich
ernsthaft mit ihm Mühe geben, versprechen sie. Die Lehrerinnen wollen in dem Gespräch auch herausfinden, wer zu
Hause die Kontrolle über den Jungen hat. Die Mutter arbeitet
von morgens bis abends als Putzfrau. Der Vater montiert die
Innenausstattung von Opel-Autos. Der ältere Bruder ist ebenfalls berufstätig. Die Lehrerinnen lassen sich deshalb vom Vater die Telefonnummer seiner Arbeitsstelle geben. Ein kluger
Schachzug, denn die Anrufe der Schule dort, wenn Hassan
fehlt, sind ihm abgrundtief peinlich. Ohne die Mithilfe zu
Hause wird die Schule mit ihren Bemühungen kaum Erfolg
haben können. Der Vater sieht das genauso. Er ist mit allem
einverstanden, was die beiden Lehrerinnen ihm abverlangen.

Als Hassans zum ersten Mal an die Helene-Lange-Schule
kommt, sind die Lehrer überrascht. Sie haben den Auftritt eines selbstbewussten, vierschrötigen jungen Mannes erwartet.
Muskulös und Öl in den Haaren. Hassan aber ist ein dunkel-
lockiger, etwas blasser Hänfling, der nicht wagt, den Blick zu
heben. Er wird vom ersten Schultag an gefordert. Die Klassenlehrerin erzählt ihm, dass es an dieser Schule üblich sei, sich
im Kreis der Klasse vorzustellen, in dem man die Wahrheit
über sich erzählt. »Und nun frag ich dich, willst du da drin
die ganze Wahrheit sagen?!« – »Alles?« – »Alles.« Stockend
leistet Hassan Folge. Mit dem Ergebnis, dass nicht nur die
Lehrer, sondern von Anfang an auch die Mitschüler an Hassans Leben Anteil nehmen, ihn aber ebenso im Auge behalten.
Ein ehemaliger Schüler, mittlerweile in der Oberstufe, kommt

nachmittags vorbei, um im Klassenraum mit Hassan Unterrichtsstoff nachzuholen. Deutsch, Mathe, Englisch, Geschichte – es gibt kein Fach, in dem der junge Türke keine Hilfe bei den Hausaufgaben braucht. Acht Wochen lang kümmern sich Lehrer, Eltern und Schüler um Hassan – ohne dass irgendein Wunder geschieht. Im Unterricht gibt sich der junge Mann zwar lieb und korrekt, aber seine Leistungen sind so schlecht, dass sie sich jeder Bewertung entziehen. Statt Hausaufgaben zu machen, möchte Hassan mit seinem Hausaufgabenhelfer lieber die Berufsaussichten jugendlicher Zuhälter diskutieren. Als der nicht mitspielt, versucht er Eltern und Lehrer gegeneinander auszuspielen. Seinem Vater erzählt er, er ginge zur Nachhilfe, und lässt sich das Geld geben. In der Schule ruft er an und sagt ab, weil er krank sei.

Seine Klassenlehrerin macht unverdrossen weiter. Kurz vor seinem Strafantritt gibt sie Hassan auf, während seiner Zeit im Jugendgefängnis Tagebuch zu schreiben. Aus dem Gefängnis erhält die Klassenlehrerin ein paar Wochen später Post. In einem kurzen Brief beschreibt er mühsam den Alltag eines Gefangenen. »Ich werde mich freuen wenn ich rauskomme auch auf die Schule«, schreibt er am Schluss.

Als Hassan entlassen wird und an die Schule zurückkehrt, sitzt er erneut im Kreis der Klasse. Die ist gespannt auf seine Erlebnisse im Gefängnis und will sich alles haarklein erzählen lassen. In einer Deutscharbeit beschreibt er daraufhin noch einmal die Zeit im Gefängnis. Wenn man in einer Zelle sitzt, würde das Gefängnis vor allem aus Geräuschen bestehen, schreibt er. Dem Auf- und Zuschließen der Zellen, den Schreien der Mitgefangenen. Am Ende des Schuljahres, als er die Schule ohne Abschluss verlässt, um ein Berufsvorbereitungsjahr zu beginnen, bereiten ihm seine Mitschüler einen warmen Abschied.

Ein Lehrer muss nicht jeden seiner Schüler lieben. Es kommt immer wieder vor, dass in den Teambesprechungen Lehrer über Schwierigkeiten mit ihrer Klasse berichten. Kolle-

125

gen stöhnen über das Arbeitsverhalten oder die Ignoranz einzelner Schüler. Manchmal bleiben Erfolgserlebnisse, die sich jemand erhofft und erwartet hatte, aus. Fast immer hat ein Klassenlehrer, der seine Klasse sechs Jahre lang begleitet, einige große Konflikte mit seinen Schülern auszutragen und zu lösen. Der Rückhalt im Team ist ein wesentlicher Grund dafür, dass Lehrer an unserer Schule auch solche Durststrecken überstehen.

Es hat oft Diskussionen gegeben, ob es gut sei, so lange in einer Klasse zu sein. Ob Schüler im Verlauf von sechs Jahren nicht auch einmal neue Gesichter zu sehen bekommen sollten. Abgesehen davon, dass es dazu keines Lehrerwechsels bedarf, weil in den verschiedensten Projekten Experten von außen auch über längere Zeiträume in den Unterricht miteinbezogen werden, gibt es einen weiteren Grund, weshalb immer wieder einstimmig der Beschluss gefasst wurde, die Struktur beizubehalten, bei der die Klassenlehrer, von wenigen Ausnahmen abgesehen, ihre Schüler von der Klasse fünf bis zur Klasse zehn begleiten und auch die Teams diese sechs Jahre zusammenbleiben. Zur Verantwortung der Schule gehört es, für verlässliche Bezugspersonen zu sorgen. Das geht nicht ohne Kontinuität, die mancher Schüler zu Hause nicht mehr erlebt. Außerdem ermöglicht die enge Bindung, die nicht wenige Lehrer mit ihrer Klasse aufbauen, Integrationsleistungen, die sonst kaum denkbar wären.

Marc ist sieben Jahre alt, als die Schule ihn aufgibt. Er sei gewalttätig, heißt es in einem Gutachten. Extrem aggressiv. Er verweigere das Lernen, zeige keinerlei Respekt gegenüber Autoritätspersonen. Er sei unbeschulbar. Er wird in die Kinder- und Jugendpsychiatrie eingewiesen, eine Art Endstation für Kinder, in deren Leben viel schief gelaufen ist. Nach einem halben Jahr kommt Marc in ein Heim. Er wird »fremdplatziert«, ein Wort, das er selbst benutzt, um zu erklären, dass er nicht länger in seiner Familie wohnen darf. In der Sonderschule, die er nun besucht, gerät er in Streit mit seinem Lehrer. Er randaliert und glaubt, von seinen Klassenkameraden dafür Anerkennung zu bekommen. Erneuter Schulwechsel. Er wird in eine Schule für Lernschwache geschickt. Dort ist er unterfordert, langweilt sich, ist noch auffälliger. Er wird wieder zurückgeschickt. Wieder bekommen die Lehrer ihn nicht unter Kontrolle. Nun wollen ihn nicht einmal mehr die Sonderschulen aufnehmen. Marc ist neun, als er in eine betreute Wohngruppe auf einen Bauernhof aufgenommen wird. Ein Erzieher gibt ihm Privatunterricht, zwei Stunden am Tag. Mehr ist nicht drin. Als Marc elf ist, löst sich die Gruppe auf. Wieder steht er alleine da. Er kommt in Wiesbaden an eine Schule für verhaltensauffällige Jugendliche.

Zu dieser Zeit übernimmt Dorothea Hahn an der Helene-Lange-Schule zum dritten Mal eine Klasse. Es sind aufgeweckte, neugierige Kinder, die sie schnell ins Herz schließt und für die sie weit mehr Zeit und Kraft aufwendet, als es von einem Lehrer zu erwarten ist. Sie ist es auch, die sich in der Lehrerkonferenz von einer Kollegin der benachbarten Schule für Verhaltensauffällige, die von ihrer Arbeit berichtet und für die Idee wirbt, einzelne Schüler versuchsweise in Klassen der Helene-Lange-Schule zu integrieren, sofort begeistern lässt. Sie weiß, dass ein solches Vorhaben viele Probleme mit sich bringen wird und alle Beteiligten bis an die Grenzen des Zumutbaren belasten kann. Deshalb redet sie lange mit ihrer Klasse. Sie fragt die Eltern und bittet um deren Unterstützung. Schließlich ist es ihre Klasse, die als Erste diesen Versuch wagt.

Marc wird zunächst nur stundenweise in der Helene-Lange-Schule beschult. Trotzdem verändert seine Anwesenheit von Beginn an die Unterrichtssituation. Dem großgewachsenen Sonderschüler traut sich die Lehrerin zunächst nur im Sitzen zu begegnen, weil sie befürchtet, er könne den Respekt vor ihr verlieren, wenn er merkt, wie viel kleiner sie ist. Die Schüler, die Marcs Geschichte kennen, geben sich größte Mühe, den Neuen mit zu erziehen. Mit besten Absichten erklären sie ihm ständig, was erlaubt ist und was sich gehört. Das ist auch für Marc anstrengend. Erfolge, wie Marcs erste Teilnahme an einem Klassenausflug, wechseln mit Krisen, in denen die Lehrerin Angst hat, Marc könnte ihr Gewalt antun. Nach solchen Zwischenfällen wird die Zahl der Stunden, die Marc in der Helene-Lange-Schule verbringen darf, reduziert. Er muss es sich »verdienen«, in die Regelschule gehen zu dürfen. Diese Maßnahme wirkt nur, weil Marc dorthin gehen will. In den Herbstferien sitzt er vor den verschlossenen Türen der Schule und wartet darauf, dass jemand kommt, um aufzuschließen. Dass Ferien sind, hat er ganz vergessen.

Ich kann mir diesen Wandel nur mit der Liebe der Lehrerin erklären, die sie ihrem schwierigen Schüler gegenüber aufgebracht hat. Seit der ersten Begegnung, nachdem sie Marc das erste Mal in die Augen geschaut hatte, zeigt sie ihm immer wieder, wie fest sie an ihn glaubt. Diese Zuneigung, die sich auf den Umgang, den seine Mitschüler und alle anderen Lehrer mit ihm pflegen, überträgt, macht aus Marc einen anderen Menschen. Als seine Lehrerin noch einen zweiten verhaltensgestörten Schüler aufnimmt, ist er es, der diesen immer wieder ermahnt. »Bei Frau Hahn wird das nicht gemacht!« Er geht nur noch ungern in seine eigentliche Schule. In die Helene-Lange-Schule dagegen geht er gern, auch wenn seine Kumpels das nicht nachvollziehen können.

Drei Jahre nachdem Marc das erste Mal in die Klasse gekommen ist, erarbeitet ein Regisseur mit den Schülern ein Theaterstück. Er fragt nach einem Freiwilligen, der so mutig sei, sich von einem Tisch stehend in die Arme seiner Klassenkameraden fallen zu lassen. Marc, immer noch deutlich größer und schwerer als viele seiner fünfzehnjährigen Mitschüler, meldet sich. Er steigt auf den Tisch und lässt sich fallen. Es ist sein letztes Jahr in der Klasse. Erst kurz zuvor ist er offiziell als Helene-Lange-Schüler aufgenommen worden. Das macht auch seine Mitschüler stolz. Wenige Wochen später verlässt er die Schule mit einem Hauptschulabschluss. Er ist der Erste in seiner Familie, der das geschafft hat.

9. Leistung zählt
Benotung und Bewertung von Schulleistungen

Joscha war für seine Lehrer schwer zu ertragen. Er war zappelig und konnte sich nicht konzentrieren. Hausaufgaben erledigte er selten pünktlich und bestenfalls flüchtig. An manchen Vormittagen hatten seine Lehrer den Eindruck, dass er innerlich völlig unbeteiligt war, kaum wahrnahm, wovon gerade die Rede war. Es sei denn, er witterte einen Auftritt. Wenn es darum ging, in der Klasse eine kleine Szene zu erarbeiten, war Joscha plötzlich da. Sobald die Lehrer eine ihrer Lektionen »dramatisierten«, hatten sie Joscha für ihren Unterricht gewonnen – selbst in Englisch oder Französisch.

Dank solcher Ausnahmesituationen hatten sich seine Lehrer über die Jahre hinweg mit Joscha arrangiert, auch wenn viele sorgenvoll auf seine Leistungen schauten und überzeugt waren, im Grunde vertrödele er seine Zeit. Aber dann wurde er in der neunten Klasse »entdeckt«. Ein französischer Theaterregisseur aus Paris, der – für einige Wochen zu Gast an der Schule – mit Joschas Klasse ein Stück im Stil der Commedia dell'Arte erarbeitete, kam zu mir, um mir begeistert von einem Ausnahmetalent zu erzählen. Joscha sei ein geradezu begnadeter Komiker, ein selten anzutreffendes Naturtalent! Dieses Urteil blieb nicht ohne Folgen. Erst ergatterte Joscha einen festen Platz in der TheaterWerkstatt. Wenig später hatte er die gesamte Schule in seinen Bann gezogen. Er begeisterte sein Publikum. Kleinere Schüler baten ihn um Autogramme. Fotos von ihm kursierten. Plötzlich war er ein

Star. Doch nicht wenige der Lehrer, die sich in all den Jahren fast immer vergeblich um ihn bemüht hatten, beobachteten seine Theaterkarriere mit zweifelhaften Gefühlen. Es gab Warnungen. Fraglos werde Joscha seinen Erfolg auf der Bühne als gute Begründung betrachten, nun für den normalen Unterricht gar nichts mehr zu tun, und jemand, der in vielen Fächern so schwach sei, der könne nicht wegen eines Theaterprojektes fünf Wochen lang in der Schule fehlen. Also: Schluss mit dem Theater für Joscha? Mit viel Diplomatie bewahrten sein Klassenlehrer und ich ihn vor einem Rauswurf aus der TheaterWerkstatt. Dem Jungen könne doch gar nichts Besseres passieren als dieser erste wirkliche Triumph in seiner Schulkarriere. Mit der Verantwortung, die er beim Theaterspielen nicht nur für sich selbst, sondern für die ganze Gruppe übernehmen musste, werde er mehr gefordert, als es im Unterricht je möglich gewesen wäre. Die Kollegen gaben nach, nicht ohne ihre Vorbehalte und Zweifel eindeutig kundzutun.

Ein Jahr später im Mai, Joscha bereitete sich gerade mit seiner zweiten großen Hauptrolle auf die Premiere vor, kam dann jene Konferenz, in der ein letztes Mal über die möglichen Schulabschlüsse beraten wurde. Bei Joscha hatte der erhoffte Realschulabschluss immer auf der Kippe gestanden. Diesmal, meinten die Fachlehrer, könnten sie nicht nachsichtig, sondern müssten schon aus »Gerechtigkeitsgründen« ganz objektiv sein. In Französisch sei es eben nicht mehr »knapp befriedigend«, sondern bestenfalls »ausreichend«, in Physik nur noch »knapp ausreichend«. Realschulabschluss ade. Die Prognose hieß, zwei Monate vor Schuljahresende, Hauptschulabschluss. Der Klassenlehrer überbrachte mir die schlechten Nachrichten. Die Benachrichtigung an die Eltern hielt er in den Händen. Uns beiden war klar, dass die Mutter den Jungen sofort aus der TheaterWerkstatt herausnehmen würde. Vor allem für Joscha wäre eine geplatzte Premiere eine Katastrophe. Ich sagte dem Klassenlehrer, dass ich mit den

Eltern sprechen würde. Das sei in einem solchen Fall Sache der Schulleitung. Er war erleichtert. Dann legte ich die Benachrichtigung in meine Schreibtischschublade. Jetzt war etwas anderes wichtig.

Sowohl für mich als auch für die beiden Fachlehrer war der Fall Joscha eine Frage der Gerechtigkeit. Ich wollte dem Jungen helfen. Die Lehrer wollten ihn »gerecht« benoten. Je mehr sie das Gefühl hatten, die Schulleiterin versuche bei der Vergabe einzelner Noten wohlwollend mitzureden, desto fester beharrten sie auf ihrem Standpunkt. Schon meine Frage, wie es denn innerhalb eines halben Jahres zu dieser Entwicklung habe kommen können, führte zu gereizten Missverständnissen. Joscha sei doch nie da gewesen – was ich ja auch noch befürwortet hätte. Immer nachlässiger sei er geworden. Und während alle anderen jeden Tag im Unterricht sitzen müssten, mache Joscha Theater. Schon die Vier minus sei eine Gnadennote. Verdient habe er eine Fünf. »Eine Drei könnte ich wirklich nicht mit meinem Gewissen vereinbaren«, sagte der Französischlehrer. Ich bat die beiden Lehrer, dem Jungen doch noch eine allerletzte Chance einzuräumen. Sie würden es doch auch gut mit ihm meinen. Schließlich stünde seine mit viel Glück gefundene Lehrstelle auf dem Spiel. Ein Referat! – sagte der Physiklehrer. Wenn Joscha ein Referat zu einem Thema halten würde, was im Unterricht nicht mehr drankam, um zu beweisen, dass er a) die von ihm verpassten Unterrichtslektionen nachgeholt habe und anwenden könne und b) sich darüber hinaus in weiterführende Fragestellungen einarbeiten und diese dann referieren könne, dann wäre es unter Umständen möglich, ihm c) doch noch ein glattes »Ausreichend« zu bescheinigen. Auch die Französischlehrerin wurde »weich«. Mündlich sei Joscha eigentlich immer wieder mal ganz gut gewesen. Da dürfte ein Zusatzreferat über die Comédie Française und Molières Bedeutung für die französische Klassik doch kein Problem darstellen.

Joscha ahnte von alldem nichts. Die Premiere war ein fabelhafter Erfolg gewesen und auch in den weiteren Aufführungen hatte er seinem Publikum gezeigt, was er konnte. Bevor er nun wieder am Unterricht teilnehmen und seinen Lehrern, die davon ausgegangen waren, dass ich ihn über die Prognose informiert hatte, begegnen würde, bat ich ihn in mein Zimmer und berichtete ihm, dass die Prognosekonferenz für ihn schlecht ausgegangen sei.

Joscha brach sofort in Tränen aus. Wenn das seine Mutter erfahren würde, bräche sie zusammen, sagte er. Und seine Fotolehre könne er ohne Realschulabschluss doch auch nicht anfangen. Es gäbe noch eine Rettungsmöglichkeit, tröstete ich ihn. Er müsse in Französisch und in Physik ein Referat halten. »Das schaffe ich nicht!« Von den Themen habe er nicht die geringste Ahnung und die Zeit sei viel zu kurz, um das alles noch zu lernen. »Wir werden einen Ausweg finden«, sagte ich. »Bei dem Französisch-Referat kann ich dir helfen.« Wir fanden auch eine Oberstufenschülerin mit dem Leistungsfach Physik, die bereit war, Joscha einerseits alle notwendigen physikalischen Gesetze zu erklären, andererseits mit ihm ein Referat vorbereiten würde, was er Wort für Wort auswendig lernen konnte. Um die Wahrheit zu sagen: Das Referat für Französisch habe ich in der ersten Fassung fast alleine geschrieben. Joscha sollte es auswendig lernen und da war er plötzlich wieder in seinem Element. Er bereitete sich auf seine Rolle als Musterschüler vor wie auf eine bevorstehende Theaterpremiere. Er entwarf Folien über die Comédie Française, lernte eine Vokabel nach der anderen, schaute in Lexika und einer Geschichte des Theaters nach und machte mich auf Fehler in meinem Text aufmerksam. In Physik – es ging um Kernspaltung und Kernfusion – versuchte er, die komplizierten Zusammenhänge tatsächlich zu begreifen, damit er sein Referat überzeugender vortragen könne. Ende Juni trat er vor sein Publikum: ein Physiklehrer und eine Französischlehrerin.

Deren Urteil war einstimmig. Es seien erstaunlich gute Referate gewesen. Joscha sei das beste Beispiel dafür, was sich mit Druck eben doch alles erreichen lasse. Einen solchen Faulpelz müsse man nur erst mal richtig zum Lernen bringen, dann sei es bemerkenswert, was so ein Kerl alles zu leisten imstande sei. In gewisser Weise hatten sie ja sogar Recht. Jedenfalls war sein Realschulabschluss gerettet. Jahre später, Joscha hatte längst seine Fotolehre angefangen und eine Weiterbildung zum Kameramann in Aussicht, fiel mir beim Ausräumen meiner Schreibtischschubladen ein verschlossener Umschlag in die Hände: Die Benachrichtigung des Klassenlehrers an Frau Glaser, dass ihr Sohn nicht mehr mit einem Realschulabschluss rechnen könne, weil sich seine Leistungen in Französisch und Physik deutlich verschlechtert hätten.

Der Brief zählt zu meinen wichtigen Erinnerungsstücken. Er erinnert mich daran, wie bescheiden eine Schule mit ihrem Urteil über Kinder sein muss. Joscha hätte alles das, was er später in seinem Leben erfolgreich angegangen ist, ohne Realschulabschluss nicht tun können. Die Fähigkeiten, die er hat – und die ihm wohl immer noch helfen, sein Leben erfolgreich zu meistern –, gelten normalerweise in der Schule allenfalls als »hübsche Talente«, aber sie zählen nicht, wenn es um Abschlüsse geht. Dabei hätte Joscha ohne das Theater vor allem eine Erfahrung gemacht: Ich bin ein mieser Schüler. Das, was von mir erwartet wird, schaffe ich nicht oder nur so, dass es eigentlich peinlich ist. Sein Erfolg beim Theaterspielen hat bei ihm dagegen Kräfte freigesetzt, letztlich sogar den Willen, auch bei seinen »zusätzlichen« Prüfungen wirklich gut zu sein. Viel zu selten wird an Schulen darüber nachgedacht, Fähigkeiten, die nicht unmittelbar in Schulfächer passen, auch formal anzuerkennen. Um ihr Unbehagen zu beschwichtigen, trösten sich die Lehrer damit, dass die Leistungsbewertung einer Schule doch niemanden daran hindern könne, seinen eigenen Weg zu gehen. Churchill sei ein schlechter Schüler gewesen und habe es weit gebracht. Einstein (obschon das in diesem Fall gar nicht stimmt!) ist als Beispiel nicht weniger beliebt. Als dürfe sich die Institution Schule hinter der Behauptung verstecken, alle Schüler über die sie ein harsches Urteil spricht, würden ihr Potenzial früher oder später auch von alleine entfalten.

Ziffernnoten als objektive Bewertung?

Natürlich ist es eine Binsenweisheit, dass die Noten, die ein Kind oder ein Jugendlicher in der Schule bekommt, nicht alle Fähigkeiten abbilden, die diesen jungen Menschen auszeichnen, und nur sehr eingeschränkt Voraussagen erlauben, was es später zu leisten imstande sein wird. Kein nachdenklicher Erwachsener würde dem widersprechen. Aber gleichzeitig nehmen wir es wie ein Schicksal hin, dass diese Noten Lebenswege eröffnen oder verbauen. Der Grundsatz »Leistung zählt und muss deshalb belohnt werden« ist ja nicht falsch. Aber die Vorstellungen der Schule von dem, was eine »wichtige« Leistung sei und wie man sie messen könne, sind trostlos verengt. Große Teile der Öffentlichkeit, selbst viele Lehrer sind überzeugt: Wenn Schulen Probleme mit der Leistungsmessung hätten, dann höchstens weil immer noch nicht genug getestet, verglichen und benotet werde. Mehr Prüfungsfächer im Abitur und landesweite Zentralprüfungen erscheinen dann als geradezu notwendige Folgerung, ebenso wie neu gegründete Elite-Schulen und D-Zug-Klassen, um die Besten noch besser vom Durchschnitt trennen zu können. Das verändert die Balance: Schule ist nicht mehr vor allem ein Ort, an dem junge Menschen die Chance haben, Wichtiges zu lernen und Fähigkeiten zu entwickeln, die sie befähigen später mit dem Leben zurechtzukommen, sondern ihr wichtigstes Kennzeichen wird eine ständige Prüfungssituation.

Das Wort »gut« ist ein beschreibendes und wertendes Adjektiv. Als Zensur in der Schule kann es im deutschen System auch durch die Ziffer 2 ersetzt werden, ebenso wie die Bewertung »ausreichend« durch die Ziffer 4. Diese Ziffernnoten täuschen eine Objektivität vor, die wertende Urteile grundsätzlich nicht haben können. Ziffernnoten kann man zusammenzählen, man kann (und das geschieht in Deutschland) »Durchschnittsnoten« errechnen, die dann auf eine Dezimalstelle hinter dem Komma auf- oder abgerundet werden. Das wirkt wie exakte Mathematik und ist doch ein absurdes Verfahren, weil es so tut, als sei der Abstand zwischen einer »Zwei« und einer »Drei« ebenso groß wie der zwischen einer »Vier« und einer »Fünf«, oder als bedeute eine »Drei« in allen Fächern jeweils das Gleiche, zumindest innerhalb der Gruppe der Hauptfächer bzw. der Nebenfächer. Die mathematische Form suggeriert, es handele sich um exakte Messergebnisse, so als habe jemand von einem sehr genauen Thermometer während einiger Monate täglich fünfmal die Temperatur abgelesen und in eine Tabelle eingetragen. Jeder auch nur einigermaßen selbstkritische Lehrer weiß (und umfangreiche wissenschaftliche Untersuchungen haben das in den letzten fünf Jahrzehnten immer wieder bestätigt), dass diese Exaktheit eine Fiktion ist. Die gleiche »Leistung« wird, wenn man umfangreiche Blindversuche macht, selbst in Mathematik von verschiedenen Beurteilern unterschiedlich bewertet, wobei Abweichungen von mehreren Notenstufen möglich sind. Am ehesten scheinen innerhalb einer Klasse die Zensuren eines Faches noch eine Rangordnung der »Leistungen« abzubilden, aber selbst das gilt nur mit erheblichen Einschränkungen. Außerdem haben fast alle »Leistungen«, um die es in der Schule geht, viele Dimensionen. Dem einen Lehrer ist diese wichtig, dem anderen eine andere, woraus sich oft, noch vor aller persönlicher Sympathie oder (meist uneingestandener) Antipathie, ein Phänomen erklärt, das Außenstehende verblüfft: Der Schüler Max, in Biologie ständig mit einer »Vier« benotet, bekommt eine neue Lehrerin und hat im nächsten Zeugnis eine »Zwei«. Vielleicht ist es ihr aber auch tatsächlich gelungen, ihn so zu ermutigen, dass er sich nicht mehr für einen hoffnungslosen Versager hält, oder sein Interesse so zu wecken, dass er jetzt etwas verstehen will – anstatt lernen zu müssen, was ihm sinnlos und überflüssig vorkam.

Für die 10 oder 15 Prozent, die in einem Fach oder in einer Klasse um die Spitzenposition kämpfen, mag der Wettbewerb um Zehntelnoten vielleicht ebenso motivierend sein wie für Spitzensportler der Kampf um Zehntelsekunden. Für Schüler im unteren Drittel sind Ziffernnoten der sich beständig wiederholende Beweis, dass ihre Anstrengungen hoffnungslos und umsonst sind. Das verschlimmert sich in der Regel noch, wenn mit diesen Ziffernnoten und ihrer Verrechenbarkeit Berechtigungen und Schulabschlüsse verbunden sind.

Selbstverständlich – und mit Recht! – erwarten Schüler, dass ihre Anstrengungen von Mitschülern und Lehrern wahrgenommen werden, dass das Ergebnis ihrer Anstrengungen auch bewertet, Fortschritte anerkannt und gelobt werden. Manchmal muss einem aber auch deutlich gesagt werden, dass das, was er oder sie geleistet hat, noch weit unter dem ist, was von ihm oder ihr mit guten Gründen erwartet werden könnte. Fast alle Schüler können das selbst sehr genau einschätzen, wenn man mit ihnen ernsthaft und auf Einzelheiten eingehend über diese Leistung redet. Erfahrene Lehrer wissen, dass differenziertes Lob, durch das sich der Schüler in seinen Bemühungen verstanden fühlt und das ihm zugleich zeigt, wie er dies und jenes noch verbessern könnte, fast immer deutlich leistungssteigernder wirkt als eine schlechte Zensur.

Genau dies wäre die wichtigste Leistung der Schule: Wenn es ihr gelingen würde, jeden Schüler – die Überflieger ebenso wie die ganz Schwachen – dazu zu verlocken, sich selbst zu übertreffen, also die Erfahrung zu machen, dass ihm oder ihr heute gelingt, was sie gestern noch für unmöglich gehalten haben.

Die Abschaffung der Ziffernnoten

Trotz all dieser Einsichten verteidigen fast alle Lehrer die Ziffernnoten, als wäre die Schule ohne sie dem Untergang geweiht. Sie befinden sich in Übereinstimmung mit der öffentlichen Meinung und ihren Wortführern: Eine Schule ohne Noten – das sei bestenfalls ein romantischer Traum, schlimmstenfalls das Zerstören der Fundamente, auf denen doch unsere Gesellschaft errichtet sei. Auch mit dem Verweis auf Schulen oder gar ganze Schulsysteme, die – zumindest in den ersten acht oder neun Jahren – ohne Zensuren auskommen und dennoch mehr Kinder und Jugendliche als unsere Schulen zu hohen und höchsten Leistungen herausfordern, vermag das Vorurteil nicht auszurotten, eine Schule ohne Noten sei eine Schule, in der Leistungen keine Rolle spielten. Zugegeben: Sie könnte es sein, aber nur dann, wenn den Lehrern ihre Schüler gleichgültig wären. Aber dann werden sie auch mit Noten nicht wirklich an deren Lernfortschritten interessiert sein. In den Grundschulen mancher Bundesländer gibt es in den ersten zwei Jahren keine Noten. In einigen kann diese Praxis sogar bis zum Ende des vierten Schuljahres ausgedehnt werden. Keine der, wenigen, wissenschaftlichen Begleituntersuchungen hat eindeutig nachgewiesen, dass in solchen Schulen weniger geleistet würde.

Während meiner gesamten Berufsjahre wollte ich die Noten abschaffen und durch andere Formen der Rückmeldung an die Schüler ersetzen. Immer wieder bin ich grandios gescheitert. Neulich ist mir das Protokoll einer Gesamtkonferenz aus dem Jahr 1972 in die Hände gefallen: Frau Riegel stellte den Antrag auf Abschaffung der Noten. Das war ein Eklat! Einige aus dem damaligen Kollegium haben mit den Fäusten auf die Tische getrommelt und mir empfohlen, ich solle doch in die DDR gehen.

Dennoch habe ich nie aufgehört darüber nachzudenken, wie die Schule sich aus diesem Widerspruch befreien kann.

Einerseits wollen wir, dass die Schüler eine verlässliche Gemeinschaft bilden und respektvoll miteinander umgehen. Andererseits zeichnen wir einige, oft sogar immer die Gleichen, wieder und wieder aus, während die anderen leer ausgehen. Das mag für die Ausgezeichneten angenehm sein, für diejenigen, die, selbst wenn sie sich sehr angestrengt haben, immer nur erfahren, das Ergebnis sei leider doch nur »ausreichend«, ist es entmutigend. Manchmal wehren sie sich, indem sie die ständigen Gewinner als Streber verdächtigen, was die Atmosphäre in der Klasse belastet. Viel schlimmer ist aber noch, dass die Ziffernnoten ein unglaublich primitives Instrument der Rückmeldung an den Schüler sind. Aus ihnen erfährt er gerade nicht, was er eigentlich gut gemacht hat, ob der Lehrer seine Anstrengung erkannt und gewürdigt hat, was er und auf welche Weise er es beim nächsten Mal besser machen könnte und was hier mit besser eigentlich gemeint ist. Darum haben die Lehrer an unserer Schule versucht, wenigstens mit anderen zusätzlichen Formen der Rückmeldung zu arbeiten. Indem beispielsweise nach Vorträgen oder anderen mündlichen Leistungen von Schülern in der Klasse gemeinsam über sie gesprochen wurde, wobei die Regel galt, dass jeder, der sich äußerte, mit dem begann, was ihm gefallen hatte, bevor er dann auch kritische Anmerkungen machte. Oder sie haben schriftliche Arbeiten mit sorgfältigen Anmerkungen versehen, haben nicht nur Fehler angestrichen, sondern auch begründet, warum sie eine Passage besonders gelungen fanden, und Vorschläge gemacht, wie der Schüler etwas überzeugender hätte darstellen können. Auch die Zeugnisse sollten nicht ohne solche erläuternden Anmerkungen bleiben. So wurden für viele Jahre »Beiblätter« üblich, bei den Jüngeren hatten sie oft die Form eines Briefes des Klassenlehrers an seinen Schüler. Da konnte dann alles ergänzt werden, was in einer Note nicht zum Ausdruck kommt. Da konnte Mut gemacht und Engagement gelobt werden. Da konnte aber auch – trotz einer guten Note – Kritik geübt oder Unzufriedenheit zum Ausdruck gebracht werden. Die meisten Schüler haben diese Beiblätter hoch geschätzt. Manchmal wurden sie am Familientisch vorgelesen oder mit Geschwistern und Eltern diskutiert. Manchmal führten sie dazu, dass ein Kind sich etwas vornahm, was es nun ändern wollte. Das war möglich, weil diese Beiblätter ganz persönlich und möglichst ohne Standardformeln geschrieben waren, auch wenn das für die Lehrer viel Arbeit bedeutete.

Aber Noten gab es immer noch. Ein selbstverständlicher Teil des Unterrichts, ohne den sich kaum einer unserer Lehrer Schule vorstellen konnte. Bis eines Tages auf einem pädagogischen Tag[1] zum Thema »Leistungsmessung und Bewertung« eine Kollegin der Laborschule Bielefeld berichtete, dass es dort bis zur Klasse neun keine Noten gebe. Die Schule ohne Noten: Es gab sie tatsächlich. Eine halbe Stunde schien es, als ließe sich das Kollegium dazu hinreißen, im Hauruck-Verfahren noch am selben Abend, dies auch für unsere Schule zu beschließen. Nur die aus Erfahrung entstandene Regel, dass wir niemals am gleichen Tag über ein Thema diskutieren und darüber abstimmen, führte dazu, dass über diese Frage erst auf der nächsten Gesamtkonferenz abgestimmt werden sollte – drei Wochen später. Genug Zeit für Skepsis und Bedenken. Wer die Noten abschafft, gibt der nicht das einzige Druckmittel aus der Hand, um Schüler zum Lernen zu bringen? Würden sich nicht die Eltern bei der Schule beschweren? Musste man nicht mit Verwirrung rechnen, wenn die Kinder in der Grundschule Noten bekämen, an unserer Mittelstufe wiederum nicht? Die Mehrarbeit für umfangreiche Entwicklungsberichte (wie es sie an der Laborschule statt der üblichen Zeugnisse gab) würde ebenfalls erheblich sein. Kurzum: Die Noten blieben.

---

1 Der pädagogische Tag an der Helene-Lange-Schule ist eine schulinterne Fortbildungsveranstaltung für alle Lehrer der Schule, der genutzt wird, um gemeinsam über pädagogische Konzepte und Inhalte des Unterrichts nachzudenken.

Johannes, ein fünfzehnjähriger Neuntklässler, der als Schulsprecher an der Gesamtkonferenz teilgenommen hatte, war anderer Meinung. Ein Trauerspiel, fand er, habe die Lehrerschaft aufgeführt. Nach der Konferenz kam er zu mir und verkündete: Jetzt nehmen wir Schüler das in die Hand! Ich habe gelacht. Woran ich mir seit meiner Referendarszeit die Hörner abgestoßen hatte, wollte ein vorlauter Schulsprecher erfolgreicher durchsetzen? Die Noten abschaffen! Ich war mir sicher, dass Johannes keine Ahnung hatte, was er da versuchen wollte. Ich habe ihm nicht mal zugetraut, die Schülerschaft von seiner Meinung zu überzeugen. Denn darin sind sie den Lehrern gleich: Sie wollen Noten. Gleichgültig ob sie sehr erfolgreiche oder schwache Schüler sind, in ihrer Vorstellung gehören Noten zur Schule wie die Räder zum Skateboard. Ich sollte Recht behalten. Bei einer Abstimmung in der Schülervertretung, die kurz darauf stattfand, waren 21 von 24 Klassensprechern für die Beibehaltung der Ziffernnoten.

Johannes ließ sich nicht beirren. Er versammelte die entschiedensten Befürworter von Noten unter den Klassensprechern und fuhr mit ihnen zu Schulen, die Noten abgeschafft hatten. Er organisierte Seminare zum Thema, lud dazu Experten ein, plante Rollenspiele und übersetzte wissenschaftliche Literatur, die sich mit der Abschaffung von Ziffernnoten auseinander setzte, in die Sprache der Schüler. Fast ein Jahr lang leistete er bei seinen Mitschülern Überzeugungsarbeit. Eines Tages kam er zu mir und sagte: »Wir brauchen auf dem Schulhof neue Basketballkörbe!« »Ich denke, ihr beschäftigt euch mit der Abschaffung der Noten«, sagte ich. »Die Schülerschaft fordert neue Basketballkörbe! Jeder weiß, dass Sie für Sport wenig übrig haben. Sollte ich es also schaffen, Ihnen diese Basketballkörbe abzuschwatzen, dann hätte ich auch bei einem anderen Thema gute Karten.« Ich habe die Basketballkörbe bezahlt und Johannes hat sie mit einer Gruppe von Schülern eigenhändig im Schulhof einbetoniert. Mir waren diese Sportfelder tatsächlich eher ein Dorn im Auge. Nach meiner Vorstellung sollte ein Schulhof vor allem grün sein. Dass ich nun nachgegeben hatte, machte Johannes zum Helden. Endlich hatten die Schüler durchgesetzt, was sie schon seit Jahren forderten. Ein paar Wochen später berichtete Johannes, die Schülervertretung habe gestern einstimmig beschlossen, dass die Noten in den Jahrgangsstufen fünf bis acht abgeschafft werden sollen.

Diese Abstimmung sorgte für einige Turbulenzen. Denn Johannes beließ es nicht nur bei einer Abstimmung der Klassensprecher. In allen Klassen der Jahrgänge fünf bis acht warb er nun mit den Klassensprechern für sein Anliegen. Das Ergebnis waren ein eindeutiges Votum der gesamten Schülerschaft für die Abschaffung der Noten und heftige Diskussionen innerhalb der Lehrerschaft, wie darauf zu reagieren sei. Dann bestand Johannes als Schulsprecher darauf, dass der Antrag der Schülerschaft auf die Tagesordnung der nächsten Gesamtkonferenz müsse. Er hatte bereits klare Vorstellungen, wie er die Skeptiker in der Lehrerschaft überzeugen wollte. Jeder Lehrer sollte persönlich angesprochen werden. Am besten von einem Schüler oder einem Kollegen, der bei dem betreffenden Lehrer in hohem Ansehen stünde. Gemeinsam mit seinen Mitstreitern ging er die Liste der Lehrernamen durch, fragte auch mich und einige Lehrer um Rat. Ein Plus für sichere Zustimmung. Ein Minus für sichere Ablehnung. Dann wurde aufgeteilt, wer mit wem reden solle. »Greift keinen Lehrer direkt an«, schärfte Johannes den »Diplomaten« ein. »Bleibt ruhig und zeigt Verständnis für ihre Sorgen. Wir schaffen das!«

Mit jedem Tag standen weniger Lehrer auf der Liste, von denen mit Sicherheit ein »Ich bin dagegen« zu erwarten war. Für die Gesamtkonferenz wurde der Vater einer Schülerin eingeladen, um aus Elternsicht von dem Modellversuch »Schule ohne Noten« an einer Grundschule zu berichten, von der seit vielen Jahren Schüler an unsere Schule wechselten. Selbst die Fronten innerhalb der Schulleitung, in der die beiden Frauen zäh für, die beiden Männer hartnäckig gegen die Abschaffung kämpften, schienen bei so viel positivem Engagement aus der Schülerschaft zu bröckeln. Die Abschaffung der Noten war ein realistisches Vorhaben geworden. Dennoch standen in der Gesamtkonferenz die Lehrer, die Noten abschaffen wollten, den Kollegen, die das wegen der Mehrbelastung oder aus anderen Gründen ablehnten, ziemlich unversöhnlich gegenüber. Letztere hatten aber gegenüber den sehr gut vorbereiteten Schülern einen schweren Stand. Standen sie doch als diejenigen da, die einen sinnvollen Reformversuch blockieren wollen. Drei Stunden dauerte der leidenschaftlich geführte Streit schon, als eine »Minus«-Lehrerin das Wort ergriff. Sie sei sicher gewesen, der Antrag werde in kürzester Zeit abgelehnt. Jetzt sei sie tief beeindruckt und geradezu stolz, dass diese Schüler es geschafft hätten, sie zu überzeugen. Johannes meldete sich zu Wort: »Ich bin der Meinung, die Schulleitung muss den Lehrern bei der Frage der Mehrbelastung entgegenkommen! Bei so einschneidenden Reformen benötigen die Lehrer zumindest am Anfang eine zusätzliche Entlastung.«

Das führte zu einem Tumult. Die Konferenz musste unterbrochen werden. Die Schulleitung war in dieser Frage überhaupt nicht einer Meinung. Entlastungsstunden? Für ein Vorhaben, das die Hälfte der Schulleitung bisher abgelehnt hatte? Eine Gruppe aus Schülern und Lehrern setzte sich zusammen, um über einen Kompromissantrag zu verhandeln. Welcher Vorschlag könnte mehrheitsfähig sein? Wäre es ein tragfähiger Kompromiss, wenn die Noten statt bis zur achten Klasse nur in den Jahrgangsstufen fünf und sechs abgeschafft würden? Würde die Mehrheit akzeptieren, wenn in einer dreijährigen Versuchszeit das Pilotteam in gewissem Umfang entlastet wird, um »für unsere Schule eine adäquate Form der Lernberichte und um neue Formen des Unterrichtens zu entwickeln«? Dieser Kompromissvorschlag wurde zur Abstimmung gestellt: sechs Enthaltungen, sechzehn Gegenstimmen, dreiundzwanzig Ja-Stimmen. Johannes hatte es geschafft. Die Helene-Lange-Schule schaffte versuchsweise für drei Jahre in zwei Klassenstufen die Noten ab.

Lernentwicklungsberichte

Für einige der Lehrer waren die nächsten drei Jahre ein Aha-Erlebnis. Die Schüler strengten sich genauso an, als gäbe es Noten. Sie wollten gut sein. Die Rückmeldung ihres Lehrers war ihnen wichtig. Vor allem unter den schwächeren Schülern schienen einige neuen Mut zu fassen und waren zu unerwarteten Anstrengungen bereit. Zugleich standen die Lehrer vor der Herausforderung, Worte für eine überzeugende Bewertung von individueller Anstrengung und ihrem Ergebnis zu finden. Wo bislang eine Note mit ein paar kurzen Erläuterungen genügt hatte, waren sorgfältig differenzierende Beschreibungen gefragt. Jeder einzelne Schüler musste in seiner Besonderheit wahrgenommen werden, Begründungen für die Bewertung seiner Leistungen mit Kollegen abgesprochen und aufgeschrieben werden. Im ersten Jahr entstanden Berichte, von denen manche bis zu sieben Schreibmaschinenseiten umfassten. Sieben Seiten! Die Arbeitsbelastung drohte die Vorzüge des Unterrichts ohne Noten aufzuheben. Im zweiten Jahr durfte kein Bericht länger als anderthalb Seiten sein. Aber die entscheidende Veränderung haben wir erst im dritten Jahr vorgenommen.

Die schriftlichen Berichte wurden durch ausführliche Einzelgespräche ersetzt. In der Folgezeit hat sich bestätigt, was wir nach den Erfahrungen der ersten beiden Jahre vermutet hatten: Für die Lernentwicklung der Schüler ist es nicht so bedeutsam, in welcher Form, also ob schriftlich oder mündlich, diese Berichte erfolgen. Entscheidend ist, dass jeder Einzelne das Gefühl hat: Hier ist tatsächlich von mir die Rede, von meinen Anstrengungen, von meinen Erfolgen, auch von meinen Misserfolgen und meinem Versagen. Wenigstens die meisten meiner Lehrer wissen, was mit mir los ist, wollen mir tatsächlich helfen und freuen sich mit mir, wenn mir etwas gut gelungen ist. Wir können ernsthaft und offen miteinander reden, das heißt, ich kann auch sagen: »Nein, das stimmt nicht. Da hat Herr Trüper nicht gemerkt, wie sehr ich mich angestrengt habe.« Oder: »Ich glaube, Frau Behnen hat ein Vorurteil gegen mich, weil ich am Anfang des Jahres zweimal meine Hausaufgaben vergessen habe. Aber seitdem habe ich sie immer erledigt.« Für die Eltern ist die wichtigste Erfahrung: Die kennen mein Kind, die kennen es sogar sehr genau, seine Stärken und seine Schwächen. Die wollen nicht vorverurteilen, sondern die wollen tatsächlich helfen, dass es erfolgreich seinen Weg geht.

Diese halbjährlichen Rückmeldungen, zu denen die Eltern zusammen mit ihrem Kind eingeladen werden, durften nicht den Charakter eines üblichen Eltern-Gesprächs haben. Sie waren auch für die Klassenlehrer ungewohnt. Manche sehen ihnen mit ziemlichem Unbehagen entgegen. Auf Anraten eines Vaters, der beruflich viel mit Unternehmensberatung zu tun hatte, führten wir in den ersten Jahren eine zweitägige Schulung in Gesprächsführung unter Anleitung einer erfahrenen Beraterin durch. Was kann ich tun, damit die Kinder zu Wort kommen, sich trauen, das Wort zu ergreifen? Wie vermindere ich die Angst und Befangenheit, die fast alle Eltern bei solchen offiziellen Gesprächen empfinden und die bei manchen in Auftrumpfen oder Schuldzuweisungen umschlagen kann? Was muss ich auf jeden Fall lobend erwähnen? Wie kann ich auch Schwächen und Schwierigkeiten so formulieren, dass zugleich deutlich wird: Wir trauen Marcus zu, dass er sie überwindet und morgen kann, was er sich selbst heute noch nicht zutraut oder andere ihm nicht zutrauen? Auf keinen Fall darf der Eindruck entstehen, hier fände ein Tribunal statt, bei dem Urteile verkündet werden. Welche Vereinbarungen können und sollen am Ende des Treffens getroffen wer-

144

den? Lehrer, die das vorher bedacht und vorher unter fachkundiger Anleitung geübt haben, wie sie sich auf solche Gespräche vorbereiten können, führen sie mit einer anderen Sicherheit. Sie fühlen sich in schwierigen Situationen nicht von der Schule allein gelassen.

Wir haben gelernt, dass wir auch die Schüler in ähnlicher Weise auf diese Gespräche vorbereiten müssen. Jeder Schüler in der fünften und sechsten Klasse stellt deshalb im Vorfeld des Gesprächs eine Auswahl seiner besten Arbeiten zusammen. Lauter Kostbarkeiten, von denen er glaubt, dass sie ihm besonders gut gelungen sind, oder auf die er sehr stolz ist. Das kann ein Diktat sein, ein gelungenes Bild, ein selbst geschriebenes englisches Gedicht oder ein Interview. Der Lehrer steht ihm bei der Auswahl als Berater zur Seite. Im Unterricht wird außerdem noch eine schön gestaltete Mappe hergestellt, in der die Schüler ihre Werksammlung aufbewahren können. Bei dem Gespräch mit den Eltern ist dieses Portfolio dann das erste Thema, über das gesprochen wird. Wenn ein Schüler ernsthaft und oft auch stolz über die eigenen Arbeiten und Leistungen reden darf, ist er deutlich offener für Kritik. Es fällt ihm leichter, ehrlich zu sagen: In dieser Beziehung oder in jenem Fach muss ich mich mehr anstrengen.

Leistung muss wahrgenommen und gewürdigt werden. Dazu gehört auch, dass sie öffentlich anerkannt wird. Das »motiviert«, wie wir abgekürzt sagen, wobei wir meist dem Irrtum erliegen, das gelänge mit irgendwelchen unterhaltsamen Tricks. Eine Schule, der daran liegt, dass sich ihre Schüler nicht nur unter Druck, sondern aus eigenem Antrieb anstrengen, das Beste leisten zu wollen, zu dem sie jeweils imstande sind, wird sie darum immer wieder ermutigen und herausfordern, sich selbst mit den eigenen Arbeitsergebnissen vor anderen zu präsentieren. Das ist wichtiger als jede »Leistungsmessung«. Leider kennen wir es alle anders: Eine Klasse muss zum Halbjahr die Deutsch-Hefter abgeben. Der Lehrer schaut sie mit viel Nachtarbeit durch, benotet sie und gibt sie wieder zurück. In der Klasse werden daraufhin sofort die Noten verglichen. Wer hat eine Eins? Wer hat eine Fünf? Gibt es sogar eine Sechs? Über die Hefter selbst wird nicht gesprochen. Niemand erfährt, dass Tamara einige Gedichte noch einmal abgeschrieben und schön verziert hat. Was für einen genialen Comic sich Phillip noch kurz vor Abgabe ausgedacht hat. Beide haben für den Ordner eine Drei bekommen. Wegen Rechtschreibfehlern? Wegen einigen fehlenden Blättern? Weil die Spitzenleute der Klasse einfach besser formulieren können?

Leistung öffentlich machen

Leistung zählt in einer Schule, wenn das, was im Unterricht entsteht, veröffentlicht wird. Wenn die Klassen und die öffentlichen Räume dieser Schule einer sich ständig verändernden Dauerausstellung gleichen, in der jeder Raum voll ist mit Skizzen aus dem Kunstunterricht, Versuchsabläufen aus dem Physikunterricht oder Ergebnissen aus der Mathestunde. Unsere Schüler machen Fotos, skizzieren Versuchsanordnungen, verfassen eine Beschreibung und hängen damit die Wände zu. Die ganze Schule darf und soll sehen, was ihre Schüler geleistet haben.

Jedes Projekt endet mit einer Präsentation für die Eltern. Das sind Höhepunkte in den Schulwochen, auch weil anfangs niemand weiß, wie das Ergebnis eines Projekts am Ende aussehen wird. Mal stehen die Schüler auf der Bühne und führen vor, wie die Römer gelebt haben, wie Hannibal über die Alpen zog und Julius Cäsar ermordet wurde. Mal entsteht eine Ton-Dia-Show über Flora und Fauna in einem benachbarten Waldgebiet, mal ein Radiobeitrag über das schwere Leben in der Steinzeit. Im Schülertreff haben andere Schüler aus dem Jahrgang eine Höhle nachgebaut, in der die Facharbeiten aller Schüler ausliegen. Die Zahl möglicher Präsentationsformen ist schier unerschöpflich.

Wenn Leistung zählen soll, gehört es dazu, dass jeder Schüler immer wieder einmal ins Rampenlicht treten und sich beweisen muss. Wenn der Lehrer eine Vorauswahl trifft und drei besonders gute Beispiele aussucht, die »die Klasse« den Eltern zeigen darf, brauchen sich die anderen nicht mehr anzustrengen und erhalten zugleich keine Gelegenheit, sich zu bewähren und ihre Stärke zu veröffentlichen. Nach sechs Jahren beherrscht jeder Schüler unserer Schule die unterschiedlichsten Präsentationsformen. Ein Referat mit erläuternden Bildern? Freies Reden in einer Diskussion? Ein kleines Rollenspiel, um es anschaulicher zu machen? Eine Folie zwecks besserer Übersicht? Der Umgang mit Overhead-Projektor, Dia-Apparat oder Tonband? All das kann jeder lernen und es ist auf jeden Fall nützlich – nicht nur im Beruf.

Schulabschlüsse

Natürlich liegt die Helene-Lange-Schule nicht auf einer abgeschiedenen Insel. Auch ihre Schüler und Lehrer leben in einem Land, in dem es im allgemein bildenden Schulwesen drei verschiedene Schulabschlüsse gibt. Sie sind mit sehr unterschiedlichen, genau festgelegten Berechtigungen verbunden. Viele Menschen sind überzeugt, das sei Teil der natürlichen Ordnung und müsse eben so sein. Dabei macht ein Blick auf das Schulwesen anderer Länder deutlich, dass es auch ganz andere Lösungen gibt, ohne dass finnische Architekten oder englische Ärzte, holländische Gärtnerinnen oder kanadische Sozialarbeiter schlechter wären als ihre deutschen Kollegen. Dieses, gerade in Deutschland besonders ausgefeilte Berechtigungswesen ist, ebenso wie die Noten, nicht mehr zeitgemäß, selbst wenn es ursprünglich durchaus ein Fortschritt gegenüber Standesprivilegien und Günstlingswirtschaft war.

Hat jemand bestimmte Kenntnisse nicht, verfügt er nicht sicher über diese Fähigkeiten oder jene Fertigkeiten, dann ist die Wahrscheinlichkeit groß, dass er in dieser Ausbildung oder in jenem Studium scheitern wird. Selbstverständlich ist es eine der wichtigsten Verpflichtungen der Schule, dass die Lehrer größte Anstrengungen darauf verwenden und immer wieder nach neuen Wegen suchen, damit möglichst alle Schüler die Kenntnisse und Einsichten, die Fähigkeiten und Fertigkeiten erwerben, die sie brauchen werden, um die nächsten Schritte erfolgreich zu gehen, ob weiterhin in der Schule oder in einer beruflichen Ausbildung. Ein Sechzehnjähriger, der nur ein wenig Baby-Englisch radebrechen kann, dem der Auftrag Albträume verursacht, einen längeren Aufsatz über die Hintergründe des Nahostkonfliktes zu lesen und die zehn wichtigsten Gesichtspunkte in einem kleinen Referat vorzustellen, der hilflos den Kopf schüttelt, wenn er gebeten wird, die Heizkosten eines Miethauses nach der Fläche der Einzelwohnungen auf die Mieter umzulegen, wird schlechte Karten haben, wenn er nach der zehnten Klasse an eine gymnasiale Oberstufe wechselt. Dass eine Sechzehnjährige, die keinen Nagel gerade in die Wand schlagen kann, eine erfolgreiche Feinmechanikerin wird, ist ziemlich unwahrscheinlich. Beiden das Gegenteil zu versichern, wäre nicht nur ein Bärendienst, sondern eine nicht verantwortbare Lüge.

Wenn eine Schule Schulabschlüsse bescheinigt, dann muss das ehrlich geschehen. Sie sagt verbindlich: So wie wir dich kennen gelernt haben, deine Anstrengungen, deine Erfolge und Misserfolge, deine Zielstrebigkeit und deine Leistungsbereitschaft, trauen wir dir zu, dass du dieser beruflichen oder jener schulischen Ausbildung gewachsen sein wirst. Wenn die Schule gut war, stimmt das ziemlich genau mit der Selbsteinschätzung des Jugendlichen überein.

Tim war ein Technikfummler und zugleich die rechte Hand unseres Musiklehrers. Er baute die Beleuchtung auf, kannte sich mit Mikrophonen aus, behielt am Mischpult den Überblick. Auf ihn konnten sich alle verlassen. Doch obgleich er willig war und sich auch anstrengte, auch mancherlei zusätzliche Hilfe von einigen Lehrern und Mitschülern bekam, gelang es ihm nicht, in den Hauptfächern die Mindestergebnisse zu erreichen, die für den Realschulabschluss gesetzlich vorgeschrieben sind. Er hat die Schule mit einem Hauptschulabschluss verlassen. Aber nach jeder Aufführung war er von den Schauspielern oder Musikanten auf die Bühne geholt und vom Publikum mit großem Beifall gefeiert worden. Alle wussten und bestätigten ihm: Dass es mal wieder geklappt hatte, war eben auch Tims Leistung zu verdanken!

Im Rahmen des Berechtigungswesens mit seinen Regelungen, denen sich auch die Helene-Lange-Schule nicht entziehen kann, hatte das keine Auswirkungen. Aus dem Hauptschulabschluss wurde kein Realschulabschluss. Aber der »schwache Schüler« Tim hatte die Erfahrung gemacht, dass in dieser Schule auch seine Leistung zählte, dass sie Anerkennung fand, dass er gebraucht wurde und für andere nützlich war.

Was heißt hier Elite-Schule?

Hier und da bin ich von Besuchern oder Journalisten gefragt worden, ob sich die Helene-Lange-Schule eigentlich als eine Elite-Schule verstehe. Manchmal war das vermutlich als eine Fangfrage gedacht. (Eingebildet wie die sind, wollen sie etwas Vornehmeres sein!) Dennoch habe ich ohne Zögern immer mit »Ja« geantwortet, obwohl wir, wenn man unter Elite-Schule eine Schule mit sorgfältig aussortierten Schülern versteht, die in allen Schulfächern »sehr gute« Ergebnisse haben oder mit ein wenig Anstrengung haben werden, selbstverständlich keine Elite-Schule sind. Wir sind eine integrierte Gesamtschule. Und das bedeutet: In unseren Klassen sitzen, misst man sie nur an ihrem schulischen Leistungsvermögen, überwiegend durchschnittliche Schüler. Manchmal auch der eine oder andere »Überflieger«, fast immer – mal 10, mal zwanzig Prozent – auch Schüler, die sich mit den schulischen Anforderungen selbst auf einem fiktiven »Hauptschul-Niveau« sehr schwer tun und zusätzliche Hilfe benötigen.

Auch wenn das in der Konferenz immer wieder mal umstritten war, hat sich nie eine Mehrheit dafür gefunden, einen unserer wichtigsten Grundsätze preiszugeben: Diese sehr unterschiedlichen Schüler lernen – abgesehen von seltenen, zeitlich begrenzten Ausnahmen in den Jahrgangsstufen neun und zehn – gemeinsam mit ihrer Klasse. Die Anforderungen an die einzelnen Schüler, die zugleich den Bezugsrahmen für die zu erteilenden Zensuren darstellen, unterscheiden sich *innerhalb* dieser Klasse. Das Schulrecht schreibt den integrierten Gesamtschulen vor, von der Jahrgangsstufe sieben an zumindest in den Fächern Englisch und Mathematik, für die älteren Schüler auch in den Naturwissenschaften, zwei unterschiedliche Niveaus, nämlich einen Grundkurs bzw. einen Erweiterungskurs zu beurteilen. Denen werden auch unsere Schüler durch Beschluss der Klassenkonferenz jeweils zugewiesen. Bei Klassenarbeiten müssen die Lehrer in der Regel zwei verschiedene Aufgaben stellen. Das bedeutet zusätzliche Arbeit. Doch die Vorteile des gemeinsamen Lernens sind nach unserer Erfahrung aus mehr als anderthalb Jahrzehnten gewichtiger. Gelingen kann es nur, wenn andere »Belohnungen«, beispielsweise die öffentliche Anerkennung oder die befriedigende Erfahrung gegenseitiger Hilfe, auch im Bewusstsein der Schüler wichtiger werden als die Noten.

Vor einiger Zeit habe ich Schüler aus einer neunten Klasse gefragt, wie sie denn damit zurechtkämen, dass manche ihrer Mitschüler in Mathematik oder Englisch oder in Physik dem Grundkurs zugeteilt seien und deshalb bei Klassenarbeiten »einfachere« Aufgaben zu lösen hätten. Die haben erstaunt geschaut. Kaum einer wusste genau, wen das in der Klasse beträfe. Es war ihnen offensichtlich unwichtig. Warum? Ich vermute, weil in ihrer Klasse seit fast sechs Jahren ein Klima herrscht, in dem es normal ist, dass jemand manchmal

Schwierigkeiten hat und ihm dann von den anderen geholfen wird.

In derselben Klasse saß ein Schüler, der zunächst probeweise für einige Stunden von einer Sonderschule in die Klasse kam, der anfangs weder normale Umgangsformen beherrschte noch in der Lage war, den einfachsten Erklärungen zu folgen. Nach vier Jahren hatte er den Hauptschulanschluss geschafft und selbst die Mitschüler, die demnächst an die Oberstufe wechseln und ihr Abitur problemlos bestehen würden, anerkannten, dass diese Leistung für diesen Schüler herausragend war. Das verstehe ich unter einer Elite-Schule: Wenn es eine Schule schafft, *jeden* ihrer Schüler an die Grenzen seiner Leistungsfähigkeit zu führen, und wenn es einer Schule gleichzeitig gelingt, bei Schülern Selbstbewusstsein und Teamgeist gleichermaßen zu wecken und zu verankern, dann hat sie das getan, was ihr möglich war, damit ihre Schüler später einmal als Bürger, in ihrem jeweiligen Beruf und hoffentlich auch als Mit-Menschen tatsächlich Mitglieder einer »Elite« sind. Noten sind dafür als Mittel völlig ungeeignet.

10. Hier gehöre ich hin
Rituale in der Schule

Lautstarke Diskussionen, eine kleine Rangelei, ein Schüler schreibt noch schnell einige Lösungen der Hausaufgaben ab – die 5a, erst seit ein paar Monaten an der Schule, ist nach der großen Pause aufgekratzt. Frau Brenner betritt den Raum. Sofort drängeln sich einige Kinder um sie, aufgeregt erzählen sie von einem Unfall während der Pause. Währenddessen gehen die Diskussionen und die Rangeleien weiter. Nach ein paar Augenblicken hebt Frau Brenner die Hand. Nichts weiter. Nach und nach setzen sich die Schüler auf ihre Plätze, halten den Mund und heben ebenfalls die Hand. So lange bis jeder mit seinem Handzeichen signalisiert, dass er bereit ist, mit dem Unterricht anzufangen.

Das Handzeichen

Das Handzeichen ist eines der ersten Rituale, das Schüler an der Helene-Lange-Schule lernen und gebrauchen, und obwohl es jahrelang täglich genutzt wird, ist das Handzeichen selbst in vielen zehnten Klassen immer noch eines der wirkungsvollsten Mittel, eine ruhige Arbeitsatmosphäre herzustellen. Nicht nur, wenn der Lehrer es will. Auch wenn es Schülern zu unruhig wird oder wenn sie Aufmerksamkeit wollen, sei es bei einer turbulenten Sitzung der Schülervertretung, in einer Arbeitsgruppe oder wenn sie vor ihrer Klasse ein Referat halten, wissen sie das Handzeichen zu schätzen. Sie heben die Hand und obwohl sie als Gleiche unter Gleichen um Ruhe bitten, werden Mitschüler und Lehrer der Aufforderung nachkommen und zuhören.

Die Wirkung des Handzeichens ist – auch an unserer Schule – zunächst keineswegs selbstverständlich. Das geduldige Einüben, bis das Handzeichen mit seiner Bedeutung für die Schüler zur Selbstverständlichkeit geworden ist, ist unverzichtbar. Selbst wenn es anfangs viel Kraft und geduldige Beharrlichkeit erfordert, insbesondere wenn Schüler aus Grundschulen zu uns kommen, wo es kaum Rituale gab, sondern Ruhe und Ordnung fast ausschließlich durch die Autorität des Lehrers erzwungen wurden.[1] Nur wenn ein bestimmtes Verhalten durch ein beständig praktiziertes Ritual zur Selbstverständlichkeit wird, ist es bald nicht mehr die Erwartung des Lehrers, sondern ebenso die Erwartung der Mitschüler, die dieses Verhalten »erzwingt«. So ist das eben hier in dieser Klasse, in dieser Schule.

Das Handzeichen ist keine Unterwerfungsgeste des Lehrers, der sich bemüht, jedes einzelne Mitglied der Klasse zu kontrollieren. Er mag zwar derjenige sein, der die Ruhe einfordert, aber mit jedem Handzeichen, das dazukommt, erfährt er Unterstützung aus den Reihen der Schüler. Für Rituale gilt dadurch, dass sie ihre Kraft erst entfalten, wenn sie von der Gruppe getragen werden, Ähnliches wie für »Regeln«, auf die sich eine Gruppe verständigt hat (»Das soll von jetzt ab bei uns gelten«): Sie haben eine verbindlichere Wirkung als die Gebote oder Verbote, die vom Lehrer erlassen und durchgesetzt werden.

Die meisten Rituale, die in einer Schule wichtig sind, entstehen nicht von selbst. Die Lehrer haben sich vorher im Team darauf verständigt, welche Rituale mit den Schülern eingeübt

---

1 An vielen Grundschulen gibt es durchaus hilfreiche Rituale, auch das Handzeichen haben wir von dort übernommen.

werden sollen, weil sie dann, wie das Handzeichen, auch im Unterricht aller Lehrer gelten sollen. Dies ist eine der gar nicht so zahlreichen Gelegenheiten, wo tatsächlich alle »an einem Strang ziehen« und auch konsequent sein müssen, weil nur so die Rituale bald selbstverständlich und verlässlich werden – und damit allen, auch den Schülern, die Arbeit und das Zusammenleben erleichtern.

Indem Rituale aus dem Alltag herausragen, sich der üblichen Schulroutine entziehen, strukturieren sie Situationen, gliedern die Zeit oder heben bestimmte Ereignisse hervor und verleihen ihnen Bedeutung. Manche schützen Schüler, beispielsweise die Schüchternen oder die Ängstlichen, denen es schwer fällt, sich gegenüber den Redegewandten und Starken zu behaupten. Wieder andere helfen, gemeinsam Gefühle auszudrücken, oder machen es leichter, einen Streit zu schlichten. Oft haben sie auch einen symbolischen Gehalt, der von den Beteiligten ohne besondere Erklärungen verstanden wird oder nur einmal erklärt werden muss.

Leider kommen Rituale, also so etwas wie feste Bräuche, im Leben vieler Schüler, die an unsere Schule kommen, nicht mehr vor, abgesehen vielleicht von der Ostereiersuche und dem Auspacken der Weihnachtsgeschenke. Die wenigsten haben schon einmal mit einer großen Gruppe Vereinbarungen über Arbeitsabläufe und Gesprächsformen getroffen, die regelmäßig über einen längeren Zeitraum und unabhängig von den Launen eines Einzelnen eingehalten wurden.

Mit Ritualen, wenn sie in der Schule praktiziert und eingeübt werden, lernen Schüler also, besonders in den ersten Monaten, etwas Neues und sehr Wichtiges kennen. Es braucht viel Zeit, bis diese Erfahrungen wirklich zum selbstverständlichen Teil ihres Schullalltags geworden sind. Manchmal sogar mehr als ein Schuljahr. Aber das ist alles andere als verlorene Zeit, unter anderem weil einige der Rituale jene Arbeitsatmosphäre sichern, die selbständiges und selbst verantwortetes Lernen der Schüler überhaupt erst ermöglichen.

Der Montag-Morgen-Kreis

Der Montag-Morgen-Kreis ist ein Klassenritual zum Wochenbeginn. Das Gespräch geht meist von Erlebnissen am Wochenende aus, dreht sich um Haustiere oder Verwandtschaftsbesuche, um Sportturniere oder Reitausflüge. Eine halbe Stunde lang erzählen die Schüler, berichten Lustiges, Spannendes, manchmal Bewegendes oder auch Langweiliges. Jeder kann zu Wort kommen, aber am wichtigsten ist, sich gegenseitig zuzuhören, auch nachzufragen, von eigenen, ähnlichen oder ganz anderen Erfahrungen zu berichten. Die Gesprächsatmosphäre ist entscheidend. Auch sie entsteht nicht von selbst, sondern muss in den meisten Klassen beharrlich eingeübt und geschützt werden, indem nicht zugelassen wird, dass einer dem anderen ins Wort fällt oder ihn durch herabsetzende Bemerkungen kränkt. Das erfordert vom Lehrer Freundlichkeit und Takt, aber auch Standhaftigkeit und Eindeutigkeit. Hat eine Klasse nach und nach gelernt, bei aller Fröhlichkeit ernsthaft und rücksichtsvoll miteinander zu reden, sich gegenseitig aufmerksam und mit dem Bemühen, den anderen zu verstehen, zuzuhören, dann kann es vorkommen, dass in diesem Montag-Morgen-Kreis auch einmal von sehr persönlichen und vielleicht auch belastenden Erfahrungen die Rede ist, weil alle sicher sind: Hier wird keiner ausgelacht, was wir einander erzählen, bleibt unter uns, auch unser Klassenlehrer wird nicht ausnutzen oder weitererzählen, was er bei diesem Gespräch erfährt. Am Ende dieser Stunde legt der Klassenlehrer mit der Klasse den Wochenarbeitsplan fest. Welche besonderen Vorhaben gibt es in dieser Woche, welche Aufgaben sind zu erledigen?

Dass eine Schule in jeder Woche eine ganze Unterrichtsstunde dazu nutzt, um mit Schülern scheinbar nur über ihr Wochenende zu plaudern, mag an vielen anderen Schulen Kopfschütteln auslösen. Auch wenn ich mittlerweile einige andere Schulen für Zehn- bis Sechzehnjährige kenne, die es genauso machen wie wir, Zeit ist überall knapp. Schon jetzt reicht sie kaum für die vorgegebenen Unterrichtsinhalte! Ganz abgesehen von zusätzlichen Projekten und Angeboten, die alle gerne realisieren würden.

Es wäre arrogant, solche Einwände einfach als belanglos abzutun. Aber abgesehen von der schon erwähnten Tatsache, dass die Schule hier scheinbar verlorene Zeit später gleichsam »mit Zinsen« zurückbekommt, gibt es noch weitere Gründe, diese Stunde eben nicht als entbehrliche Plauderei anzusehen. Die Schüler erfahren: Du bist hier nicht nur als Englisch- oder Mathelerner wichtig, sondern auch als Mensch mit deinen Erlebnissen und Erfahrungen. Es gibt eine Gelegenheit, wo sie zur Sprache kommen können (nicht müssen!), damit sie dann dein und unser gemeinsames Arbeiten nicht mehr stören. Außerdem ist diese Stunde eine vorzügliche Gelegenheit, um das freie Sprechen zu lernen und die Formen und Tugenden produktiver Gespräche einzuüben. Schüler lernen so zu sprechen, dass sie dabei die Erwartungen und Aufnahmefähigkeit ihrer Zuhörer berücksichtigen. Sie üben aufmerksames Zuhören. Wer seine Erzählungen übertreibt, zu langatmig ausholt, unverständlich oder belanglos erzählt, auf den reagiert die Gruppe mit Unruhe. Lebendiges und anschauliches Erzählen wird dagegen mit großer Aufmerksamkeit verfolgt. Die Anerkennung, die der Erzähler auf diese Weise erfährt, tut ihm gut, seine Art zu erzählen wird zum Vorbild für andere. Könnte es eine bessere Vorbereitung für alle Formen von Unterrichtsgesprächen, für Vorträge und Referate geben als eine solche Vorübung?

Die zwölfjährige Saskia erzählt, dass ihr Bruder in ein paar Tagen operiert werde. Sie redet in kurzen, abgehackten Sätzen. Sie hat Angst und die Klasse hört schweigend zu, als sie sagt, dass die Operation so schwer sei, dass ihr Bruder vielleicht sterben könne. Sie teilt ihre Anspannung mit der ganzen Klasse. Die anderen wissen nun, was los ist, alle fühlen mit, einige fragen nach und machen Mut. Später kann Saskia, weil sie sich auf diese Weise in ihrer Klasse geborgen fühlt, trotz ihrer Angst ein wenig arbeiten. Als die Operation gut verläuft, atmet die ganze Klasse auf.

Solche Grenzsituationen sind natürlich – und glücklicherweise – selten. Aber ernste oder traurige Themen wie Unfälle, Streitigkeiten oder Geschwisterrivalitäten kommen im Montag-Morgen-Kreis immer wieder einmal zur Sprache. In der Gruppe setzt das ein stabiles Vertrauensverhältnis untereinander und zum Lehrer voraus. Gefühle wird nur jemand offenbaren, der ohne Angst, ausgelacht oder gekränkt zu werden, erzählen kann. Das gelingt nicht immer und nicht mit jeder Klasse. Selbst erfahrene Lehrer scheitern manchmal, wenn es darum geht, ein angemessenes Gesprächsklima zu schaffen. Oft liegt das daran, dass sie anfangs, wenn viele Kinder ihre Beiträge noch ausschließlich an den Lehrer richten und kaum Blickkontakt mit ihren Mitschülern suchen, in ein typisches Lehrerverhalten zurückfallen: Sie haben doch gelernt, dass es ihre wichtigste Aufgabe ist, jedes Unterrichtsgespräch zu steuern und zu einem Ziel zu führen.

Nicht immer ist es möglich, das Ritual Montag-Morgen-Kreis auch bis in die Klassenstufe acht oder gar zehn zu bewahren. Oft wird es mit zunehmendem Alter immer halbherziger und nur noch sehr sporadisch durchgeführt, weil viele der pubertierenden Schüler mittlerweile das Erzählen kindisch finden oder weil sie jetzt ganz grundsätzlich gegen verbindliche Regeln und Gebote, als die sie nun auch Rituale empfinden, opponieren. Dann empfinden manche Klassen oder auch einige Lehrer den Montag-Morgen-Kreis als zunehmend unproduktiver. Das Ritual wird als vertane Zeit erlebt, in der man besser etwas Ernsthaftes gearbeitet hätte.

Sich auf Rituale verständigen

Auch viele Erwachsene sind geneigt, die Rituale, auf die sie sich verständigt hatten, im Alltag dann doch für nebensächlich, für eine Art Verzierung zu halten, nachlässig mit ihnen umzugehen, oder, insbesondere in den Pubertätsjahren, zu schnell auf die Wünsche von Schülern einzugehen und vor ihrem Widerstand zu kapitulieren. In solchen Fällen ist es besonders wichtig, sich im Lehrerteam immer wieder neu darüber zu verständigen, welche Rituale mit den Schülern praktiziert oder auch neu eingeübt werden sollen. Das mag sich in gewissen Grenzen durchaus von Jahrgang zu Jahrgang und wird sich sicher von Schule zu Schule unterscheiden. Dagegen ist nichts einzuwenden. Bei allen Unterschieden darf allerdings jene Einsicht nicht vergessen werden, die eine der wichtigsten Begründungen für Rituale ist: Fast alle Schüler (und Lehrer) wünschen sich letztlich Orientierung und einen klar strukturierten Schulalltag, ebenso wie Erlebnisse und Erfahrungen, die über die Schulroutine und die reine Wissensvermittlung hinausgehen.

Drei Beispiele für Rituale, die sich an unserer Schule in den jüngeren Klassen herausgebildet haben:

Der Stehkreis: Zumindest in den Jahrgangsstufen fünf und sechs ist es üblich, dass sich die Schüler am Ende des Schulvormittags in einen Kreis stellen, um sich noch einmal über die wichtigsten Dinge für den nächsten Tag oder den Nachmittag zu verständigen. In manchen Klassen fassen sich zum Schluss alle Schüler bei der Hand und wünschen sich einen »Guten Tag«. Eine kleine Geste, die an die Stelle des üblichen, hektischen Aufbruchs am Ende des Vormittags einen bedächtigen und bewussten Schlusspunkt setzt.

Die Klassenchronik: In einem Buch, das in der Klasse ausliegt, werden fortlaufend die Ereignisse, die der Klasse wichtig waren, festgehalten – oft schön gestaltet, mit Verzierungen oder Fotos und anderen »Dokumenten« versehen. Es gibt einige Klassen, die diese Chronik bis zum Ende ihrer Schulzeit beibehalten.

Geburtstage: Ein festlich gestalteter Geburtstagskalender im Klassenraum erinnert Lehrer wie Mitschüler an die nächsten Geburtstage, für die sich alle gemeinsam eine Form des Feierns überlegen – Kuchen, Kerzen und Blumen, vielleicht ein Geburtstagslied. Eine Klasse hat einmal den »Geburtstagsstab« erfunden, einen mit Bändern verzierten Stab, der im Kreis herumgereicht wurde. Einer gab ihn dem anderen weiter und jeder, der ihn bekam, wünschte dem Geburtstagskind etwas Gutes.

Feste und Feiern

Feste und Feiern in der Klasse, aber insbesondere solche, die für einen ganzen Jahrgang oder die ganze Schule ausgerichtet werden, gehören in einem weiteren Sinn zu den Ritualen. Sie markieren Einschnitte, sie fassen etwas zusammen, sie sollen eine gemeinsame, »schöne« Erfahrung sein, die für einen begrenzten Zeitraum den Alltag aufhebt. Feste und Feiern müssen sorgfältig vorbedacht und vorbereitet werden. Auch das ist für etliche Schüler eine neue Erfahrung. Es muss vieles rechtzeitig besorgt, vielleicht über lange Zeit etwas eingeübt werden. Für das Gelingen des Festes oder der Feier sorgen nicht nur ein paar »Funktionäre«, sondern letztlich alle durch ihr Verhalten, manche auch durch besondere Beiträge, manche, indem sie die Dekoration der Räume oder die Bewirtung übernehmen. Zu vielen dieser Feste und Feiern werden Gäste eingeladen, die Aufführung eines Theaterstücks oder ein kleines Konzert sind dann nicht mehr nur »pädagogische« Veranstaltungen, sondern sie werden zum Element eines größeren Zusammenhanges.

Die Aufnahme neuer Schüler

Die Schule ist für viele Kinder und Jugendliche zunächst vor allem ein Ort, an dem sie sich aufhalten und lernen müssen, nicht dürfen. Es hängt sehr viel davon ab, ob es gelingt, sie zu einem Ort werden zu lassen, von dem sie überzeugt sind: Hier werde ich wahrgenommen. Den Lehrern und Mitschülern bin ich wichtig. Hier gehöre ich dazu. Diese Überzeugung dürfte eine der Voraussetzungen für gelingenden Unterricht sein.

Dazugehören kann jemand aber erst, wenn ihn ein anderer aufgenommen hat. Vermutlich gibt es in allen Gemeinschaften, sei es nun eine Clique, ein Verein, eine neue Arbeitsstelle und erst recht natürlich so etwas wie eine Kirchengemeinde, mehr oder weniger formalisierte Riten für die Aufnahme. Eine Schule ist gut beraten, wenn sie sich die Rituale, mit denen die Neuen aufgenommen und begrüßt oder die Abgänger entlassen und verabschiedet werden sollen, sehr sorgfältig überlegt. Was die Einführung »neuer« oder die Verabschiedung »alter« Lehrer natürlich ebenso mit einbezieht. Schließlich enthält die Form der Begrüßung und Verabschiedung immer auch einen »symbolischen« Anteil. Sie markieren nicht nur etwas, setzen nicht nur eine (letztlich sogar rechtliche) Zäsur, sondern sie enthalten eine Botschaft. Die kann lauten: Du bist uns ziemlich egal, eben der Schüler mit der laufenden Schülernummer 14 126 in unserer Schulstatistik. Sie kann aber auch lauten: Wir sind neugierig auf dich. Wir freuen uns, dass du kommst. Wir möchten, dass du dich bei uns zugehörig und geborgen fühlst. Wir erwarten viel von dir. Oder: Wir wissen, dass du jetzt gehen musst und gehen willst. Das ist auch richtig so. Aber dennoch fällt uns der Abschied nicht leicht. Du warst ein Unverwechselbarer. Es war gut, dass du zu uns gehört hast. Auch wenn wir uns natürlich manchmal gestritten haben, haben wir dir viel zu danken.

»Herr Franzen unterrichtet Mathematik und Physik, Klassenleitung 5a. Frau Lorenz, Deutsch und Geschichte, Klassenleitung 5b. Herr Nachtweih, Englisch und Französisch, Klassenleitung 5c.« Der erste Schultag meines Sohnes Sebastian an seinem Gymnasium war ein Akt schulbürokratischer Notwendigkeit. Der Schulleiter stellte den in eine Ecke des Schulhofes gedrängten Schülern ihre Klassenlehrer vor und verlas die Namensliste der drei neuen fünften Klassen. Dann verschwanden alle in ihren Klassenräumen, wo sie ihren Stundenplan und Anweisungen für den nächsten Tag erhielten. Sebastian kann sich an seinen ersten Schultag in dieser Schule nicht mehr erinnern.

Unsere Schüler sollen sich an ihre Aufnahme erinnern können. Auch deshalb, aber selbstverständlich nicht nur deshalb, ist ihre Aufnahme ein Fest der ganzen Schule, das – zusammen mit den Lehrern des Teams für den neuen Jahrgang fünf – schon Wochen vor den Sommerferien von den Schülern und Lehrern des »alten« Jahrgangs fünf geplant und vorbereitet wird. Es hat nicht jedes Jahr genau das gleiche Programm, aber im Laufe der Jahre und durch Versuche (und manchen Irrtum) ist auch hier ein Ritual entstanden: Ein großer, prächtig verpackter Geschenkkarton wird von Schülern auf die Bühne getragen. Zwei der neuen Kinder öffnen die Schleife und finden einen Brief an den neuen Jahrgang fünf.

»Hallo, ihr neuen Fünfer!! Als wir vor einem Jahr in dieser Halle saßen, waren wir ziemlich aufgeregt. (Ihr seid es wahrscheinlich auch.) Wir bekamen von den damaligen Klassen 6 einen Brief und wir bekamen diese Fahne, die wir euch jetzt weitergeben und die ihr im nächsten Jahr an den neuen Jahrgang weitervererben sollt. Die Fahne besteht aus hundert Tüchern, die so bunt und unterschiedlich sind, wie ihr es seid. Es sind hundert Tücher, weil ihr hundert Kinder seid. Jetzt fehlen nur noch eure Namen auf den Tüchern. Sucht euch ein Tuch aus, das euch besonders gut gefällt. Viel Spaß im neuen Jahr mit neuen Freunden und neuen Lehrern. Viele Grüße, eure Klassen sechs.«

Die Kinder des Jahrgangs 6 entfalten die Fahne. Sie ist an

manchen Stellen zerschlissen, an manchen Stellen sogar geris-
sen und dann wieder repariert worden. Bisher hat sie dem alten Jahrgang fünf gehört, ab morgen gehört sie dem neuen.
Zum letzten Mal wird sie jetzt vom alten Jahrgang aus der
Turnhalle getragen. Manchem Leser werden sich bei dieser Beschreibung die Haare sträuben: eine *Fahne*! Auch unter den
Lehrern der Helene-Lange-Schule gab es manche (mich einge-
schlossen!), die damit anfangs ihre Schwierigkeiten hatten.
Erst sehr viel später habe ich gelesen, dass auch das Dom Sie-
rot, das »Waisenhaus« des unvergleichlichen Kinderarztes, Pädagogen und Menschenfreundes Janusz Korczak, eine grüne
Fahne hatte, die »in Ehren gehalten« wurde. Und die dann
von den Kindern getragen wurde, als sie, begleitet von eben-
diesem Janusz Korczak, der sich hätte retten können, weil
ihm Freunde eine Fluchtmöglichkeit vorbereitet hatten, ihren
Todesmarsch ins KZ Treblinka antraten. Fahnen können sehr
Verschiedenes symbolisieren.

Jedenfalls: Wer in diesem Augenblick in die Gesichter der
neuen Schüler schaut, versteht, welche positive Kraft und was
für ein Wir-Gefühl derartige Inszenierungen entfalten können. Die Neuen merken, dass sie an dieser Schule die Möglichkeit haben werden, Spuren zu hinterlassen. Dass diese Schule
stolz vorzeigt, was sie ist. Dass jeder von ihnen einen Platz an
dieser Schule haben wird, wie unterschiedlich sie alle sein mögen. Zugleich begreifen sie, dass an diesem Tag etwas Besonderes geschieht. Die Aufnahme in die neue Schule ist nicht
nur ein notwendiger Verwaltungsakt, sondern steht für einen
Wendepunkt in der eigenen Biographie.

Dann stellen sich die Lehrer vor. Jedes Jahr anders und mit
neuen Ideen. Einmal wurde ein gigantischer Kessel auf die
Bühne getragen, ein älterer Schüler stieg auf eine Leiter und
braute das Lehrerteam nach einem Geheimrezept zusammen.
Nachdem er fertig gerührt hatte, brach der Kessel auseinander
und vorm Publikum stand – ganz frisch und neu – das zukünftige Lehrerteam. Ein andermal standen die Lehrer in

einem verzauberten Bilderrahmen, aus dem sie nach und nach heraustraten, nachdem sie von einem Schüler mit einem Zauberstab zum Leben erweckt wurden.

Auch die Lehrer feiern diesen Tag als Neubeginn für sich selbst wie für die neuen Schüler. Das eigentliche Aufnahmeritual ist Aufgabe der Schulleiterin. Die zukünftigen Klassenlehrer stehen an ihrer Seite. Dann werden die Aufzunehmenden nacheinander mit ihrem Namen auf die Bühne gerufen. Jedes Kind wird mit Handschlag begrüßt und für jeden klatscht die versammelte Schule Beifall. Vom Klassenlehrer bekommt jeder eine Sonnenblume und ein Bild der Namenspatronin Helene Lange mit dem Datum des Aufnahmetages. Jetzt gehört er oder sie dazu. Das ist ein eher naives Ritual, aber es macht aus den zuschauenden Jungen und Mädchen Mitwirkende, denen deutlich gezeigt wird: Wenn ihr bei eurem Namen gerufen und euch die Hand gegeben wurde, gehört ihr zu dieser Schule.

Als ich mich im letzten Jahr als Schulleiterin vom Jahrgang sechs verabschiedet habe, kam anschließend, wir standen so herum, ein kleines Mädchen zu mir. Sie war in allerletzter Minute aufgenommen worden, weil noch ein Platz frei geworden war, und stand deshalb bei der Aufnahmefeier nicht auf der Klassenliste. Ein ärgerlicher, »technischer« Fehler, der dazu geführt hatte, dass ich sie beim Aufrufen der Namen vergessen und ihr nicht die Hand geschüttelt hatte. Ein Versäumnis, das niemandem aufgefallen war. Bis das Mädchen nun, ein Jahr später, vor mir stand und sagte: »Ich möchte, dass Sie mir auch die Hand geben.« Wir standen in einem leeren Schülertreff. Und auf einmal war dies ein ganz feierlicher Augenblick. Ich habe dem Mädchen die Hand gegeben, wir haben uns lange angeschaut und dann sagte sie, jetzt sei alles gut.

Es scheint, als ob Rituale eine Art »Zauberkraft« haben, die Kindern und Jugendlichen Übergänge von einer entscheidenden Lebensphase in eine andere erleichtern. Ich hoffe und glaube, dass unsere Aufnahmefeiern für alle – die Aufnehmenden wie die Neuankömmlinge – ein Erlebnis sind, das sich dauerhaft in die Erinnerung eingräbt und den Neuen bestätigt, nun dazuzugehören. Den Gefühlen, die dabei die Beteiligten bewegen, Freude und Angst, Verunsicherung und Hoffnung, wird eine öffentliche Form gegeben, so dass sich alle miteinander freuen können und erfahren, dass sie nicht allein sind.

Die Begrüßung neuer Lehrer

Diese Form der Aufnahme in einen neuen Personenkreis oder auch in einen neuen Lebensabschnitt ähnelt Riten, mit denen in anderen Kulturen der Übergang von einer Lebensperiode in eine andere hervorgehoben wird. Uns sind solche Transitionsriten fremd geworden – insbesondere in der Öffentlichkeit und Schule ist eine öffentliche Veranstaltung! In der Öffentlichkeit bewahren wir Distanz, wir verhalten uns formal und funktional. Intensives Erleben ist dagegen etwas Privates. Es betrifft unser Inneres und das geht unserer Meinung nach niemanden etwas an. Den Umgang mit Ritualen, die symbolisch emotionales Erleben öffentlich zum Ausdruck bringen, müssen wir häufig selbst erst wieder lernen. Jeder wird dabei auf andere Grenzen stoßen, was manchen anrührt, wird andere abstoßen. Die Aufnahme neuer Lehrer an unserer Schule war eines dieser Rituale, die zwiespältige Gefühle hervorriefen:

Das Kollegium saß im Kreis um einen roten Samtteppich. Gemeinsam mit dem neuen Kollegen kam die Schulleiterin barfüßig auf den Teppich und überreichte ihm – in einem Samtbeutel – einen Naturstein, einen großen Stein, der in die Hand passt und von irgendeinem fernen Meer oder einem Fluss stammt. Den Stein in der Hand wünschte sich der Neuankömmling dann innerlich etwas für den Neuanfang an dieser Schule. Wenn er das getan hatte, gab ihm die Schulleiterin die Hand und sagte, dass er hiermit dazugehöre.

Es gab Lehrer in unserem Kollegium, die dieses Aufnahme-ritual entsetzlich fanden und sich angewidert im Kreis zurück-lehnten. Es gab Lehrer, die über dieses Ritual mit Kollegen lästerten, bis in Frankfurt irgendwann das Gerücht auftauch-te, an der Helene-Lange-Schule sitze die Schulleiterin auf einem Thron und jeder neue Lehrer müsse barfuß vor ihr nie-derknien. Aber es gab auch etliche Kollegen, bei denen der Stein, den sie zur Begrüßung geschenkt bekamen, einen Eh-renplatz in der Wohnung erhielt. Für die dieser Stein so etwas wie ein Anker war, an dem sich festmachen ließ, wie es war, als man seinen Beruf an unserer Schule neu angegangen ist und welche Wünsche man damals hatte.

Wir versuchen, bei Ritualen wie der Aufnahme oder der Entlassung von neuen Schülern und Lehrern falsches Pathos zu vermeiden. Ein wenig feierlich soll es schon sein, aber zu-gleich auch fröhlich und ausgelassen. Jede Begrüßung und Verabschiedung ist deshalb eingebettet in ein kleines Fest. Die Schule stellt sich dar als etwas, was sie – hoffentlich – auch ist: Eine vergnügte Gesellschaft, die neue wie alte Mitglieder freundlich begrüßt und bewirtet. Die erste Konferenz des Schuljahres, üblicherweise am letzten Tag der Sommerferien und normalerweise eine eher freudlose, von neuen Erlassen geprägte Veranstaltung, kann – wenn man will – leicht einen anderen, freundlicheren Charakter bekommen. Bei einem kleinen Frühstück, das die Schulleitung vorbereitet hat, ist Zeit für erste persönliche Gespräche. Dann beginnt der ge-meinsame Arbeitstag nicht mit Bekanntmachungen der Schulleitung, sondern mit Kunst. Ein Lehrer trägt seine Lieb-lingsgedichte vor, eine Lehrerin spielt Klavier, manchmal wird auch gemeinsam gesungen.

Hierarchien gehen bei solchen gemeinschaftlichen Ritualen nicht verloren. Selbstverständlich gibt es an jeder Schule auch Chefs, einzelne Funktionsträger und Gremien mit klar defi-nierten Pflichten und Rechten. Das ist notwendig, und es wäre ganz unsinnig, wollte man es verschleiern. Es ist im Gegenteil hilfreich, wenn diese Pflichten und Rechte allen genau bekannt sind. Dennoch dienen viele der Rituale dazu, einen ebenso wichtigen anderen Akzent zu setzen. Diese Klasse, dieser Jahrgang, dieses Kollegium, diese Schule insgesamt sind mehr als nur anonyme Organisationsformen. Es sind Personenverbände, kleine Gemeinwesen, die gemeinsam etwas wollen, die geordnet und zugleich lebendig und persönlich sind.

Im besten Fall können Rituale bei Lehrern und Schülern das Gefühl unterstützen: Dies ist »meine« Schule, hier muss ich nicht nur sein, hier will ich sein. Ich bin stolz darauf, dass ich dazugehöre. Andere, wie das bereits beschriebene Handzeichen, tragen zur Ordnung der gemeinsamen Arbeit bei. Und wieder andere helfen, schwierige Situationen zu bewältigen.

Abschied

Stefan starb über Nacht. Ohne jede Vorwarnung, ohne irgendeine vorangegangene Krankheit lag er morgens tot im Bett, gestorben an einer plötzlichen Hirnblutung, und hinterließ erschrockene, ratlose, trauernde Mitschüler und Lehrer. Aus deren Wunsch und dem Bedürfnis, nicht nur am Grab Abschied zu nehmen, ergab sich fast wie von selbst in seinem Jahrgang eine Art Trauerfeier und dann ein Ritual, das bis zum Schuljahresende wichtig blieb. Im Schülertreff wurde Stefans Bild über ein aufgeschlagenes, leeres Buch gehängt. Eine Schülerin spielte Bratsche, einige Mitschüler sangen etwas, der Klassenlehrer erzählte, wie Stefan ihm in Erinnerung bleiben würde. Am anderen Ende des Schülertreffs standen hundert brennende Teelichter. Nach der Rede des Klassenlehrers nahm sich jeder Schüler eine Kerze und trug sie in Gedanken an Stefan durch den Raum und stellte sie neben das offene Buch. Das Buch blieb dort bis zu den Sommerferien aufgeschlagen liegen und jeder Schüler konnte an Stefan schreiben. Ich habe dich so gern gehabt, ich erinnere mich immer wieder an dich, du fehlst mir – das Buch ist mit vielen, vielen Beiträgen voll geworden. Jeden Tag hat auf dem Tisch eine Kerze gebrannt, und wenn die Blumen neben dem Buch verwelkt waren, haben die Schüler einen frischen Strauß hingestellt. Im Klassenraum blieb Stefans Stuhl leer, aber er blieb im Raum. Keiner hat sich darauf gesetzt. Der Platz eines Menschen, mit dem man viele Jahre zusammengelebt hat, darf nicht einfach neu besetzt werden. So haben sich seine Mitschüler und Lehrer von Stefan verabschiedet und wir als Schule haben diesem Abschied Raum gegeben – bis zum letzten Schultag. An dem Tag sind Stefans Mitschüler zu seinen Eltern gefahren und haben ihnen das Buch überreicht. Eine Geste, die vielen von ihnen mehr bedeutete als die Abschiedsfeier am gleichen Tag.

Einem Menschen, der gestorben ist, einen Platz in der Schulgemeinschaft zu bewahren, gelingt nur, wenn auch die Lebenden schon einen Platz innehaben. Wenn Schüler und Lehrer zusammen gefeiert und gelacht haben und wenn sie Erlebnisse teilen, die über eine zusammen geschriebene Klassenarbeit oder dieselben Hausaufgaben hinausgehen. Es setzt voraus, dass die Schule kein anonymer Ort ist, in dem Menschen lernen, ohne voneinander zu wissen. Und es fällt leichter, wenn Schüler und Lehrer gemeinsame Umgangsformen entwickelt haben, die Halt geben können. Wem der Umgang mit Ritualen vertraut ist, wer gelernt hat, mit Worten und Gesten etwas auszudrücken, der ist auch in der Lage, wenn er in Situationen gerät, die schwer zu bewältigen sind, Rituale zu »erfinden«, um sich gegenseitig beizustehen.

Der Lehrer Richard Herbert wusste drei Monate vor seinem Tod, dass er sterben würde. Seine Aids-Erkrankung war im letzten Stadium, alle wussten, dass er das Krankenhaus nicht mehr lebend verlassen würde. Seine Klasse hat ihn in diesen drei Monaten begleitet. Sie hat ihm Briefe geschrieben,

Päckchen geschickt und besucht. Sein Bild hing nach seinem Tod fast fünfzehn Jahre lang in der Schule. Bis heute steht jedes Jahr an seinem Todestag ein Strauß gelber Rosen, seine Lieblingsblumen, im Lehrerzimmer, und manche Kollegen ziehen an diesem Tag etwas Besonderes an. Auch das ist ein Ritual, eines unter Freunden, um an jemanden, der an diese und zu dieser Schule gehörte, zu erinnern.

11. Wir mischen uns ein
Politisches und soziales Engagement außerhalb der Schule

»Wir wollen demonstrieren.« Johannes, der Schulsprecher, war fest entschlossen. Er hielt einen Aufruf des Stadtschülerrates in den Händen, der Schüler, Lehrer und Eltern aufforderte, gegen bildungspolitische Entscheidungen der Landesregierung zu protestieren. Mittwoch um 11.00. Also während der Unterrichtszeit. »Kommt nicht in Frage«, sagte ich. »Wir haben ein Recht darauf«, widersprach er. »Unsinn«, fertigte ich ihn genervt ab. »Ihr seid alle noch minderjährig und dürft die Schule nicht verlassen.« Ich ließ ihn stehen.

Zwei Tage später kam Johannes wieder. Diesmal mit fast 500 Zetteln, auf denen die Eltern ihren Kindern die Erlaubnis unterschrieben hatten, in der Schule zu fehlen, um an der Demonstration teilzunehmen. Außerdem sagte er mir, er habe vorgestern mit dem zuständigen Juristen des Kultusministeriums gesprochen. »Den können Sie fragen. Wir dürfen demonstrieren!«

Häufig sind sich Lehrer und Schüler einig, dass es notwendig ist, über politisches Engagement nicht nur zu reden, sondern auch konkret etwas zu tun. Beispielsweise für die eigene Meinung zu demonstrieren. Trotzdem habe ich es oft untersagt, die Schule während des Unterrichts zu verlassen, um sich einer Demonstration anzuschließen. Einem Schüler zu sagen, geh doch, wenn du demonstrieren willst, scheint mir nur gerechtfertigt, wenn ich sicher bin, dass er auch bereit ist, die Konsequenzen zu tragen, die sich daraus ergeben. Bleiben

Schüler der Schule fern, müssen sie die Zeit nachholen. Selbstverständlich müssen sie eine Arbeit nachschreiben, die sie wegen einer Demonstration verpasst haben. Die Eltern werden benachrichtigt. Bevor Johannes demonstrieren gegangen ist, hat er sich gegen den Widerstand der Schulleiterin durchgesetzt, indem er sich informiert und mit anderen organisiert hat. Auf diese Widerborstigkeit haben Schüler ebendeshalb ein Anrecht.

Demonstration gegen Gewalt und Ausländerfeindlichkeit

Andererseits ist es wichtig, dass Schüler erleben, wie auch ihre Lehrer für ihre Meinung einstehen. Nicht nur in der Schule, im geschützten Klassenraum, sondern öffentlich. Anfang der 90er-Jahre gab es zahlreiche ausländerfeindliche Übergriffe und Anschläge. Auch in Wiesbaden fanden als Reaktion darauf Demonstrationen statt. Viele unserer Schüler beteiligten sich an Lichterketten. In dieser Situation überlegten wir, was wir als Schule beitragen können, um ausländische Mitbürger ein Stück weit zu schützen. Wie wir mithelfen können, das Klima für ein tolerantes Miteinander in unserer Stadt zu verbessern.

Der Vorschlag, den wir daraufhin in der Schulleiter-Dienstversammlung machten, lautete: Alle Wiesbadener Schulen beteiligen sich an einem Aktionstag mit einer großen, gemeinsamen Abschlussveranstaltung, die so vorbereitet wird, dass sie allen Beteiligten im Gedächtnis bleibt. Das war organisatorisch weder einfach noch unumstritten. Ausgerechnet an dem vorgeschlagenen Tag seien wichtige Klassenarbeiten seit langem geplant, sagte die eine Schule. Manche wollten in der Schulzeit nicht mitmachen. Einige fanden, Demonstrationen dürfe man nicht planen. Auf die Straße müsse man spontan gehen. Doch schließlich setzte sich bei der Mehrheit die Meinung durch, dass es sehr wohl zur Verantwortung von Lehrern gehöre, ihren Schülern bei einer solchen Frage ein Beispiel für politisches Engagement zu geben, und dass eine solche Großveranstaltung genau überlegt und gründlich geplant werden müsse.

Die Vorbereitungen dauerten zwei Monate. Dann standen 12 000 Schüler mit ihren Lehrern auf dem Marktplatz. Vorher hatte jede Schule, die beim Sternmarsch durch die Stadt mitmachte, einen oder zwei große Buchstaben vor sich hergetragen. Erst als alle zusammengekommen waren, konnte man lesen: »Die Würde des Menschen ist unantastbar.« Auch den auf Demonstrationen üblichen Transparenten und Plakaten gaben die Schüler eine gemeinsame Form: Schattenrisse von Menschen in einer bedrohlichen Situation. Auf der Bühne trugen Schüler eigene Texte vor. Es wurde gesungen und der Opfer von ausländerfeindlichen Übergriffen gedacht. Stellvertretend für die Erwachsenen sprach Horst-Eberhard Richter.

Es hätte auch jemand anderes reden können. Die Lieder hätten andere, die Transparente unterschiedlich sein können. Worauf es in diesem Fall ankam, war das Gefühl »Wir sind nicht allein«. Diese Erfahrung ist für Schüler deshalb so wichtig, weil die positive Resonanz auf die Veranstaltung, sowohl in ihrem persönlichen Umfeld als auch in der Öffentlichkeit, gezeigt hat: Wenn es jemandem gelingt, sich für etwas, das ihm wichtig ist, gemeinsam mit anderen einzusetzen, stehen die Chancen nicht schlecht, dass er gehört wird.

Ein Krieg bricht aus

Wenige Tage vor dem Ausbruch des ersten Golfkrieges 1991 hatten wir das Gefühl, dass »normaler« Unterricht einfach nicht mehr möglich war. Der Aufmarsch der Truppen beherrschte die Schlagzeilen. Ein Krieg würde ausbrechen, von dem niemand wusste, ob und wie er auch uns betreffen würde. Die Stimmung war geprägt von Angst und emotionaler

Anteilnahme, gleichzeitig aber auch von Unkenntnis über die eigentlichen Hintergründe. Gerade für sensiblere Kinder und Jugendliche bedeutete das eine beunruhigende Belastung. Was tun? Bricht ein Krieg aus, kann sich eine Schule doch nicht darauf zurückziehen, aus aktuellem Anlass ein paar Gemeinschaftskundestunden dem Thema »Nahostkonflikt« zu widmen. Welche Möglichkeiten gibt es, trotz der eigenen Ohnmacht auch den eigenen Friedenswillen auszudrücken?

Es gibt in unserer Schule eine Friedensfahne. Einige Jahre zuvor, als wir zur UNESCO-Modellschule wurden, hatten sie alle Klassen zusammen angefertigt. Ein Regenbogen, zehn mal zwanzig Meter groß, auf dem eine große Friedenstaube dargestellt ist. Eine Zeitlang hing sie vor der Fassade der Schule. Dann hatten wir sie in eine Kiste gepackt und – fast vergessen. Jetzt erinnerten wir uns an sie. Als der Krieg in der Nacht begann, trugen wir die Fahne am Morgen danach ausgebreitet bis zu Wiesbadens zentralem Platz zwischen Rathaus und Landtag. Dort, neben der großen Marktkirche, wo früher einmal unsere Schule gestanden hatte, bevor sie im Zweiten Weltkrieg zerstört worden war, legten wir sie nieder. Der Pfarrer der Marktkirche öffnete für uns seine Kirche, damit wir dort über das nachdenken konnten, was uns verstörte. Ich hielt eine sehr persönliche Ansprache, fast so etwas wie eine Predigt, in der ich das, was mich bewegte, in Worte fasste. Dabei griff ich auch auf Bibelstellen zurück.

Dass so etwas in einer Kirche geschieht, ist für eine Schule ein außergewöhnlicher Schritt. Es gibt nur ganz wenige Konfessionsschulen, in denen es noch Morgenandachten gibt. In größeren staatlichen Schulen richten Schulleiter selten eine Ansprache an die ganze Schule, außer vielleicht bei Jubiläen oder Entlassungsfeiern. Dennoch finde ich es richtig, angesichts der ersten Kriegsbilder geradezu geboten, dass ein Schulleiter in einer solchen Situation vor seine Schule tritt und versucht, den gemeinsamen Gefühlen Ausdruck zu geben. In der Marktkirche haben auch viele Schüler anderer

Schulen gesessen, die dann mit uns die Fahne zur Schule zurückgetragen haben. Sie waren erleichtert, dass sie einen Ort gefunden hatten, an dem ihre Gefühle und ihre Angst respektiert wurden. Am Ende blieb uns aber doch nichts anderes übrig, als sie wieder nach Hause zu schicken. Redet mit euren Lehrern über den Krieg, haben wir ihnen mit auf den Weg gegeben.

Manchem von dem, was geschieht und viele beunruhigt, darf sich eine Schule einfach nicht entziehen, auch wenn es im Lehrplan nicht vorgesehen ist. Es gehört zu unseren Aufgaben, Worte für das zu finden, was bei vielen Kindern, Jugendlichen und Erwachsenen zuerst nur Gefühle von Hilflosigkeit und Angst auslöst. Wir setzen Zeichen und finden Bilder, die den Umgang auch mit solchen Ereignissen möglich machen. Die Fahne beispielsweise ist danach an unserer Schule zu einem Symbol geworden. Immer wieder ist sie an der Außenwand unserer Schule zu sehen, wenn etwas geschehen ist, das viele von uns erschreckt. Auch Kirchen nutzen wir häufiger. In der Schule haben wir außer der Turnhalle keinen Raum, in dem sich die ganze Schule versammeln kann. Das ist kein guter Ort zum gemeinsamen Nachdenken. Den braucht eine Schule jedoch bei Ereignissen wie den Anschlägen des 11. September 2001. Viele unserer Schüler waren bei dieser Gelegenheit das erste Mal in einer Kirche. Auch viele der Lehrer sind keine Kirchgänger. Aber Raum und Anlass wirken zusammen: Trotz der drangvollen Enge war es fast feierlich still. Die kleinen Schüler waren ebenso ernst wie die großen. Viele waren den Tränen nahe.

Lehrer sind wichtige Gesprächspartner, wenn sie bereit sind, mit Jugendlichen ernsthaft zu reden. Wenn sie ihre eigenen Erfahrungen mitteilen und ihre Meinung den Schülern auseinander setzen, brauchen sie dabei auch nicht ihre moralischen Vorstellungen zu verstecken. Ihre Maßstäbe sind wichtige Orientierungspunkte für Jugendliche, die dabei sind eigene Wertvorstellungen zu entwickeln.

2003: Wieder fallen Bomben auf Bagdad. Der zweite Golfkrieg lässt uns auch im entfernten, sicheren Wiesbaden nicht
los. Der Schulbetrieb geht scheinbar normal weiter, aber
eigentlich ist jeder mit seinen Gedanken woanders. Das Schul-
radio »Radio Aktiv« präsentiert eine Sondersendung. Die
ganze Schule versammelt sich in der Turnhalle, um die Beiträgen der Mitschüler zu hören. Berichtet wird über die irakische
Geschichte seit dem Ende des ersten Golfkrieges vor zwölf Jahren. Auch die Biographie Saddam Husseins und sein Schre-
ckensregime werden dokumentiert. Im Raum der Stille findet
jeden Morgen eine Mahnwache statt.

Die Auseinandersetzung mit dem Krieg ist allgegenwärtig.
In einem Gang vorm Sekretariat brennt eine Friedenskerze.
Vor dem Gebäude haben die Schüler fast 600 Tücher, die an
tibetanische Gebetsfahnen erinnern sollen, an langen Leinen
aufgehängt. Jeder Schüler hat ein Tuch beschriftet. »Wer hat
das Recht, sich Weltpolizist zu nennen?«, steht auf einem geschrieben. Auf einem anderen heißt es »Der Frieden ist ein
Baum, der eines langen Wachstums bedarf«. Aber nicht nur
die Tücher hängen im Wind. Viele Schüler haben ihre Gedanken auch auf Tonband gesprochen. Fast endlos reihen sich die
Schülerstimmen, die sich zum Krieg äußern, aneinander und
erreichen über zwei Lautsprecher auch die Passanten auf den
beiden angrenzenden Straßen. Erst abends ist es wieder still.

Das Nepal-Projekt

Fast jeden Tag geschieht irgendwo in der Welt etwas, das wir
als »Katastrophe« empfinden. Manches davon wird auch im
Unterricht besprochen. Beschleicht die Schüler das Gefühl,
sie müssten mehr tun, als nur über das Leid anderer reden,
wird vielleicht noch Geld gesammelt, das der Lehrer auf
irgendein Hilfskonto überweist. Damit ist das Thema abge-
arbeitet.

Solche anonymen Geldspenden sorgen bei mir für zwiespältige Gefühle. Wurde mit dem Geld wirklich jemandem geholfen? Kann eine Spende etwas an den Lebensverhältnissen beispielsweise in der Dritten Welt ändern? Wer entscheidet, was mit dem Geld gemacht wird? Trägt es dazu bei, dass wenigstens einige Menschen zukünftig eigenständig ihre Existenz sichern können oder hängt das »Wohl« dieser Menschen davon ab, dass auch später immer wieder Spenden eintreffen? Sich für andere einzusetzen und ihnen aus einer Notsituation heraushelfen zu wollen, ist offenbar ein schwieriges Geschäft. Das auch erst einmal gelernt werden muss.

Anderen zu helfen, heißt, sich mit den Problemen dieser Menschen nicht nur beiläufig zu beschäftigen. Sonst wird man kaum erkennen können, woran es mangelt und womit man wirklich wirksame Hilfe leisten könnte. Auch an unserer Schule haben Klassen Spenden für alles Mögliche gesammelt, ohne dass sie die Menschen, denen sie halfen, jemals näher kennen gelernt hätten. Das änderte sich 1988 mit der Reise des Englischlehrers Walter Limberg nach Nepal. Er war nicht das erste Mal in der einsamen Hochgebirgsregion, die zu den ärmsten Gebieten der Welt zählt. Als junger Stipendiat hatte er dort im Rahmen eines Forschungsauftrages Landkarten erstellt. Nun, zwanzig Jahre später, nachdem er erneut von einer Reise in diesen Landesteil zurückkam, berichtete er seiner Klasse vom Hunger, der Unwissenheit und von der Chancenlosigkeit der dort lebenden Menschen. Spontan beschlossen einige Schüler zu helfen. Sie verpflichteten sich, monatlich 1,25 Euro von ihrem Taschengeld für eine Schülerpatenschaft abzuzweigen – das ist genug Geld, um in Nepal einem Kind den Schulbesuch zu ermöglichen.

Welche Entwicklung diese Initiative anstoßen würde, konnte niemand vorhersehen. Allerdings entschloss sich diesmal eine Gruppe von Lehrern, die bestehenden Kontakte zu nutzen, um ein langfristig angelegtes Hilfsprojekt zu initiieren. Besonders wichtig war die Entscheidung, dass die Schule sich von nun an auf eine Region beschränken würde, für die wir angemessene Formen der Unterstützung finden wollten. Daraufhin wurde Bhandar unsere Partnergemeinde. Es entstand eine UNESCO-Gruppe, die sich von nun an vorrangig um diese Partnerschaft kümmern würde.

Bhandar ist eine dörfliche Region, in der über 90 Prozent der Menschen Analphabeten sind. Es liegt in einem abgelegenen Himalaja-Tal, 12 Stunden Busfahrt und weitere 12 Stunden Fußmarsch in nord-östlicher Richtung von Kathmandu entfernt. Bedingt durch ein zu großes Bevölkerungswachstum reichen die Erzeugnisse der Landwirtschaft oft nicht aus, um alle Familien zu ernähren. Handwerker haben auf Grund der zunehmenden Armut keine Aufträge. Bis 1996 gab es im Umkreis von zwei bis drei Tagesmärschen keine ärztliche Hilfe. Unwissenheit über Gesundheitsvorsorge und Hygiene und die bittere Armut sind die Ursachen für viele Krankheiten.

Das sind auch die ersten Informationen, die unsere Schüler über Bhandar bekommen. Manche entschließen sich daraufhin in der UNESCO-Gruppe mitzuarbeiten, in der sie sich teilweise über Jahre hinweg mit dem Leben der Menschen dort beschäftigen. Ihre Motivation wird dabei bewusst nicht durch die Hoffnung genährt, irgendwann in naher Zukunft selbst einmal nach Nepal reisen zu können. Das Nepal-Projekt ist kein Austausch-Programm. Ganz abgesehen davon, dass die Verständigung mit nepalesischen Jugendlichen äußerst schwierig ist, geht es nicht darum, Schülern eine exotische Reise anzubieten, die sicher sehr aufregend wäre. Ehrenamtliches Engagement fängt zunächst einmal zu Hause an, im direkten Umfeld, selbst wenn es um Hilfsprojekte in anderen Gegenden der Welt geht. Wichtiger als der Austausch mit nepalesischen Jugendlichen ist uns in dieser Hinsicht der Austausch zwischen Schülern verschiedener Altersstufen. Die UNESCO-Gruppe ist eines der Angebote, die jahrgangsübergreifend Schüler aller Altersstufen einbezieht. Jugendliche aus den älteren Klassen können sich die Stunden als Teil ihres

Wahlpflichtunterrichts anrechnen lassen. Jüngere Schüler bekommen die UNESCO-Gruppe als freiwillige Arbeitsgemeinschaft im Zeugnis vermerkt. Es gibt das Vorurteil, Gruppen von Kindern oder Jugendlichen, die erfolgreich zusammenarbeiten, müssten aus etwa gleich alten Teilnehmern bestehen. Tatsächlich kann es für Sechzehnjährige ungeheuer befruchtend sein, mit Zehnjährigen an einem solchen Projekt zu arbeiten. Oft lernen natürlich die Kleinen viel von den Großen. Aber die Großen können auch viel von den Kleinen lernen. Manchmal gehen die sehr viel spontaner und unbefangener an eine Sache heran als ältere Schüler, die schon zu viele Bedenken kennen. Vom Elan der jüngeren Schüler werden sie oft einfach mitgezogen.

Björn und Andreas schleppen schwere wollene Teppiche in den dritten Stock. Im Flur werden letzte Handgriffe an eine Ausstellung angelegt. Bilder und Informationstafeln, die einen Eindruck von Bhandar vermitteln sollen, müssen noch beschriftet und aufgehängt werden. Das von nepalesischen Einheimischen handgeschöpfte Papier wird von Georg und Nicole mit Holzstempeln, die religiöse Symbole des Hinduismus darstellen, bedruckt, dann wird es zu Schreibblöcken gebunden. Westen und Socken werden nach Größe sortiert, schmiedeeiserne Hähne, die als Öllampen im Garten verwendet werden können, bekommen Preisschilder.

Der Aufbau des Nepal-Weihnachtsbasars ist, fünfzehn Jahre nachdem von Schülern die ersten Patenschaften übernommen wurden, schon Routine. Nepal-Basare gibt es mehrmals im Jahr. Immer sind die Vorarbeiten zeitraubend und anstrengend, aber fast alle Schüler haben bereits die Erfahrung gemacht, wie wichtig eine gute Vorbereitung ist. Je gründlicher man alles geplant und vorbereitet hat, desto größer ist die Wahrscheinlichkeit, dass auf dem Basar viele der Produkte, die von den Einwohnern Bhandars hergestellt wurden, zu einem guten Preis gekauft werden. Je mehr verkauft wird, desto länger können die nepalesischen Arbeiter von dem Ertrag leben. Die Schüler wissen, dass von ihrem Engagement vieles abhängt.

Die Idee in Bhandar auch als Handelspartner aufzutreten, hatten wir 1991. Damals ermöglichten wir die Gründung einer Teppich-Knüpferei mit einem zinslosen Darlehen, weil in den ersten Jahren des Nepal-Projekts immer deutlicher wurde, dass Bildung die Lebenssituation der Bewohner nur verbessert, wenn es auch Arbeitsmöglichkeiten gibt. Wir verpflichteten uns, jährlich 200 m² Teppich abzunehmen. Im Gegenzug erhielten die Knüpferinnen dort einen um ein Drittel höheren Lohn als Arbeiterinnen in Kathmandu und uns wurde nach schwierigen Verhandlungen zugesichert, dass keine Kinder unter fünfzehn Jahren beschäftigt würden. Mit dem Betriebskapital von etwa 1300 Euro wurden Geräte angeschafft, Qualitätswolle aus Indien importiert und erste Teppiche produziert. Muster aus Europa stellten sicher, dass die produzierte Ware auch Abnehmer finden würde. Die fertig gestellten Teppiche wurden von Trägern durchs Gebirge bis Kathmandu getragen, mit dem Flugzeug nach Frankfurt geschickt und dann in der Schule verkauft. Der Reinerlös floss zurück nach Nepal.

Beim Weihnachtsbasar ist Björn in Hochform. Einem Basarbesucher, der sich für die Teppiche interessiert, erzählt er von den Arbeitsbedingungen in Nepal. Der Kauf eines 2,5 m² großen Teppichs gebe einer Knüpferin zehn Tage bezahlte Arbeit, sagt er dem potenziellen Kunden. Außerdem würde dies ausreichen, um einen Grundschullehrer drei Monate lang zu bezahlen. Man könne aber auch den Medikamentenbedarf aller Einwohner Bhandars, immerhin 3600 Menschen, für sechs Wochen abdecken. Am Tisch nebenan wird traditioneller Silberschmuck verkauft. Die Silber-Lehrschmiede wurde genauso mit Krediten finanziert wie eine Lernwerkstatt für angehende Schneider. Auch deren Produkte werden auf dem Basar verkauft.

Der Import von Waren aus Nepal erreichte nach einigen

Jahren eine Größenordnung, die es notwendig machte, eine eigene Import-Firma zu gründen. Geschäftsführerin ist eine Lehrerin, aber die Handelsabläufe werden weitestgehend von Schülern abgewickelt. Von der Registrierung der Ware über die Auspreisung, die regelmäßige Überprüfung der Lagerbestände und die notwendigen Nachbestellungen bis hin zur Erstellung der Abschlussbilanz tragen sie die Verantwortung. Sie machen dabei Erfahrungen mit wirtschaftlichen Zusammenhängen, die im Unterricht häufig abstrakt bleiben und schwer zu vermitteln sind. Das Geschäft mit den Teppichen lief jahrelang überaus erfolgreich, bis eines Tages *Aldi* sein Sortiment erweiterte – mit Nepal-Teppichen. Plötzlich kauften die Leute billige Massenware. Die Geschäfte in der Schule gingen deutlich zurück. Daraufhin haben die Schüler das Angebot umgestellt. Statt vorgefertigten Teppichen konnten unsere Kunden nun aus Katalogen Muster auswählen und sich die Teppiche nach eigenen Vorstellungen fertigen lassen.

Ein Projekt wie dieses ist nur möglich, wenn man mit Partnern zusammenarbeitet, auf die man sich verlassen kann. Immer wieder fahren deshalb Lehrer unserer Schule auf eigene Kosten nach Bhandar, um Bilanz zu ziehen und von den Einheimischen zu erfahren, wie es weitergehen soll. Wir haben völlig darauf verzichtet, ausländische Kontaktpersonen in Nepal zu bitten, für uns zu arbeiten. Stattdessen wurde ein Komitee gegründet, in dem Frauen und Männer aus der Region Pläne entwickelten, für was das vorhandene Geld ausgegeben werden sollte. In Kathmandu gibt es außerdem einen Ansprechpartner für alle Import-Geschäfte. Wie sinnvoll die ausschließliche Zusammenarbeit mit Einheimischen ist, zeigte sich zuletzt während der politischen Unruhen in Nepal. Sämtliche ausländischen Hilfsorganisationen zogen ihre Mitarbeiter ab. Mit der Folge, dass im Grunde genommen keine westliche Hilfe mehr Nepal erreichte. Unser Projekt war eines der wenigen, die weiterarbeiten konnten.

Die Hilfsinitiative hat in der Region zu nachhaltigen Veränderungen geführt. Es wurden neun Schulen gebaut. 35 Lehrer bekommen von uns einen Zuschuss zum staatlichen Gehalt, damit sie in der Region bleiben. Einige werden voll bezahlt. Die Helene-Lange-Schule unterhält ein Krankenhaus, das sich einerseits um die gesundheitliche Versorgung der Bevölkerung kümmert. Gleichzeitig werden dort Kampagnen zur Empfängnisverhütung organisiert. Eine Alphabetisierungskampagne, in deren Verlauf etliche Frauen Lesen und Schreiben lernten, begann dort. Eine Wasserleitung wurde ebenso finanziert wie Schulkleidung. Frauen haben die Möglichkeit, Kleinkredite zu bekommen, um sich eine eigene Existenz aufzubauen.

Zieht man eine solche Bilanz, wird deutlich: Viele Hilfsleistungen zielen darauf ab, Entwicklungen anzustoßen, die ab einem bestimmten Zeitpunkt ohne weitere finanzielle Unterstützung aus Deutschland anhalten. Es gibt aber auch eine Reihe von finanziellen Verpflichtungen, die von der Schule und damit auch von den Schülern, Eltern und Lehrern übernommen werden, die nicht beendet werden können, ohne die erreichten Fortschritte zu gefährden. Das betrifft insbesondere die Gehälter für Lehrer, Ärzte und Krankenschwestern oder die Sicherstellung des Medikamentenbedarfs in der Region. In der Schule hat das dazu geführt, dass das Nepal-Projekt als wichtiger Bestandteil des Schullebens immer wieder besonders wahrgenommen und unterstützt wird. Alle zwei Jahre veranstaltet die Schule eine Sponsorenrallye. Dabei erradeln die Teilnehmer auf einem Rundkurs so viele Kilometer wie möglich. In den Wochen vorher haben sie Sponsoren gesucht – Eltern, Bekannte, Freunde, aber auch Geschäfte und Firmen, die bereit sind, ihnen für jeden gefahrenen Kilometer einen bestimmten Geldbetrag zu geben, der dann für das Nepal-Projekt gespendet wird. Im ersten Jahr sind auf diese Weise rund 25 000 Euro zusammengekommen. Bei der letzten Rallye waren es dann schon 90 000 Euro.

Es ist erstaunlich, wie erfolgreich die Schüler bei diesem

Projekt für Spenden werben. Mitunter klappern sie ganze Straßenzüge ab, klingeln bei Nachbarn und erklären ihnen, wo Bhandar liegt, welche Probleme es gibt und wie man dort helfen kann. Die Identifikation mit dem Projekt ist so hoch, dass das Nepal-Projekt geradezu eines der Markenzeichen der Schule geworden ist. Jeder tut etwas dafür, alle sind stolz darauf. Je größer das Projekt dadurch wurde, je mehr Arbeit es damit gab, desto mehr ist das Nepal-Projekt ein Beispiel geworden, an dem unsere Schüler sehen und lernen, was ehrenamtliches Engagement bedeutet.

Irgendwann wurde Björn einmal von einem Freund gefragt, was er verdient, wenn er samstags auf dem Basar arbeitet. Nichts, antwortete er. Der Freund war verwundert. »Warum arbeitest du dann?« »Weil es Menschen gibt, deren Arbeit nur etwas wert ist, wenn ich anderen davon erzähle«, antwortete Björn.

12. Wände einreißen
Räume zum Lernen und Zusammenleben

Wie viel Raum Kinder und Jugendliche in einer Schule beanspruchen dürfen, ist in Deutschland normiert. Pro Schüler ziemlich genau 1,5 Quadratmeter. Mehr Platz zum Lernen braucht es nach amtlicher Einschätzung nicht. Und noch etwas ist häufig zu hören: Schulräume sollten nüchtern nur mit dem Notwendigsten ausgestattet sein, damit sich Schüler ohne Ablenkung auf den vom Lehrer vorgetragenen Stoff konzentrieren könnten. Kahle Räume förderten die Konzentration auf das Wesentliche.

Die Erfahrung spricht dagegen. Mancher Erwachsene, der »geistig« arbeitet, wird sein häusliches Arbeitszimmer vielleicht karg – dann aber fast immer mit genau überlegter ästhetischer Vollkommenheit – einrichten, damit er konzentrierter arbeiten kann. Die meisten brauchen jedoch alles Mögliche, über das ihr Auge abwesend schweifen kann, damit ihnen etwas einfällt und sie sich gleichzeitig konzentrieren können. Das gilt besonders für kreative Arbeit. Auch wer sich vor Augen hält, welche Wirkung die langen, schmucklosen Gänge öffentlicher Ämter auf den Besucher haben, wird kaum bezweifeln, dass eine Schule mit »kalten« und unpersönlichen Klassenräumen und Fluren eigentlich etwas ganz anderes signalisiert. Es ist die Botschaft einer Anstalt, einer Kaserne. Hier bist du als Person, als Individuum nicht gefragt, glaub ja nicht, dass wir freudig auf dich gewartet haben, uns dir gar in irgendeiner Weise anpassen werden. Du weißt nicht, was gut für dich ist, wir wissen das. Deshalb ist das Wichtigste, was du hier lernen musst, dass du dich einfügen und anpassen musst. Das beginnt damit, dass du genauso sitzt, wie wir es für richtig halten, dass du in die Richtung schaust, die wir festlegen, und nur sehen darfst, was wir dir zeigen. An vielen Schulen ist das Gebäude und sind die Klassenräume insgeheim von dieser Maxime der Unterwerfung und Anpassung geprägt, vermutlich mit erheblichen Auswirkungen auf die Formen des Unterrichtens.

Der Jahrgangsbereich

Als 1986 mit der Umwandlung von einem Gymnasium in eine integrierte Gesamtschule der erste Jahrgangsbereich für die Klassen der neuen Schulform eingerichtet werden sollte, haben wir zunächst einmal Wände eingerissen. Bis dahin hatte es auf jeder Etage einen langen, unpersönlichen Flur mit rechts und links aufgereihten Klassenräumen gegeben, in denen hinter verschlossenen Türen der Unterricht stattfand. Nun entstand in der zweiten Etage des Schulgebäudes das zukünftige »Revier« des neuen Jahrgangs fünf. Die Wände zweier Räume verschwanden, so dass an deren Stelle eine große zusätzliche Fläche entstand, halb Flur, halb Begegnungs- und Arbeitsfläche, der so genannte »Schülertreff«. Durch den Umbau gab es auf einmal Tageslicht in der ganzen Etage, es wurde heller und freundlicher. Sechs Jahre lang fielen in den Sommerferien weitere Wände dem Presslufthammer zum Opfer, bis in allen Etagen für jeden Jahrgang ein »Revier« entstanden war.

Neben dem Schülertreff umfasst das »Revier« eines Jahrgangs seitdem ein winziges Lehrerzimmer, einen kleinen Materialraum und vier Klassenräume. Hundert Schüler lernen und arbeiten dort. Jede Klasse hat ihren eigenen Klassenraum, den sie einrichtet und gestaltet und in dem nur sie unterrichtet wird. Hat eine Klasse Unterricht in einem Fachraum oder der Turnhalle, steht der Klassenraum leer. Uns wird deshalb manchmal vorgeworfen, unser Raumkonzept sei für eine Schule unangemessen luxuriös. Mit einer effektiveren Auslastung sei es problemlos möglich, mehr Schüler aufzunehmen. Gemeint ist damit vor allem die Einrichtung so genannter »Wanderklassen«, die keinen eigenen Klassenraum haben, sondern von Stunde zu Stunde den Raum wechseln müssen, je nachdem, wo gerade Platzkapazitäten frei sind. Tatsächlich hat unser verändertes Raumkonzept die Folge gehabt, dass wir die Schülerzahl von 900 auf 600 Schüler reduzieren mussten. Aber mit Luxus hat das nichts zu tun. Es ist vielmehr eine Voraussetzung für die inhaltliche Arbeit unserer Schule. Im Übrigen machen, auf die »Gesamtlebensdauer« einer Schule umgelegt, die Bauinvestitions- und Bauerhaltungskosten nur einen winzigen Teil der Personalkosten aus. Selbst wenn das gar nicht »pädagogisch«, sondern nach kaltem Wirtschaftlichkeitsdenken klingt: Durch ein vernünftiges Raumangebot werden überhaupt erst Arbeitsbedingungen geschaffen, die eine sinnvolle Nutzung der teuren Lehrerarbeitszeit ermöglichen.

Gestaltung der Räume

Jede neue fünfte Klasse betritt nach der Aufnahmefeier zunächst einen mit Absicht nüchternen und kahlen Klassenraum. Es gibt Tische, Stühle, einige Regale, ein paar Materialien, eine Tafel – die meisten Kinder, die vorher schon einmal durch die Schule gelaufen sind und die Klassenräume und Schülertreffs anderer Klassen gesehen haben, sind enttäuscht. »Ungemütlich wie in einer Bahnhofshalle« finden es manche. Sie merken schnell, dass es ihre Aufgabe ist, den Raum bewohnbar zu machen. Pflanzen, Aquarien oder Terrarien, eine Leseecke mit Büchern von zu Hause oder aus der Bücherei,

Bilder und Fotos verändern das Aussehen des Raumes in den nächsten Wochen und Monaten. Es dauert nicht lange, bis die meisten Schüler von ihrem Klassenraum sagen: Dies ist mein Ort in dieser Schule! Hier gehöre ich hin, hier bin ich verantwortlich. Eine Wanderklasse wird dieses Gefühl nicht haben, auch ein Raum, der ständig von anderen Gruppen mitbenutzt wird, kann von einer Klasse kaum als »Zuhause« betrachtet werden.

Wir sind überzeugt, dass eine Schule ein Ort sein sollte, an dem Schüler das Gefühl haben, hier *muss* ich nicht nur sein, sondern hier *will* ich sein. Diese Identifikation mit der eigenen Schule wirkt auch und in besonderem Maße über die Räume. Der Unterricht an der Helene-Lange-Schule beginnt um zehn nach acht. Die ersten Schüler sitzen aber schon um halb acht in ihrem Schülertreff, spätestens um acht ist der größte Teil der Schüler bereits da. Der »Offene Beginn« wird genutzt, um zu erzählen, Verabredungen oder Absprachen zu treffen, einige vergleichen und korrigieren noch schnell ihre Hausaufgaben, Ämter werden erledigt. Auch ein Lehrer ist als Ansprechpartner immer greifbar und hat Zeit für ein kurzes Gespräch. Alles, was vor dem Unterricht noch geregelt werden muss, geschieht ohne Hetze. Jeder kann in Ruhe ankommen. Fast alle Schüler nutzen diesen Zeit-Raum vor dem Unterricht, auch weil sie sich in den Räumlichkeiten wohl fühlen. Der häufig geäußerte Wunsch vieler Schüler, ob sie auch einmal in ihrer Schule übernachten dürfen, ist ein weiterer Ausdruck dieses Wohlfühlens in der Schule. Es entsteht auch dadurch, dass die Kinder und Jugendlichen in ihrer Schule Spuren hinterlassen können. Zum einen lassen diese Spuren deutlich werden, woran eine Klasse, woran jeder Einzelne gerade arbeitet oder gearbeitet hat. Zum anderen sind es diese Spuren, die der Schule ein Gesicht geben, den Schülern das Gefühl vermitteln: Hier komme ich vor. Für beide Formen des Spurenhinterlassens gibt es Beispiele:

– Nach sechs Wochen Arbeit an dem Projekt »Wasser« bereitet ein Jahrgang sieben seine Projektpräsentation vor. Eine
Ausstellung mit Texten aus dem Unterricht und Fotos von
einer Fahrt an die Nordsee wird aufgebaut, einige Schüler
arbeiten kurze Vorträge aus. Aber den Schülern ist das
nicht genug. Sie wollen ihren Schülertreff in eine Strand-
landschaft verwandeln. Mit viel Sand, Muscheln, Steinen,
einigen Seevögeln und zwei Strandkörben. Nach drei
Tagen Arbeit und mit einigem organisatorischen Aufwand
ist auch das zu schaffen. In einem anderen Jahrgang bauen
die Schüler nach dem Vorbild steinzeitlicher Behausungen
eine große Höhle. Andere Klassen wandeln ihren Schülertreff in einen römischen Marktplatz mit antiken Säulen
und einer kleinen Bühne für die Kunst der freien Rede.
Wer sich anderen mit Projektergebnissen präsentiert und
andererseits selbst immer wieder zum Zuschauer wird, der
kann für sich Stolz und für die Mitschüler aus anderen
Klassen Bewunderung entwickeln. Im Übrigen hat das die
erwünschte Folge, dass ästhetische Fragen von selbst Ge-
wicht bekommen. Wie gestalte ich etwas so, dass auch andere das Ergebnis meiner Arbeit überzeugend und »schön«
finden?
– Jede Klasse entwirft und gestaltet zu Beginn eines Schuljahres ein Türposter, mit dem sie sich der Schulöffentlichkeit
vorstellt. So lässt sich schon von weitem erkennen, welche
Gesichter sich hinter einer Tür »verstecken«, wer dort lernt
und arbeitet. Am Erstellen eines Türposters kann man aber
auch ersehen, wie im Alltag nicht alles klappt, was wünschenswert ist. In der Helene-Lange-Schule gibt es Klassen,
die sich monatelang nicht um ihr Türposter kümmern,
weil beispielsweise ihr Klassenlehrer diese Arbeit dem
Kunstlehrer zuschiebt, der aber gerade mit etwas anderem
beschäftigt ist, bis es schließlich einfach »vergessen« wird.

Unsere Schule will ein Ort der Bildung und Lebensraum zugleich sein. Zusammenhänge sollen entstehen, die jeden Einzelnen spüren lassen: Hier kann ich mitgestalten und wirkliche Verantwortung übernehmen, es ist unser gemeinsamer Lebensraum, der in einer Wechselbeziehung zu den Personen steht, die ihn »bewohnen«. Diese Wechselbeziehung findet alle zwei Jahre ihren Ausdruck in einem Umzug. Die Jahrgänge wechseln das Stockwerk. Ihre alten Klassenräume müssen sie renovieren, herrichten für eine neue Klasse, die dort einziehen wird. Ihren neuen Klassenraum müssen sie einrichten. Das ist eine gute Gelegenheit, um Überholtes zu entrümpeln und den Klassenraum altersangemessen zu gestalten. Der Schritt in eine neue Altersstufe wird durch den Umzug in ein anderes Stockwerk deutlich markiert.

Mobile Lernwerkstätten

An vielen Schulen gilt: Die meisten Fächer können in einem »neutralen« Raum unterrichtet werden, weil in ihnen sowieso nur geredet und geschrieben wird. Umgekehrt können einige Fächer eigentlich nur in »Fachräumen« angemessen unterrichtet werden, mit einer Ausstattung, für die von der Lehrmittelindustrie immer neue Standards gesetzt werden. Diese Standards schaffen oft Voraussetzungen, die nach unseren Beobachtungen gerade nicht zu dem passen, wie Kinder und Jugendliche tatsächlich lernen. Nämlich nicht im Gleichschritt, sondern auf individuell sehr unterschiedliche Weise. Das kann entweder zu Resignation führen oder aber Erfindergeist mobilisieren. Gleiches gilt für organisatorische Probleme, die entstehen, wenn im »normalen« Unterricht praktisch gearbeitet werden soll. Denn Fachräume können oft nicht einfach mal spontan für eine halbe Stunde oder gar für einen ganzen Vormittag genutzt werden. Statt auf das praktische Arbeiten zu verzichten, haben wir überlegt, ob sich nicht vieles, was bisher nur im »Fachraum« möglich ist, auch (jedenfalls für kleine Gruppen) im »neutralen« Klassenraum ermöglichen lässt. Die Fachräume, ob naturwissenschaftliche oder handwerkliche Werkräume, die Schulküche, das Radiostudio, das Fotolabor, Kunsträume oder die Turnhalle, würden dennoch ihre Berechtigung behalten. Sie wären spezialisierte Produktionsstätten, die man dann aufsuchen muss, wenn man mit der Grundausstattung im Klassenraum nicht mehr weiterkommt.

In jedem Jahrgang der Helene-Lange-Schule stehen deshalb zwei so genannte »Naturwissenschaftliche Wagen«. Dies sind von uns erfundene und selbst hergestellte Arbeitswagen mit einer widerstandsfähigen, gekachelten Arbeitsoberfläche und viel Stauraum, in denen sich eine Grundausstattung zum selbständigen Experimentieren findet. Diese Arbeitswagen sind vielseitig einsetzbar, als Experimentierwagen für Schüler, die dort nach Anleitung in Form einer Kartei, eigenständig Experimente durchführen können, ebenso wie als Rolltisch für Demonstrationsversuche, als Materialwagen oder als Ausstellungstisch für Anschauungsmaterial von Gruppenarbeiten. In den Jahrgangsstufen 5 und 6 werden die Schüler an die Benutzung des Wagens herangeführt, wobei es vor allem um das Einüben bestimmter Verhaltensweisen geht: Das genaue Lesen und Beachten der Versuchsanweisung, eine ruhige und umsichtige Arbeitsweise, der sorgfältige Umgang mit Geräten und chemischen Stoffen und schließlich das Säubern von Geräten und Aufräumen des Arbeitsplatzes. Zwei Schüler aus der Klasse haben das Amt, den Wagen zu betreuen, damit er geordnet und benutzbar bleibt.

Ein anderes Schulmöbel, das wir selbst entwickelt haben, um praktisches, handwerkliches Lernen und Arbeiten im Klassenraum oder im Schülertreff zu ermöglichen, ist das »Wiesbadener Regal«. Es enthält die notwendigen Materialien, um in kurzer Zeit bis zu elf Schülerarbeitsplätze einzurichten, an denen Schüler Drucken, Buchbinden oder mit Holz arbeiten können. Dabei ist eine Anordnung gewählt, die den Arbeitsablauf vorstrukturiert, und der Arbeitsplatz ist mit Werkzeugen ausgestattet, die der Geschicklichkeit von Zehn- bis Dreizehnjährigen entsprechen, so dass auch das »Wiesbadener Regal« nach einer Einführung von den Schülern selbständig benutzt werden kann.

Die Tür des Klassenraums steht offen, an einem Tisch im Schülertreff sitzen zwei Schülerinnen und unterhalten sich, eine Jungengruppe experimentiert mit Wasser herum, ein Schüler kommt aus einer Klasse und macht ein paar Flickflacks, vom Lehrer ist weit und breit nichts zu sehen. Der Unterrichtsalltag in der Helene-Lange-Schule lässt manchen Besucher staunen. Wenn Schüler eimerweise Sand durch den Schülertreff schleppen, anstatt im Klassenraum zu sitzen, oder eine Schülergruppe ohne Aufsicht auf der kleinen Bühne eine Szene probiert, während der Rest der Klasse mit dem Lehrer im Klassenraum arbeitet, gibt es viele Fragen zu beantworten. Meistens machen das die Schüler selbst. Der Lehrer sei immer dort, wo er gerade gebraucht werde, erklärte einmal eine Schülerin dem Bremer Bildungssenator, der gefragt hatte, wieso kein Lehrer im Klassenraum sei, um die Schüler zu beaufsichtigen. Im Übrigen wisse jeder, was er zu tun habe. Auf dem Plan im Klassenraum könne man das sehen. Für einen Außenstehenden ist es manchmal nicht einfach, auf den ersten Blick die Struktur zu erkennen, die hinter Arbeitsformen wie dem »Offenen Lernen« oder der »Wochenplanarbeit« steckt. Die beiden Mädchen im Schülertreff, die sich scheinbar unterhalten, sind Lisa und Franziska, die sich gegenseitig noch einmal erklären, wie im Englischen die Verneinung mit to do zu bilden ist. Die Jungen haben von ihrem Biolehrer die Aufgabe bekommen, im Laufe der Woche zwei Experimente zum Projektthema »Wasser« zu erarbeiten, und Jonas, der »Zappelphilipp«, musste sich einfach mal bewegen. Die Lehrer wissen, dass es ihm schwer fällt, lange still zu sitzen. Die Flickflacks helfen ihm, dann wieder ruhig und konzentriert weiterarbeiten zu können.

In unserer Schule geht es darum, Kindern und Jugendlichen die Erfahrung zu ermöglichen, dass sie selbständig vielen Dingen auf den Grund gehen können, dass sehr viele Fragen, die plötzlich auftauchen, sich durchaus sofort und nicht erst irgendwann, wenn es der Lehrplan im jeweiligen Fachunterricht vorschreibt, beantworten lassen. Diese Form des Lernens, unabhängig von Spezialarrangements der Fachräume und standardisiertem Lehrmaterial, wird durch die Ausstattung der Räume und deren Ordnung (damit ist vor allem die freie, übersichtliche Zugänglichkeit der notwendigen Arbeitsmittel für Schüler gemeint) überhaupt erst möglich gemacht.

Eine vorbereitete Lernumgebung

Die Einrichtung des Klassenraumes ist übersichtlich und klar strukturiert und fordert zum Lernen heraus. In der Klasse hängt ein Stundenplan, der wöchentlich festgelegt wird, daneben eine Ämterliste, in den Regalen hat jeder Schüler seine Kiste mit Materialien und persönlichen Gegenständen, in einem Regal liegen Unterrichtsmaterialien aus dem laufenden Projekt, die Klassenchronik, Nachschlagewerke, Rhythmusinstrumente. In den Klassen der jüngeren Schüler gibt es einen Tisch, der während eines Projektes als Büchertisch genutzt wird, auf dem eine Literaturauswahl für die ganze Klasse liegt, der sonst aber auch häufig als Jahreszeitentisch genutzt wird, also ein Tisch, den die Schüler der Jahreszeit entsprechend dekorieren. Die Gestalt der Klassenräume soll dem entsprechen, was Maria Montessori als eine »vorbereitete Lernumgebung« bezeichnet und gefordert hat.

Der Schülertreff ist als Arbeitsbereich eine unmittelbare Fortsetzung des Klassenraumes. Die Klassenraumtür steht während des Unterrichts deshalb fast immer offen. Die offene Klassenraumtür ist zugleich ein Symbol für die Öffentlichkeit des Unterrichts. In der Helene-Lange-Schule kann jeder, ob Mitglied der Schule oder Besucher, jederzeit erleben, wie Unterricht »ist«. Gleichzeitig muss es für Einzelne ebenso wie für eine Klasse die Möglichkeit des Rückzuges und der Abgrenzung geben. Bei Konfliktgesprächen im Klassenrat wird die Tür deshalb zu sein. Das bedeutet dann nichts anderes als: »Wir wollen jetzt unter uns sein. Bitte keine Besucher.«

Sogar die Anordnung der Tische im Klassenraum kann Lernen erschweren oder erleichtern. Schüler, die in langen Reihen hintereinander mit dem Blick zur Tafel gerichtet sitzen, werden weniger miteinander diskutieren als auf die Fragen des Lehrers antworten. Zusammengearbeitet wird höchstens mit dem direkten Tischnachbarn. In der Helene-Lange-Schule stehen die Tische deshalb in Tischgruppen zusammen, die sich um die Mitte des Klassenraumes herumgruppieren. Die Mitte selbst bleibt frei. In den größeren Klassenräumen gibt es außerdem oft noch eine Leseecke oder einen anderen abgetrennten Arbeitsbereich. Die Sitzordnung kann ständig variiert werden, je nachdem ob in Gruppen oder still allein gearbeitet wird, ob alle miteinander diskutieren oder einem Vortrag zuhören.

Auch der Schülertreff hat ein wandelbares »Äußeres«, weil er mehr ist als nur ein Arbeitsbereich. Er ist das Zentrum des Jahrgangs, in dem Schüler zusammenkommen können, um miteinander zu reden, zu feiern oder um sich gegenseitig zuzuschauen. Die monatlichen Darbietungen einzelner Klassen bei der so genannten »Kultur im Treff«, die bereits an anderer Stelle beschrieben wurde, sind ein Beispiel dafür. Schülertreff, Klassenräume und Lehrerzimmer bilden eine »Kleine Schule« in der Schule, einen überschaubaren Bereich, wo schnell jeder jeden mit Namen kennt und Vertrauen fasst. Auch das darf ein Schüler beanspruchen.

13. Die Schule – ein Wirtschaftsunternehmen?
Zusätzliche Einnahmen selber erwirtschaften

Schulschluss. Ihre Sachen hat Mia schnell gepackt, aber bevor sie zum Bus geht, greift sie sich noch den Staubsauger. Der Müll muss auch noch weggebracht werden, denkt sie. Das kann Tobi machen. Marie hat die Tafel schon gewischt. Zwanzig Minuten nach dem letzten Klingeln ist der Klassenraum sauber. Ihr Klassenlehrer wirft einen prüfenden Blick in den Raum. Dann dürfen sie gehen.

Über den Putzdienst an der Helene-Lange-Schule sind in den letzten zehn Jahren unzählige Artikel geschrieben worden. Fernsehteams haben Schüler gefilmt, wie sie nach der letzten Schulstunde ihre Klassenräume, ihren Schülertreff samt den dazugehörenden Fluren putzen. Journalisten berichteten, dass die Schule einen Teil des auf diese Weise eingesparten Geldes erhält. Wir fanden die Erfindung des Putzdienstes dagegen nie übermäßig aufregend. Warum ist sie für die Öffentlichkeit dennoch so interessant? Vermutlich weil der unbedachte und nachlässige Umgang mit Schulinventar ein häufig auftretendes Problem ist, dem auf diese Weise entgegengewirkt werden kann. Sicher aber auch, weil eine Schule sich selbst regelmäßig zusätzliche finanzielle Mittel beschafft. Vor einem guten Jahrzehnt war das beinahe ein Skandal. Seitdem haben wir langsam ein unbefangeneres Verhältnis zum Geldverdienen entwickelt. In dieser Hinsicht ist die Geschichte des Putzdienstes tatsächlich eine Art Lehrstück.

Städtische Aufgaben übernehmen

Am Anfang stand, wie so oft, kein Plan, in dem schon alle Einzelheiten bedacht und geregelt waren und der nur noch Schritt für Schritt umgesetzt werden musste. Es gab das Unbehagen einiger Lehrer. Sie fragten sich, ob es richtig sei, wenn Kinder und Jugendliche sich an die Erwartung gewöhnen, aus Steuermitteln bezahlte Reinigungskräfte würden nachmittags den Dreck beseitigen, den sie am Vormittag verursacht haben. Also beschloss ein Jahrgangsteam, künftig am Ende des Schulvormittages zusammen mit den Schülern selbst aufzuräumen und zu putzen. Die Eltern ließen sich mehrheitlich überzeugen, spendeten sogar einen Staubsauger pro Klasse und stifteten Putzmittel. Ans Geldverdienen hat damals noch niemand gedacht. Im folgenden Jahr übernahm das Lehrerteam mit den neuen Fünftklässlern diese Gewohnheit. Und nach ein paar Jahren war der Putzplan für alle Jahrgänge selbstverständlich. Jede Woche blieb ein anderer Lehrer etwas länger, um sicherzustellen, dass alles ordentlich erledigt wurde. In den Klassen teilten sich die Schüler in Gruppen auf, die abwechselnd den Putzdienst erledigten. Das Putzen setzte sich durch, obwohl es für Lehrer und Schüler eine nicht sonderlich große, aber dennoch zusätzliche Arbeit bedeutete.

Streit ums Putzen gab es bald trotzdem. Nicht in der Schule, wohl aber mit unserem Schulträger. Die Firma, die von der Stadt mit der Reinigung des Gebäudes beauftragt worden war, kämpfte um den Umfang ihres Auftrags. Wir hatten vorgeschlagen, die Angestellten dieser Firma sollten künftig nur noch die Fachräume, die Treppenhäuser, die Räume der Verwaltung und die Toiletten putzen. Das hätte eine Reduzierung des Auftrages bedeutet und kam für die Firma nicht in Frage. Von Vernichtung von Arbeitsplätzen war die Rede. Man beschwerte sich bei der zuständigen Stelle der Stadtverwaltung. Von dort kam die Mitteilung, wir sollten das Putzen einstellen. Was wir nicht taten, so dass sich für eine Weile die groteske Situation ergab, dass die Bereiche der Teams zweimal täglich geputzt wurden. Mittags von den Schülern und nachmittags noch einmal von den Reinigungskräften.

Diesen Unsinn wollten wir beenden. Mittlerweile hatten wir auch zu rechnen begonnen. So stellten wir an den Magistrat der Stadt den Antrag, dass uns das Geld, das durch unsere Putzleistung tatsächlich eingespart werde, für besondere Projekte ausbezahlt werden solle. Dreimal wurde dieser Antrag im Magistrat abgelehnt. Der Wirtschaftsdezernent wollte keinen Präzedenzfall schaffen. Wir putzten trotzdem weiter.

Erst der Leiter des Ordnungsamtes, der sich bei einem Besuch nicht nur über das Putzen, sondern über das gesamte pädagogische Konzept der Schule informierte, ließ sich umstimmen. Er überzeugte dann auch den Wirtschaftsdezernenten, der wiederum den Magistrat. Die Schule wurde neu vermessen und für jeden Quadratmeter, den wir selber putzen, wird uns seitdem der Betrag überwiesen, den eine Reinigungsfirma für die entsprechende Fläche in anderen Schulen erhält. Für uns bedeutet das immerhin zusätzliche 27000 Euro im Jahr.

Dieses Geld hat es seitdem der Schule ermöglicht, Honorarkräfte mit Zeitverträgen für besondere Projekte zu beschäftigen: Regisseure, Schauspieler, Sänger, Tänzer, Masken- und Kostümbildner, Köche und Handwerker. Experten von außen, die gerade nicht Lehrer sind und die trotzdem für einen begrenzten Zeitraum an die Schule kommen, um dort mit den Jugendlichen zu arbeiten und ihr Wissen und Können weiterzugeben. Ohne diese zusätzlichen Mittel wäre das nicht möglich gewesen. Im Haushalt des Schulträgers waren sie nicht vorgesehen.

Immer wieder haben wir, oft mit dem Unterton des Neides oder auch des Vorwurfs, zu hören bekommen, bei der finanziellen Ausstattung der Helene-Lange-Schule und ihrer sonstigen »Privilegierung« sei es ja keine Kunst, eine »gute« Schule zu machen. In der Tat braucht man oft auch Geld, wenn man etwas verändern will. Allerdings rechtfertigt dieser Zusammenhang nicht den Umkehrschluss: Wenn uns nicht vorab erhebliche Beträge zur Verfügung gestellt oder wenigstens garantiert werden, lohnt es sich gar nicht, mit irgendeiner Veränderung zu beginnen. Wir haben lernen müssen, uns einen erheblichen Teil der notwendigen zusätzlichen Mittel selbst zu verdienen und im Zweifelsfall auch um sie zu kämpfen. Und Vergleichbares gilt auch für alle anderen »Privilegien«. Auch die haben wir erst erhalten, nachdem wir viele Jahre erhebliche Vorleistungen erbracht hatten. Erst, als wir bereits zehn Jahre mit großem Einsatz von Lehrern und Schülern immer wieder Neues entwickelt und erprobt hatten, sind wir offiziell eine der Versuchsschulen des Landes Hessen geworden. Das hatte tatsächlich eine etwas bessere Ausstattung auch mit Lehrerstellen zur Folge, aber diese zusätzliche Arbeitskraft wurde dringend benötigt, um unsere Arbeit zu evaluieren, zu dokumentieren und für andere Schulen und Interessierte zugänglich zu machen, wie es der Auftrag einer Versuchsschule ist.

Sechs Beispiele für Wirtschaftlichkeit

Es tut jeder Schule gut, auch unternehmerisch zu denken, anstatt immer nur darüber zu klagen, dass Land und Kommune die notwendigen Mittel nicht zur Verfügung stellen. Natürlich sind die Voraussetzungen jeder Schule nach dem jeweiligen Umfeld unterschiedlich. Aber dass sich überhaupt keine zusätzlichen Einnahmen erwirtschaften lassen, wenn man den eigenen Einfallsreichtum und die Ergebnisse der über die normalen Verpflichtungen hinausgehenden Anstrengungen und Arbeitsleistungen von Lehrern und Schülern geschickt vermarktet, glaube ich einfach nicht.

Ein paar Beispiele aus den letzten anderthalb Jahrzehnten: Ein Lehrer hat für seinen Mathematikunterricht die MexBox erfunden, eine Mathematik-Experimentierbox, mit deren Hilfe sich geometrische Figuren und Zahlenverhältnisse fast spielerisch erproben lassen und viele Aufgaben von Schülern weitgehend selbständig gelöst werden können. Im Rahmen des Arbeitslehrekurses stellen Schüler nun diese Boxen her. Als Unterrichtsmaterial werden sie dann an andere Schulen verkauft. Die Einnahmen kommen unserer Schule zugute.

Ein anderer Lehrer hat eine Fahrradwerkstatt eingerichtet, in der Schüler lernen, Fahrräder zu reparieren. Mittlerweile gibt es einen festen Kundenkreis von Eltern, Lehrern, Schülern und Nachbarn, die ihre Fahrräder in dieser Werkstatt gegen Bezahlung warten lassen.

Eine Schülergruppe wird von einer Lehrerin, die mehrere Jahre im Schuldienst keine Stelle fand und nach einer entsprechenden Fortbildung als Hotelmanagerin gearbeitet hatte, in gastronomischen Künsten ausgebildet. Wie decke ich eine festliche Tafel? Wie serviere ich? Was sollte ich über die Zubereitung und die Qualität der Speisen wissen? Auch diese »Schule der Gastlichkeit« ist kein Selbstzweck. Bei festlichen Veranstaltungen und anderen Anlässen, bei denen die Schule Besucher empfängt, bewirtet sie die Gäste. Vielen Besuchergruppen wird außer Erfrischungsgetränken, Kaffee und Kuchen abends ein Essen mit mehreren Gängen serviert. Wir haben gründlich darüber diskutiert, ob wir für derartige Dienstleistungen Geld verlangen dürften. Die meisten Besucher reisen von weit her an und haben schon Fahrt- und Hotelkosten zu bezahlen. Aber der zusätzliche Arbeitsaufwand der Schule und die Arbeitsleistung der Schüler bei der Bewirtung rechtfertigen es, wenn wir den Besuch tatsächlich in Rechnung stellen. Viele Besucher sind darüber anfangs etwas erstaunt, sind sie doch gewohnt, dass in der Schule alles umsonst ist. Aber wenn wir unsere Kosten begründen, scheint ihnen das einleuchtend. Im Übrigen zeigt die Erfahrung, dass zahlende Gäste dann auch Erwartungen haben, was bei denen, die ihre »Leistung« anbieten, wiederum zu besonderen

Anstrengungen führt, um den Preis auch als gerechtfertigt erscheinen zu lassen.

Den Wert der eigenen Arbeit einzuschätzen, Marktlücken zu erkennen, mitunter auch Geld zu investieren, um später aus einem Projekt Gewinn zu erwirtschaften, ist vielen Schulen fremd. Wirtschaftlichkeit wurde von ihnen bis vor kurzem kaum gefordert. Sie durften nicht einmal eigene Kassen führen. Sämtliche Sachmittel wurden vom Schulträger verwaltet. Selbst fünf Kugelschreiber für das Schulsekretariat wurden von dort bezahlt. Über Personalkosten musste niemand nachdenken, da die Lehrer sowieso vom jeweiligen Bundesland gestellt werden. Erst seit Mitte der 90er-Jahre werden in dieser Hinsicht von den Ländern und manchen Schulträgern mehr oder weniger radikale Änderungen erprobt.

Die Suche eines Schauspielers, der bereits mit einigen Klassen gearbeitet hatte, nach einem Publikum, dem er sein neues Chansonprogramm vorab zeigen könnte, brachte uns auf die Idee, den Theaterraum der Schule gelegentlich auch als Spielstätte für Gastspiele zu nutzen. Eine gute Gelegenheit für Schüler und Eltern, die Künstler, mit denen wir arbeiteten, auch einmal auf der Bühne zu erleben. Zugleich eine willkommene Möglichkeit, die Schule nach außen hin zu öffnen. An mögliche zusätzliche Einnahmen dachten wir auch in diesem Fall nicht. Jemand organisierte den Ticketverkauf, Dekorationen wurden entworfen und gebaut, um die Instandhaltung des Raumes kümmerten wir uns sowieso. Die Einnahmen zahlten wir dagegen vollständig an die Künstler aus. Wir mussten erst lernen, uns in solchen Zusammenhängen als Veranstalter zu sehen, der auch wirtschaftliche Interessen hat. Mittlerweile gibt es jährlich etwa vier Auftritte von Künstlern, die Monate im Voraus ausverkauft sind. Und ein Drittel des Kartenerlöses geht an die Schule. Dieses Geld steht zur Verfügung, um für unsere eigene ständige Theaterarbeit den Theaterraum der Schule auszubauen, neue Scheinwerfer anzuschaffen, Vorhänge zu reinigen und auszutauschen.

Abgesehen von den Honoraren für die Gastregisseure tragen sich die vielen Theaterproduktionen der Schule inzwischen finanziell weitgehend selbst. Die Produktionskosten eines Theaterstückes, das im Rahmen eines Klassenprojektes realisiert wird, sind so hoch, dass Lehrer anderer Schulen immer wieder erstaunt und ungläubig den Kopf schütteln: Zwischen 900 und 1500 Euro für Kostüme, Bühnenbild und sonstige Ausstattung werden jeweils benötigt. Die Klassen selbst sind dafür verantwortlich, dass diese Ausgaben wieder eingespielt werden. Fast alle Produktionen werden mindestens sechsmal aufgeführt, manche noch häufiger. Die Schüler selbst, aber auch Eltern, Lehrer, Bekannte, Nachbarn und Geschwister sorgen dafür, dass die Vorstellungen ausverkauft sind. Bei einem Kartenpreis von 1,50 Euro für die Schüler und 3 Euro für Erwachsene kommt dann das Geld zusammen, das für die nächste Produktion benötigt wird. So ist aus den Erstinvestitionen nach und nach ein kleiner Wirtschaftskreislauf geworden, der es der Schule ermöglicht, den hohen qualitativen Ansprüchen der Gastregisseure zu genügen, anstatt überzeugende Vorschläge mit dem Hinweis auf Geldmangel abzulehnen. Selbst ungewöhnliche Wünsche wie der, ein Drittel der Aula mit einer etwa zwanzig Zentimeter dicken Sandschicht zu versehen, damit eine Klasse ihre Version von »Herr der Fliegen« auf einem richtigen Strand spielen kann, sind erfüllbar. Ein angemieteter Lastwagen, einige Tonnen Sand und viele Schaufeln genügen. Die TheaterWerkstatt zeigt ihre Produktion sogar bis zu fünfzehnmal und nimmt deshalb meist mehr ein, als ausgegeben wurde. Davon kann die Schule einen Teil der Fixkosten bestreiten.

Natürlich ließe sich einwenden, dass es nicht Aufgabe einer Schule sei, Geschäfte zu machen. Warum eigentlich nicht, wenn dann der Profit nicht auf privaten Konten landet, sondern allen Schülern zugute kommt?

Ein Beispiel: Mit der zunehmenden Bedeutung des Computers im Alltagsleben standen auch wir vor der Aufgabe, die zur sinnvollen Nutzung notwendigen Fertigkeiten zu vermitteln. Insbesondere weil Schüler diese eben nicht »von selbst« lernen. Arbeitsplätze mit Internet-Anschlüssen genügen nicht, um Schülern das Erstellen einer Homepage, den Umgang mit Tabellenkalkulationen oder die Möglichkeiten der Bildbearbeitung nicht nur als Möglichkeit vorzuführen, sondern sie auch dazu zu befähigen. Was macht einen Computerkurs eigentlich zu einem guten Computerkurs – auch für die, die in dieser Hinsicht keine Freaks sind? Auf welche Materialien kann man zurückgreifen? Bei der Suche nach Lösungen stießen wir auf »Future Kids«, eine Firma aus Amerika, die exzellente Unterrichtsmaterialien und Schulungsprogramme entwickelt hat. Doch schon die einmalige Anschaffung der Materialien, die außerdem schnell veralten und dann ersetzt werden müssen, und die notwendige laufende Schulung der Lehrer wären kaum zu bezahlen gewesen. Der Förderverein der Schule hat sich darum nach gründlicher Prüfung entschlossen, nicht Kunde, sondern Lizenznehmer von »Future Kids« zu werden. Das war zwar noch teurer, zudem ist eine Jahresgebühr für die Aufrechterhaltung der Lizenz zu zahlen. Aber es hatte zwei Vorteile. Einerseits erhält die Schule jährlich die aktualisierten Materialien. Andererseits hat sie mit dieser Lizenz auch das Exklusivrecht erworben, in einem Umkreis von 50 km eigene Schulungen durchzuführen, während »Future Kids« keiner anderen Schule mehr in diesem Gebiet die Materialien verkaufen darf. Unser Geschäftsmodell sieht vor, dass die meisten unserer Schüler nicht von Lehrern, sondern von Schülern trainiert werden. Dazu wurde zuerst eine Gruppe älterer und besonders interessierter Schüler mit den Programmen vertraut gemacht und auf ihre Aufgabe vorbereitet. Jeder dieser »Experten« unterrichtet einmal in der Woche nachmittags eine kleine Gruppe jüngerer Schüler. So wird es möglich, dass alle Schüler dieses sehr anspruchsvolle Computertraining erhalten, wofür wir sonst vermutlich einen zusätzlichen Lehrer benötigt hätten, zum anderen können wir

Schulungen auch für Lehrer anderer Schulen durchführen. Die Einnahmen aus diesen Schulungen werden nach unseren Berechnungen längerfristig die einmaligen Lizenzgebühren übersteigen. Die zusätzlichen Jahresgebühren werden dadurch erwirtschaftet, dass den Eltern des neuen Jahrgangs fünf mitgeteilt wird, ihre Kinder würden einmal wöchentlich nachmittags eine Computerschulung erhalten, die für alle verpflichtend sei. Dafür erwarten wir die Zahlung von 20 Euro im Jahr, die auch erlassen werden könnte, wenn die Eltern sie nicht aufbringen können. Das ist weit weniger als private Computerschulen verlangen.

Finanzielle Eigenständigkeit von Lehrern, Schülern und Eltern

»Das Buch muss mindestens sechs Euro kosten!« Hartnäckig verteidigt Thomas seine Preisvorstellung, obwohl einige seiner Klassenkameraden den Preis viel zu hoch finden. »Dann kauft doch kein Mensch unser Buch.« Andererseits geben sie Thomas Recht, dass sie viel Arbeit in ihr Buch gesteckt haben. 50 Cent möchte Thomas pro Stunde berechnen und das Material müsse auch noch bezahlt werden. Fünf Euro steht schließlich auf den Preisschildern, mit denen die Klasse auf die Mainzer Minipresse-Messe fährt, um das von ihnen schön gedruckte und gebundene Buch mit Kurzgeschichten, die sie sich im Unterricht ausgedacht haben, zu verkaufen. Nach stundenlangem Warten: Enttäuschte Gesichter. Niemand kauft den Schülern ein Buch ab. Thomas ahnt warum. »Wir sind zu teuer, alle anderen sind billiger.« Entschlossen dreht er die Preisschilder um und reduziert den Preis. Am Ende sind die Bücher ausverkauft.

Viele Kinder und Jugendliche lieben das Verkaufen, das Verhandeln über Preise, anderen ist es eher peinlich. Aber gerade sie müssen lernen, wirtschaftlich zu denken. Wird in der

Schule etwas hergestellt, das anschließend verkauft werden soll, leuchtet den Schülern ohne viel Erklärung ein, dass nur gute Qualität gute Preise erzielt. Sie geben sich Mühe bei der Herstellung, sie diskutieren über angemessene Preise, verhandeln mit Lieferanten oder potenziellen Käufern und verstehen nach und nach die Prinzipien, die den Handel bestimmen. Thomas nahm übrigens nach den Erfahrungen des ersten Messetages immer gleich mehrere, unterschiedliche Preisschilder mit, um je nach Marktlage die Preise höher oder niedriger anzusetzen. Ziel war es, von den Einnahmen zumindest die Druckfarben und das Papier zu bezahlen. Das gelang so gut, dass die Klasse vier weitere Auflagen herstellte.

Dieses Prinzip des kostendeckenden Haushaltens zählt zu den Grundsätzen, die Lehrer wie Schüler unserer Schule im Umgang mit Geld beachten. Was ausgegeben wird, muss auch irgendwie wieder hereinkommen. Viel wichtiger aber ist: Jede Klasse, jedes Lehrerteam, selbst die Elternvertreter haben eine Kasse, mit der in eigener Verantwortung gewirtschaftet werden kann. In der Regel geht es dabei um eher kleine Beträge. Aber aus Erfahrung wissen wir, wer über Geld verfügt, setzt sich verstärkt auch für die Interessen seiner Schule ein. Eine eigene Kasse ermöglicht es, Anregungen und Ideen, die etwas kosten, selbständig zu verwirklichen. Gleichzeitig wird in hohem Maße Verantwortung dafür übernommen, was mit dem Geld gemacht wird und ob Ausgaben auch durch Einnahmen gedeckt sind, so dass weiterhin investiert werden kann.

Etwa 12 000 Euro stehen unserer Schule durch den Förderverein, dessen Mitglieder Eltern und Freunde der Schule sind, jährlich zusätzlich zur Verfügung. Sie können für Honorare und Sachmittel oder für besondere Projekte verwendet werden. Außerdem bitten wir die Eltern unserer Schüler sehr dringlich, jedes Jahr 50 Euro in die Teamkasse des Jahrgangs zu zahlen, in dem ihr Kind unterrichtet wird. Manche Eltern sind anfangs vielleicht ein wenig irritiert durch unsere Bitte, aber fast alle stellen dafür nach einiger Zeit gern eine Einzugs-ermächtigung aus, weil sie miterlebt haben, wozu dies Geld verwendet wird. 30 Prozent des Geldes fließen direkt in die Kassen des Schulelternbeirats. 70 Prozent der Elternspende stehen dem jeweiligen Jahrgangsteam zur Verfügung, um zu-sätzliche Materialien zu kaufen oder klassenübergreifende Projekte zu finanzieren.

Geld ist demnach nicht nur Chefsache. Statt jede finanzielle Transaktion zu kontrollieren, ermutigt die Schulleitung viel-mehr, Geldangelegenheiten in die eigenen Hände zu nehmen. Gleichzeitig hängt vom Vorbild der Schulleitung ab, inwie-weit die zuweilen anstrengende und undankbare Suche nach zusätzlichen Sponsoren als selbstverständliche Aufgabe einer Schule aufgefasst wird.

Das Mischpult ist kaputt und nicht mehr zu reparieren. So etwas passiert meistens, wenn die nächsten Veranstaltungen kurz bevorstehen. Finanzierungsanträge an den Schulträger sind vollkommen aussichtslos. Von dort wäre frühestens im nächsten Jahr Geld zu erwarten, das dann aber von unserem sowieso geringen Lehrmitteletat abgezogen würde. Doch die Schule braucht jetzt ein Mischpult. Und weil es wirklich viel genutzt wird, braucht sie sogar ein besonders gutes und soli-des. Das kostet rund 750 Euro.

In solchen Situationen habe ich mich als Schulleiterin im-mer verpflichtet gefühlt, in Vorlage zu treten. Natürlich geht es nicht darum, die Schule aus den privaten Mitteln des Schul-leiters zu finanzieren. Aber in mancher Hinsicht ist eine Schule eben auch ein Unternehmen. Und für jedes Unterneh-men gilt, dass einerseits langfristig so geplant werden muss, dass die Ausgaben von den Einnahmen bezahlt werden kön-nen, dass andererseits aber auch bei unvorhergesehenen Pan-nen der Betrieb weitergehen muss, damit es keine ernsthaften Produktionsausfälle gibt. In solchen Fällen wird es immer Möglichkeiten geben, vorgelegte Gelder zurückzuerhalten. Einer der gewöhnlichen Wege ist die Bitte um Spenden.

Vielen Menschen ist es peinlich, andere Leute um Geld zu bitten. Ein Schulleiter darf diese Scheu nicht haben, wenn es um die eigene Schule geht. Bei vielen Veranstaltungen, die wir in der Schule organisiert haben, bei Schulfesten, Projektpräsentationen und Aufnahmefeiern, hatte ich einen Hut dabei. In dem waren gut sichtbar ein Fünfzig- und ein Zwanzigeuroschein befestigt. Am Ende der Veranstaltung stand ich damit an den nur halb geöffneten Türen des Saalausgangs. Hier können Sie sich für Ihre Schule engagieren, hatte ich den Besuchern vorher erklärt und ihnen dabei auch ein konkretes Vorhaben geschildert. Beispielsweise die Anschaffung eines neuen Flügels oder eben die Geschichte vom Mischpult, das in letzter Minute ersetzt werden musste. Bis zu 1000 Euro sind manchmal bei diesen Aktionen spontan gespendet worden.

14. »Schule betreten« ausdrücklich erwünscht
Zusammenarbeit und Konflikte mit Eltern

Aufgepasst! Vor Frau Weiß sitzt der neue Klassenlehrer mit seinem Notizbuch. »Schreiben Sie bitte mit! Die Termine der Klassenarbeiten sind …« Hat er sich schon vorgestellt? Sie kann sich nicht erinnern. Das Elternpaar neben ihr schaut verunsichert. Wahrscheinlich ihr erster Elternabend am Gymnasium. Darf man eine Frage stellen? Es scheint ihr, als ob selbst der Vater in der ersten Reihe wie ein Erstklässler auf seinem Platz stillhält. Der Lehrer sieht nicht auf, als er mit den Terminen durch ist. »Fragen?« Sie wüsste gerne, wer die anderen Eltern sind, die hier mit ihr sitzen. Was der Klassenlehrer unterrichtet? Warum er Lehrer geworden ist? Der Lehrer wartet nicht, bis sich jemand mit einer Frage vortraut. »Sorgen Sie dafür, dass Ihr Kind regelmäßig die Hausaufgaben macht.« Alle nicken. Der Lehrer zählt noch vier weitere Punkte auf. Er hofft, dass man miteinander keine Probleme haben werde. Darauf will es niemand anlegen. Der Lehrer lächelt. Das erste Mal heute Abend. »Schön, dass wir so zügig durchgekommen sind.« Dann geht er. Beim letzten Tagesordnungspunkt wird er nicht gebraucht. Die Wahl eines Vertreters können die Eltern ohne ihn organisieren.

Elternabende

Es ist ein merkwürdiges Phänomen. Erwachsene Menschen, die in der Lage sind, Geld zu verdienen, Entscheidungen für sich und ihre Familien zu treffen, die im Gespräch ganz selbstverständlich und offen ihre Meinung vertreten, sind manchmal nicht wiederzuerkennen, wenn sie bei einem Elternabend auf den Schulbänken ihrer Kinder Platz nehmen und der Lehrer den Raum betritt. Unsicher schauen sie auf die anderen Eltern. Wer verhält sich wie? Besser nicht herausfallen! Der Lehrer soll nicht denken, sie seien welche von der renitenten Sorte. Die wenigsten kommen auf die Idee, sie hätten der Schule etwas zu bieten. Die meisten versuchen, alles richtig zu machen. Ihr Kind soll nicht benachteiligt werden und vom Lehrer hängt schließlich auch die Zukunft ab.

Mancher Lehrer fürchtet Elternabende nicht weniger. Nur eine Frage und schon haben sie das Gefühl, sich rechtfertigen zu müssen. Kontrolliert zu werden. Eltern sehen ihre Kinder naturgemäß mit anderen Augen. Wie soll man ihnen vermitteln, dass ausgerechnet ihr Kind Probleme bereitet? Eltern suchen doch immer einen Schuldigen. Wenn man Pech hat, kommt das auf einem Elternabend dann alles zur Sprache. Wenn nicht, ist man gut durchgekommen. Ein Grund zum Lächeln.

Elternabende können so völlig ad absurdum geführt werden. Lehrer und Eltern sitzen sich misstrauisch gegenüber, manche zu Ausflüchten bereit, andere dazu geneigt, für ihr Recht zu kämpfen. Das kennt man auch aus anderen gesellschaftlichen Bereichen. Wer die eigenen Rechte nicht kennt und wahrnimmt, bekommt selten Recht. Jeder ist sein eigener Anwalt, wer es nicht sein will, wer lieber kooperieren möchte, anstatt zu fordern, wer etwas anbietet, ohne eine Gegenleistung zu verlangen, der gilt schnell als schwach. Warum sollte das in der Schule anders sein: Ernst genommen wird hier nur der, der sich nicht einschüchtern lässt und selbstbewusst auftritt. Geht es auch anders?

Aufgepasst! Vor Frau Weiß sitzt der neue Klassenlehrer mit einer Box voll Unterrichtsmaterialien. »Ich würde Ihnen gerne zeigen, wie wir seit letzter Woche mit Ihren Kindern in Mathematik arbeiten.« Wann hat sie sich das letzte Mal mit Geometrie beschäftigt? Sie kann sich nicht erinnern. Das Elternpaar neben ihr schaut verunsichert. Wahrscheinlich ihr erster Elternabend an der Helene-Lange-Schule. Darf man eine Frage stellen? Es scheint ihr, als ob selbst der Vater in der letzten Reihe (der hat doch noch nie etwas gesagt!), neugierig geworden ist. Der Lehrer schaut in die Runde. »Fragen?« Fast eine halbe Stunde lang sitzen die Eltern über den Steckbrettern, stecken geometrische Figuren und erfahren vom Lehrer dabei, weshalb er manchmal auf Hausaufgaben verzichte, manchmal aber auch darauf angewiesen sei, dass die Eltern ihre Kinder bei den Hausaufgaben unterstützen. Alle nicken. Gemeinsam verständigen sie sich auf vier weitere Grundsätze. Der Lehrer lächelt. »Schön, dass wir einer Meinung sind.« Bevor er geht, bittet er die Eltern, ihn bei Problemen anzurufen.

Eltern und Lehrer sind durchaus verschiedener Meinung, was und vor allem wie eine Schule dazu beitragen soll, Kinder und Jugendliche »für später« optimal vorzubereiten. Wird das von einer Schule ignoriert, gibt sie Eltern das Gefühl, sie dürften nur gelegentlich aus großem Abstand in eine fremde Welt hineinschauen, führt dies schnell zu vermeidbaren Missverständnissen. Beispiel Mathematik. Alle Eltern hatten selbst Matheunterricht. Einige haben noch heute in ihrem Beruf ständig mit mathematischen Problemen zu tun. Fast jeder hat deshalb eine Vorstellung davon, was in einem guten Matheunterricht vorkommen sollte: Nämlich die Methoden und Regeln, die viele selbst einmal aufgeschrieben und gelernt haben. Wenn eine Schule heute Mathematik anders unterrichten möchte, wenn sie experimentieren und Mathe mit den Händen begreifbar machen will, ist das für die Eltern ungewöhnlich. Die Schule sollte ihnen zugestehen, diese Methode erst einmal selber kennen zu lernen. Der beschriebene Eltern-

206

abend ist natürlich ein Idealfall und auch an unserer Schule eine Ausnahme. Die Regel sind Elternabende voller kleinteiliger Diskussionen, Widersprüche, manchmal einem Übermaß an Information, manchmal ohne große Beteiligung. Gestresste Eltern, die einen harten Arbeitstag hinter sich haben, Lehrer, auf die zu Hause Dutzende Klassenarbeiten auf die Korrektur warten, Abende, an denen eigentlich jeder etwas Besseres zu tun hätte. Trotzdem gibt es einen Unterschied zu anderen Schulen, der aufmerken lässt. Fast alle unsere Eltern begreifen Elternabende als ihre Chance, die Schule mitzugestalten. Dort kommen sie zu Wort, dort findet eine Verständigung mit den Lehrern ihrer Kinder über die Unterrichts- und Erziehungsarbeit der Schule statt. Bei allen Elternabenden sind die Klassenräume voll, fast jeder Schüler vertreten.

Einbindung in den Schulalltag

Eltern sind an der Schule ihres Kindes nicht nur willkommen. Sie sind ausdrücklich erwünschte, wichtige und zuverlässige Partner einer Schule. Wir sind glücklicherweise nicht die Einzigen, für die es selbstverständlich ist, die Eltern an der Arbeit ihrer Kinder teilhaben zu lassen. Was im Unterricht erarbeitet wurde, wird für Präsentationen aufbereitet und ausgestellt. Eltern dürfen sehen, was ihre Kinder gelernt haben, und sollen unmittelbar merken, ob und in welchem Maße sich ihre Kinder in der Schule wohl fühlen. Kai hat zu Hause so lange gedrängelt, bis er die große Bambuspflanze aus dem Flur mit in die Schule bringen durfte, weil er fand, sie passe gut in die Ecke des Klassenraums. Hanna und Dorothea haben ihre Lieblingsbücher aufs Fensterbrett gestellt, weil sie möchten, dass auch die anderen die Bücher lesen. Wenn Eltern in der Schule willkommene Gäste sind, verstehen sie meist ohne weitere Erklärung, warum ihre Kinder sich so verhalten, und überlegen sich, was sie beitragen könnten.

Viele Schulen lassen diese Chance auf eine Einbindung der Eltern in den Schulbetrieb ungenutzt verstreichen. Sie bemühen sich nicht darum oder sie wissen mit solchen Angeboten nichts anzufangen. Manche empfinden elterliche Unterstützung, wenn sie über das gelegentliche Kuchenbacken fürs Schulfest hinausgeht, geradezu als unerwünschte Einmischung. Andere haben – oft der Not gehorchend – die Eltern als Geldgeber entdeckt und bitten immer wieder, mehr oder weniger verschämt, um Spenden. Das tun wir auch und halten es nicht nur aus finanziellen Gründen für unerlässlich und notwendig. Wir erwarten von den Eltern, dass sie Mitglied im Förderverein sind, den es wie an fast jeder anderen Schule auch an unserer Schule gibt. Wir erklären den Eltern, warum wir sie um eine regelmäßige Jahresspende von »mindestens 50 Euro« bitten, die unmittelbar in die Jahrgangskasse des jeweiligen Kindes fließen und für Materialanschaffungen und zusätzliche Aktivitäten zur Verfügung stehen. Aber wir sagen dabei auch, dass Geld nicht unser eigentliches Anliegen sei, sondern dass wir alle Eltern unserer Schüler vor allem als Partner für unsere Schule gewinnen möchten.

Jene Absage war eine Katastrophe. In sechs Tagen sollte der »Gestiefelte Kater« Premiere haben, die ersten Vorstellungen waren bereits ausverkauft, die Proben liefen auf Hochtouren, als das Frankfurter Schauspiel anrief. Leider könne man die Zusage, einige Kostüme auszuleihen, doch nicht einhalten. Kurzfristige Änderung im eigenen Programm. Plötzlich fehlten dem Kater und seinem Prinzen etwas zum Anziehen. Wir riefen die Eltern zu Hilfe. Sieben Mütter kamen, trafen sich an den nächsten fünf Nachmittagen bis in die Nacht hinein mit einer Lehrerin in der Schule und ließen die Nähmaschinen rattern. Der Regisseur bestand trotz des Zeitdrucks auf Kostümen, die seinen Vorstellungen entsprachen. Immer wieder unterbrach er die Proben, um zu kontrollieren, dass der Frack des Prinzen auch genau so genäht wurde, wie er ihn sich ausgedacht hatte. Die goldenen Borten, die mit der Hand aufgenäht werden mussten, hatten bitte perfekt zu sitzen. Das rote Samtbändchen, das unbedingt zwischen den Borten verlaufen sollte, durfte keinesfalls fehlen. Die Generalprobe fand noch mit halbfertigen Kostümen statt, zur Premiere glänzte die Truppe in Kostümen, von denen die letzten eine halbe Stunde vor Vorstellungsbeginn fertig geworden waren. Die sieben Mütter waren fast so stolz wie die Schauspieler. Andere Eltern hatten das Büfett für die Premierenfeier aufgebaut. Ein Elternpaar saß an der Kasse. Alle drückten den Schülern die Daumen. Ohne Eltern wäre dieses Projekt vielleicht nicht gescheitert, aber doch nur mit erheblichen qualitativen Einbußen realisiert worden. Projekte, die über den Unterrichtsalltag hinausgehen, können ohne Unterstützung der Eltern eben kaum realisiert werden.

Von Eltern lernen

Keineswegs selbstverständlich ist, dass eine Schule die Möglichkeit nutzt, die Eltern auch in den Unterricht einzubeziehen. Olivers Vater ist Schatzsucher. Der Lehrer hat den Mann mit dem Metalldetektor zwar als Hobby-Archäologen vorgestellt, aber für die Schüler ist der Ausflug zu dem Trümmergrundstück in der Nähe von Mainz mehr eine Schatzsuche als eine Geschichtsstunde. Ewigkeiten ist es her, dass hier Menschen einer längst vergangenen Kultur gelebt haben, und trotzdem, behauptet Olivers Vater, könne man hier immer noch Münzen, Speerspitzen und Gefäßscherben finden. Als Beweis hatte er alle Fundstücke aus der Römerzeit, die er in dieser Gegend gefunden hatte, in den Unterricht mitgebracht und erklärt, welche Bedeutung sie haben. Heute wollen die Schüler selber fündig werden. Mit dem Wissen und der Hilfe von Olivers Vater wird das vielleicht sogar klappen. Der Lehrer, der selbst noch nie eine Ausgrabungsstätte besucht hat, ist genauso gespannt wie seine Schüler.

Auch in der Klasse von Dorothea Hahn ist ein Vater zu Gast. Auf seinem Anhänger hat der gelernte Schäfer fünf Schafe, gemeinsam mit seiner Tochter zeigt er auf dem Schulhof, wie man ein Schaf schert, ohne das Tier oder sich selbst dabei zu verletzen. Wer sich von den Mitschülern traut, darf auch mal selbst mit anpacken. Die selbst geschorene Wolle erinnert noch Wochen später im Klassenraum an die ungewöhnliche Biologiestunde.

Die Idee mit dem Pizza-Ofen hat ein anderer Vater, von Beruf Hausmeister und handwerklich begabt, als ihm sein Sohn von dem Ernährungsprojekt erzählt, das die Klasse seit ein paar Tagen beschäftigt. Eigentlich sollten sie ja lernen, was der Mensch für eine gesunde Ernährung braucht. Aber manchmal würden sie auch alle gemeinsam etwas kochen. Die Klasse habe entschieden, Pizza zu backen. Wenn schon Pizza, dann aber in einem richtigen Pizza-Ofen, sagte der Vater. Ein paar Tage darauf baute die Klasse mit ihm auf dem Schulhof einen funktionstüchtigen Pizza-Ofen fürs gemeinsame Mittagessen.

Diese drei Väter sind keine Ausnahme. Alle Eltern können etwas. Sie haben einen Beruf gelernt, manche sogar zwei oder drei, viele haben interessante Hobbys, sie wissen, wie man Ideen umsetzen kann, welche Kontakte zu Firmen und anderen Einrichtungen man braucht, um Dinge zu organisieren, fast jeder ist auf einem bestimmten Gebiet Spezialist und weiß etwas, was die Lehrer einer Schule nicht wissen und wovon ihre Kinder und deren Mitschüler profitieren könnten. Dennoch werden Eltern viel zu selten in den Unterricht mit eingebunden.

Das Beispiel eines Lehrers, der mit den Eltern seiner Klasse ein »Generationenprojekt« organisierte, zeigt, dass dies manchmal auch Gründe haben kann, die außerhalb der Schule liegen. Andre Reese hatte sich gefragt, was die Generationen eigentlich noch voneinander lernen. Werden Fähigkeiten innerhalb der Familie weitergegeben? Gibt es Großväter, die ein altes Handwerk beherrschen und den Schülern etwas zeigen können, was die meisten von ihnen sonst bestenfalls in einem Lehrvideo sehen würden? Um solchen Fragen nachzugehen, fragte er vor sechs Jahren bei einem Elternabend, wer von den Eltern und Großeltern über künstlerische oder handwerkliche Fähigkeiten verfüge, die er in einem Workshop weitergeben könne. Tatsächlich hatten die Eltern Interesse daran, mit den Schülern eine Woche lang zu unterschiedlichen Themen zu arbeiten. Es entstand ein einwöchiges Projekt mit einer Eröffnungs- und einer Abschlussfeier, bei dem über fünfzig Eltern, Großeltern und Kinder in kleinen Gruppen zusammenarbeiteten, schrieben, kochten, musizierten, fotografierten und nähten.

Es ist leider eine Ausnahme geblieben. Auch wenn Andre Reese sechs Jahre später, als er erneut Klassenlehrer einer sechsten Klasse war, seine Idee noch einmal durchgeführt hat. Aber er ist mit seiner Idee und dem Versuch, Eltern in die Unterrichtsarbeit der Schule mit einzubeziehen, an Grenzen gestoßen, die heutige Berufs- und Lebensbedingungen vorgeben. Die meisten Eltern sind beruflich so eingebunden, dass für größere Gruppen Terminvereinbarungen äußerst schwierig sind. Großeltern nehmen immer seltener unmittelbar am Alltagsleben einer Familie teil. Vielleicht ist dies mit ein Grund, warum sie sich kaum am Generationenprojekt beteiligen. Trotz derartiger Widrigkeiten halten wir an unserem Ziel fest. Möglichst viele Eltern sollen aus skeptischen Beobachtern zu aktiven Bündnispartnern der Schule werden.

Einmischung der Schule in die häusliche Erziehung

Was zu Hause passiert, prägt einen Schüler auch in der Schule. Was ein Junge oder Mädchen in der Schule lernt, hat auch private Auswirkungen. Schulische Ausbildung und elterliche Erziehung unterstützen oder behindern einander. Es hängt

sehr viel davon ab, ob zwischen Schule und Elternhaus eine
Verständigung über gemeinsame Ziele und Methoden stattfindet. Sie erfordert viel Zeit, immer wieder neue Anläufe und
ein Klima des Vertrauens, das nicht von selbst entsteht, sondern das ein Ergebnis vieler gemeinsamer Erfahrungen ist.

Ein nahe liegendes Beispiel: In der Schule wird das Kind
zum Lesen angehalten, es führt Lesetagebücher, übt die neue
Rechtschreibung und denkt sich regelmäßig Geschichten und
Gedichte aus, die es aufschreiben und vortragen soll. Zu Hause
wird dagegen – oft mit dem Einverständnis der Eltern – mehrere Stunden am Tag das Fernsehprogramm konsumiert und
am Computer gedaddelt.

Mehrfach haben wir die Fastenzeit genutzt, um über solche
Verhaltensweisen gemeinsam nachzudenken. Alle, auch die
Lehrer, verzichten dann auf etwas, worauf zu verzichten
schwer fällt. Süßigkeiten wurden oft genannt, aber ganz oben
auf der Liste stand das Fernsehen. Wir haben vereinbart, zunächst einmal drei Tage lang ein genaues Tagebuch über den
Fernsehkonsum zu führen, um anschließend eine Woche
ganz aufs Fernsehen zu verzichten. In dieser Woche berichteten die Kinder, wie schwer der Fernsehverzicht gefallen sei. Er
ließe sich zu Hause einfach nicht durchsetzen. Die Eltern hätten sich lustig gemacht oder seien dagegen.

Wir haben daraus den Schluss gezogen, es sei erforderlich,
mit den Eltern Klartext zu reden. Wer es für richtig halte, seinem Kind ein Fernsehgerät ins Zimmer zu stellen, möge es
bitte gar nicht erst an unserer Schule anmelden, ist eine Forderung. Wir wollen, dass die Eltern sich entscheiden, welche Fähigkeiten sie bei ihren Kindern fördern und fordern wollen.
Teilen Eltern nicht die Überzeugungen der Schule, die wir bei
den Informationsabenden für die Eltern künftiger Schüler immer wieder zum Anlass gründlicher Erläuterungen über unsere Ziele und Erwartungen an die Eltern machen (in diesem
Fall: Kinder lernen Lesen nicht vorm Fernseher, sondern mit
Büchern), und unterstützen sie diesen Weg der Schule nicht

auch zu Hause, dann wird ein Kind vermutlich weniger lernen, als bei Zusammenarbeit von Schule und Eltern möglich gewesen wäre. So werden beide Parteien in die Verantwortung genommen. Die Schule hat, methodisch vorgehend, Grundlagenwissen zu vermitteln und mit den Schülern einzuüben. Aber sie hat auch die Eltern durch Veranstaltungen, Elternbriefe und Materialien über Ziele und Inhalte des Unterrichts zu informieren. Von den Eltern wird erwartet, dass sie – von der Schule informiert – ihre Möglichkeiten nutzen, die Kinder auch zu Hause zu fördern. Damit sind gerade nicht zusätzliche Nachhilfestunden, Diktate oder Vokabel-Abfragen gemeint, sondern beispielsweise im Fall von Lesen und Schreiben, dass sie zusätzliche Schreibanlässe schaffen, indem sie ihre Kinder die Einkaufsliste oder einen Brief an die Oma schreiben lassen oder abends über die Bücher reden, die ihr Kind gerade liest. Würden mehr Väter und Mütter zunächst einmal darüber nachdenken, was sie selbst dazu beigetragen haben, damit ihre Kinder gern lesen und schreiben, hätten wir vermutlich weniger Empörung über die mittelmäßigen Lese- und Schreibfertigkeiten unserer Schüler.

Ein weiteres Beispiel: Immer wieder erlebten wir Kinder, die hungrig im Unterricht saßen und auf die große Pause warteten, um sich etwas kaufen zu können. Der Schulelternbeirat forderte ein reichhaltigeres Angebot des Schulkiosks. Die Kinder brauchten Joghurt, belegte Brote, Süßigkeiten – und mittags natürlich ein warmes Mittagessen für diejenigen, die nachmittags noch in den Arbeitsgemeinschaften beschäftigt seien. Meine Gegenforderung lautete, zukünftig solle es in jedem Haushalt morgens Müsli für die Kinder geben, außerdem eine Blechdose, in der jedem Kind ein belegtes Brot und ein Apfel mitgegeben wird, und wenn das Kind mittags in der Schule bleiben würde, solle es in einem Schraubglas auch sein Mittagessen mitbringen. Ich bin auf Unverständnis gestoßen.

Natürlich kenne ich die Gründe. In immer mehr Familien sind beide Elternteile berufstätig, die morgendliche Hetze, die in vielen Elternhäusern herrscht, ist durch die pädagogischen Forderungen der Schule nicht aus der Welt zu schaffen. Auf eine gesunde Ernährung achten die wenigsten, schon gar nicht, wenn der Verzicht auf allzu viel Süßigkeiten zu heftigen Konflikten mit den Kindern führt, denen die Werbung täglich versichert, Fruchtzwerge und Milchschnitten machen Kinder glücklich und seien auch noch gesund. Das bedeutet jedoch nicht, dass eine Schule auf ihre Forderungen an die Eltern verzichtet. Unter anderem kann sie Ernährung zu einem wichtigen Thema des Unterrichts machen – was einschließen mag, dass Lehrer und Schüler sich immer mal wieder Zeit nehmen, gemeinsam und in aller Ruhe gut zu frühstücken. Nach meiner Erfahrung sollte eine Schule darauf bestehen, dass am Schulkiosk keine Süßigkeiten verkauft werden. Andererseits muss man auch den Eltern entgegenkommen und Kompromisse finden, wie man die Schüler gemeinsam zu einer gesunden Ernährungsweise erziehen kann. Denn ohne die Unterstützung der Eltern hat eine Schule gerade in diesen Fragen wohl nur geringe Wirkung.

Konkurrenzsituationen zwischen Eltern und Schule

Eine Schule, mit der sich die Schüler identifizieren, und Eltern, denen ihr Kind am Herzen liegt, werden immer wieder in Konkurrenzsituationen geraten. Denn gerade die von Kindern und Jugendlichen akzeptierte Schule trägt dazu bei, ihre Schüler mehr und mehr den Eltern zu entfremden.

»Lassen Sie Ihr Kind los!«, ist eine der wichtigsten Bitten, die wir bei der Begrüßung unserer neuen Schüler Jahr für Jahr an die Eltern richten. Das lässt sich niemand gerne sagen, der sein Kind während der Kindergarten- und Grundschuljahre liebevoll und aufmerksam begleitet hat. Auch wenn die meisten Eltern verstehen, dass ihr Verhalten entscheidend dazu beiträgt, ob und wie ihr Kind zur Selbständigkeit findet.

Die zunehmende und grundsätzlich bejahte Unabhängigkeit ihrer Zöglinge ist manchmal nur schwer zu ertragen, insbesondere wenn sie einschließt, dass nun fremde Erzieher für das Kind scheinbar ebenso wichtig werden wie die eigenen Eltern.

Marians Mutter stand jeden Tag vorm Klassenraum. Gleich nach dem letzten Klingeln kam sie hinein, schrieb die Hausaufgaben von der Tafel ab und begann oft mit dem Lehrer eine Diskussion über den Sinn oder Unsinn einzelner Aufgaben. Als wir sie baten, dies zukünftig zu unterlassen, weil wir der Meinung seien, ihr Kind würde so daran gehindert, für sich selbst Verantwortung zu übernehmen, saß am nächsten Tag der Vater bei mir im Büro. Er sei Psychologe, sagte er. Er wisse, was Kinder brauchen. Mag sein, entgegnete ich. Aber wir seien überzeugt, Marian leide darunter, so gegängelt zu werden. Aus Zorn haben die Eltern ihr Kind zum Ende des Schuljahres abgemeldet.

Für viele Eltern ist es schwer zu ertragen, wenn die Schule ihnen Grenzen setzt. Sie sind es gewohnt, die Interessen ihres Kindes zu vertreten. Sie wollen es beschützen, ihm helfen. Doch auch die Schule ist ein Interessenvertreter des Kindes – gerade gegenüber den Eltern. Wenn Eltern etwas tun, was ihrem Kind schadet, ist es die Aufgabe der Schule sich einzumischen. Sinngemäß sagen wir den Eltern, wenn sie ihre Kinder am ersten Schultag in die Helene-Lange-Schule begleiten: Sie vertrauen uns Ihr Kind an. Wir wissen, was das für Sie bedeutet, und werden tun, was in unseren Kräften steht, dies Vertrauen nicht zu enttäuschen. Aber wir begreifen es auch als Aufforderung, uns von jetzt an einzumischen und die Interessen des Kindes zu vertreten – gemeinsam mit Ihnen, aber wenn es notwendig ist, auch gegenüber Ihnen.

Von der neuen Schule, die seine Eltern für Marian ausgewählt hatten, wurden wir in den Sommerferien gebeten, seine Schülerakte zu übersenden. Ich rief die Mutter an. Die erklärte mir, sie habe nur so aus Interesse in einer anderen

215

Schule vorgesprochen. Marian solle auf jeden Fall an der Helene-Lange-Schule bleiben.

Das sei nicht so einfach, erwiderte ich. Sei ein Kind abgemeldet worden, sei es abgemeldet. Eine Ausnahme – im Interesse des Kindes – könnten wir in diesem Fall nur machen,
wenn beide Eltern bereit seien, mit uns einen Vertrag abzuschließen, welche Umgangsformen zwischen ihnen und der
Schule künftig verbindlich gelten sollten. Ich bat sie, gemeinsam mit ihrem Mann zu einem Gespräch in die Schule zu
kommen. Die Eltern kamen nicht.

Dafür erschien am ersten Schultag nach den Ferien Marian.
Von unseren Einwänden hatten ihm seine Eltern kein Wort
gesagt, sondern ihn im Glauben gelassen, er könne selbstverständlich wieder in seine alte Klasse gehen. Offensichtlich waren sie der Ansicht, wir würden klein beigeben, wenn er erst
mal in seiner Klasse sitze. Weil ihn seine Eltern in einer anderen Schule angemeldet hätten, dürfe er leider nicht mehr hier-
her zur Schule kommen, sagte ich ihm. Jedenfalls so lange, bis
seine Eltern mit mir geredet hätten. Diesmal kamen sie.

Wir haben dann tatsächlich einen Vertrag geschlossen. Die
Eltern verpflichteten sich, die Schule nur noch zu betreten,
wenn sie ausdrücklich eingeladen wurden, Marian nicht
mehr von der Schule abzuholen, auf Elternabenden erst einmal zuzuhören, anstatt alles und jeden zu kritisieren, und Marian seine Aufgaben zu Hause alleine machen zu lassen. Denn
gerade aus Marians Fehlern lernten seine Lehrer, wie sie ihm
besser helfen könnten. Im Gegenzug erklärte sich die Schule
bereit, einer Wiederaufnahme von Marian zuzustimmen. Es
war nicht der letzte Konflikt mit diesen Eltern. Aber beim Abschied nach sechs Jahren haben sie sich ausdrücklich bedankt,
dass wir die Interessen ihres Sohnes auch gegen sie durchgesetzt haben.

Nicht immer endet ein solcher Konflikt im Guten. Karolines Vater, der schwer damit zu kämpfen hatte, seine beruflichen Anforderungen und die Erziehung seiner Kinder mitein-

ander zu vereinbaren, seitdem sich seine Frau von ihm getrennt hatte, betrachtete die Lehrer als Gegner. Er suchte die Schuld für Karolines immer aufmüpfigeres Verhalten in der Schule, bedrängte den Klassenlehrer auf Elternabenden, besuchte ihn unangekündigt zu Hause, bestärkte aber sein Kind zugleich, sich im Unterricht bloß nichts gefallen zu lassen. Mit ihm war nicht zu reden. Das gehe uns nichts an, sagte er, wenn wir versuchten, mit ihm über das Verhalten seiner Tochter und ihre Probleme zu reden. Nach den Eindrücken ihrer Lehrer hatten Karolines Schwierigkeiten nur wenig mit dem Unterricht, aber viel mit der häuslichen Situation zu tun. Wenn er meine, dass uns das nichts angehe und er nicht mit uns zusammenarbeiten wolle, dann sei dies die falsche Schule, sagte ich dem Vater eines Tages. Das glaube er auch, sagte er und nahm sein Kind von der Schule.

In solchen Situationen haben alle verloren, weil es beim Aufwachsen von Kindern nicht darum geht, welcher Erwachsene Recht hat oder das letzte Wort behält. Auch wenn Spannungen, die zwischen Eltern und Schule entstehen, belasten, an den Nerven zehren, Geduld erfordern: Wenn das Kind am Ende der Verlierer ist, dann muss das für die Schule ein Anlass sein, sich kritisch zu fragen, ob sie nicht trotz aller Bemühungen etwas falsch gemacht hat.

Lukas hörte in der achten Klasse auf zu lernen. Er machte keine Hausaufgaben mehr, er hörte nicht mehr zu und redete kaum noch. Nach einigen Wochen geduldigen Abwartens fragte ihn seine Klassenlehrerin, was los sei. Lukas wollte zuerst nicht reden. Dann begann er zu schluchzen. Sein Vater habe eine andere Frau, seine Eltern redeten nicht mehr miteinander, selbst im Eisschrank hätten sie getrennte Ecken. Jeden Abend weine sich seine Schwester in den Schlaf.

Das erzählte mir die Klassenlehrerin und ich bat den Vater zu einem Gespräch. Als Schulleiterin könne ich nicht mit ansehen, wie sehr sein und seiner Frau Verhalten das Leben der beiden Kinder beeinträchtige. Ich solle mich nicht in seine

217

Angelegenheiten einmischen, erwiderte er. »Glauben Sie mir bitte«, habe ich ihm geantwortet, »dass es mir alles andere als leicht fällt, mit Ihnen über Ihre häuslichen Probleme zu sprechen. Sie gehen mich in der Tat nichts an. Aber die Auswirkungen, die diese Situation auf Lukas und seine Schwester hat, die ist sehr wohl auch unsere Sache. Da werden wir Partei ergreifen, auch wenn Stillschweigen bequemer wäre.« Lukas' Eltern – auch mit der Mutter habe ich mehrfach ausführlich gesprochen – fassten die Gespräche in der Schule so auf, wie sie gemeint waren. Als eine ernste Warnung, dass Lukas mit der Situation zu Hause nicht zurechtkommt, und als Hinweis, dass die Schule das Problem zwar nicht lösen, wohl aber darauf bestehen kann, dass die Eltern versuchen, eine für die Kinder erträgliche Lösung zu finden. Beiden ist das gelungen.

Wohl auch weil sie – anders als Karolines Vater – besser damit umgehen konnten, dass ihr Kind an unserer Schule ein Vertrauensverhältnis zu einer Lehrerin aufgebaut hatte, in dem es sich sicher genug fühlte, um ihr sein Problem anzuvertrauen. Sicher bedeutet das »Konkurrenz«. Aber es bedeutet eben auch eine Chance. Andere Erwachsene als Vater und Mutter sind heute als Vertrauenspersonen eher die Ausnahme als die Regel. Es mag heute noch den Sporttrainer oder den Gitarrenlehrer in der Musikschule geben, aber die Beziehungen der Kinder und Jugendlichen zu diesen Erwachsenen gehen selten über eine funktionale Bindung hinaus. Persönliches bleibt ausgespart.

Eine anonyme Umfrage im Religionsunterricht einer neunten Klasse, bei der es um die Einstellung der Schüler zu Gott, zu verschiedenen Religionen und Begriffen wie Glück und Sehnsucht ging, schloss mit zwei Fragen. Ob es ihnen wichtig sei, über solche Fragen zu reden? Die fast ausnahmslose Antwort: Sehr! Ob sie mit ihren Eltern oder anderen Erwachsenen außerhalb der Schule über solche Themen reden könnten? 22 der 25 antworteten knapp: Nein.

Wenn Eltern das Selbstverständnis der Schule missachten

Als Schule haben wir immer versucht, die Eltern für uns zu gewinnen. Dazu gehörte vor allem, dass sie die Erfahrung machten: Die meinen es gut mit meinem Kind. Die kennen es erstaunlich gut. Die geben sich viel Mühe, mit ihm alles richtig zu machen. Nicht bei allen Eltern ist uns das gelungen. Manche sind tatsächlich durch ihre Berufe so überlastet, dass wenig Zeit bleibt, sich auf die Schule der Kinder ernsthaft einzulassen. Manche sind an der Schule einfach nicht interessiert, auch was ihre Kinder bewegt, freut oder belastet, interessiert sie im Grunde nicht, solange die Zensuren stimmen. Mit anderen gibt es Konflikte, weil sie finden, dass die Schule sich falsch verhält, mehr auf Leistung achten und mehr ordentlichen Unterricht statt der vielen Projekte machen sollte. Oder dass ihr Kind ungerecht behandelt werde. Manchen missfällt auch, dass ihr Sohn oder ihre Tochter von der Schule Grenzen gesetzt bekommt, die sie als Eltern nicht oder anders setzen würden. Fast immer werden solche Konflikte unmittelbar zwischen den Eltern und dem Klassenlehrer oder der Schulleitung, sozusagen unter vier oder sechs Augen, ausgetragen. Manchmal erfolgreich, manchmal aber auch ohne einen Kompromiss zu finden, weil sich die Meinungsverschiedenheiten nicht überbrücken lassen. In sehr seltenen Fällen haben wir Auseinandersetzungen mit den Eltern »öffentlich« geführt, eine Gratwanderung, die wir nur dann wagten, wenn es dabei um Prinzipien ging, die für unsere Schule von besonderer Bedeutung sind und bei denen wir meinten, dass Unklarheit und Nachlässigkeit dazu führen, dass das Wertbewusstsein der Schüler korrumpiert wird.

Sophies Freundinnen wünschten sich, die Ferien würden ein paar Tage später anfangen. Natürlich freuten sie sich auf den Sommerurlaub, aber bis dahin hatten sie nur noch drei Tage Zeit! Drei Tage, um ihren Auftritt für die Begrüßungsfeier der neuen Fünftklässler am Anfang des nächsten Schuljahres vorzubereiten.

Sophie war nervös. Die Elfjährige hatte auch eine Rolle, eine wichtige sogar, die sie noch nicht richtig konnte. Aber das war es nicht. Ihre Eltern hatten den Sommerurlaub so gebucht, dass sie schon zwei Tage vor Ferienbeginn fliegen würden. Weil das nicht erlaubt war, durfte sie niemand davon erzählen. Die Eltern würden ihr ein Attest besorgen.

Noch zwei Tage! Es schien alles zu klappen: Die Kostüme waren fertig geworden, die Texte gelernt, genug Zeit, um noch ein paar Mal zu proben – als jemand merkte, dass Sophie fehlte. Weder sie noch die Eltern waren für die Klassenlehrerin am Telefon zu sprechen. Der große Bruder versicherte, Sophie liege krank im Bett, gleich morgen werde er ein ärztliches Attest ins Sekretariat bringen. Der Klassenlehrerin kam die Entschuldigung »irgendwie einstudiert« vor. Sie berichtete mir von ihrem Verdacht.

Der Bruder kam und brachte der Schulsekretärin eine ordentlich abgestempelte Bescheinigung des Hausarztes der Familie. Er wollte gerade gehen, als ich ihn abfing und ihn in mein Zimmer bat. Ich bluffte: Das Attest sei erschwindelt und die ganze Geschichte mit Sophies Krankheit erlogen. Ein Treffer! Es war ihm offensichtlich peinlich und er gab zu, dass Sophie mit den Eltern schon im Urlaub war.

Einige von Sophies Freundinnen hatten den Schwindel von Anfang an durchschaut und fühlten sich im Stich gelassen, hatten aber nicht petzen wollen. Die Klassenlehrerin war enttäuscht, dass Sophies Eltern nicht nur gelogen, sondern auch noch die eigenen Kinder zum Lügen angestiftet hatten. Nach den Ferien bestellte ich Sophies Eltern zu einem Gespräch. Ich hatte mir überlegt, ob es nach sechs Wochen nicht besser sei, das Ganze zu vergessen, fand aber: Nein, es geht um etwas Grundsätzliches! Den Eltern war die Situation höchst unangenehm. An anderen Schulen sei so etwas kein Problem. Ich erinnerte sie daran, dass wir mehrfach darauf hingewiesen hätten, dass die Schule mit dem letzten Schultag und keinen Tag früher ende. Außerdem hätten sie ja nun ein ganzes Jahr immer wieder miterlebt, dass wir über Regelverletzungen nicht einfach stillschweigend hinweggingen. Alle Mitschüler von Sophie wüssten Bescheid. Wir verlangten von ihnen, dass sie zu ihren Taten stehen und sich entschuldigen. Wie können wir das von den Schülern erwarten, wenn sich die Erwachsenen nicht genauso verhalten? Die Eltern schluckten.

Am nächsten Tag kamen sie in Sophies Klasse, um sich zu entschuldigen. Ihre Tochter sei nicht krank gewesen, sondern mit ihnen in Urlaub gefahren. Die Kinder wunderten sich. Dann hätten sie ja gelogen, sagte eines. Manchmal gebe es auch Notlügen, versuchte der Vater sich zu rechtfertigen, worauf ein Schüler zurückfragte: »Wo war denn da die Not?«

Diese Viertelstunde hatte etwas Peinliches und zugleich etwas Befreiendes. Musste es nicht für Sophie eine scheußliche Erfahrung sein, wenn ihre Eltern vor den Augen ihrer Mitschüler so bloßgestellt wurden? Konnte es nicht bei denen Ängste auslösen, auch ihren Eltern könne Ähnliches einmal passieren? Wäre es nur um formale oder unsinnige Vorschriften gegangen, hätten wir Sophie, ihren Eltern und ihren Mitschülern diese Peinlichkeit erspart. Es war aber das Selbstverständnis der Schule, das von Sophies Eltern missachtet worden war. Lehrer und Schüler arbeiten und lernen gemeinsam, sind aufeinander angewiesen. An manchen Schulen mag es so sein, dass »nichts mehr läuft«, wenn die Zeugniskonferenzen vorüber sind. An unserer Schule herrscht kurz vor den Sommerferien immer Hochbetrieb. Der sechste Jahrgang bereitet die Aufnahmefeier zu Beginn des neuen Schuljahres vor, drei Jahrgänge ziehen innerhalb des Schulgebäudes in andere Räume um, in manchen Klassen werden letzte Projektergebnisse zusammengetragen und präsentiert. Für all diese Tätigkeiten gibt es keine Noten, sie tauchen in keinem Zeugnis auf, aber uns sind sie ebenso wichtig wie jeder benotete Fachunterricht. Sophies Eltern waren nicht die Einzigen, die das lernen mussten. Auch unsere Schüler müssen erst lernen, welche Verbindlichkeiten durch gemeinsame Vorhaben entstehen und welche Verantwortung das für den Einzelnen mit sich bringt. In Sophies Klasse wusste jeder, dass Sophie nicht krank geworden, sondern vorzeitig mit ihren Eltern in Urlaub gefahren war. Augenzwinkernd darüber hinwegzusehen, wäre trotz aller Peinlichkeit ein großer Fehler gewesen.

Dass Erwachsene Fehler machen, wissen auch Elfjährige. Dass sie bereit sind, für diese Fehler einzustehen und sich zu entschuldigen, ist für Kinder eine wichtige Erfahrung. Sie merken sehr genau, ob die Regeln, die für sie aufgestellt wurden, auch von den Erwachsenen ernst genommen und eingehalten werden. Wenn Eltern oder Lehrer einen Fehler gemacht haben und dafür einstehen, sich entschuldigen und das Notwendige tun, um die Situation wieder in Ordnung zu bringen, anstatt sich hinter fadenscheinigen Ausreden zu verstecken, beeindruckt das mehr als jede Moralpredigt.

15. Rechenschaft geben
Leistung messen und Qualität sichern

»Schlau wie die Koreaner und gut wie die Finnen.« Einige Leser werden diese Schlagzeile der *taz* sicherlich kennen. Der Spiegel jubelte nach Bekanntwerden unserer PISA-Ergebnisse sogar: »Eine Reformschule in Wiesbaden macht fast alles anders als die meisten Lehranstalten und stößt damit in die internationale PISA-Spitze vor.« Ihre Behauptung illustrierten die Journalisten mit einer Grafik, in der die durchschnittlichen Punktwerte der bei PISA erfolgreichsten Länder und Deutschlands mit dem absoluten Punktwert unserer Schule verglichen wurden. Der Darstellung ließ sich entnehmen, dass bei den Leseleistungen Deutschland 484 Punkte erreichte, Finnland als erfolgreichstes Land 546 Punkte und die Helene-Lange-Schule 579 Punkte (Abb. 1).

Die Zeitungsmacher haben damit einen Vergleich angestellt, der auf den ersten Blick beeindruckt, sich bei nochmaligem Überlegen aber als irreführend herausstellt. Um die PISA-Ergebnisse international vergleichen zu können, wurde für jedes teilnehmende Land aus den Ergebnissen aller beteiligten Schulen, die nach dem Losverfahren ausgewählt worden waren, ein Durchschnittswert errechnet. Für ein Länder-Ranking ist das vielleicht sinnvoll, aber selbstverständlich bedeutet es auch, dass es in jedem Land sehr viele Schulen gibt, die besser abgeschnitten haben als der Durchschnitt dieses Landes.

Auch der direkte Vergleich aller deutschen Schulen miteinander ist auf jeden Fall irreführend. Ein Gymnasium in Stutt-

Abbildung 1

Die grafische Darstellung unserer PISA-Ergebnisse in der Presse. Der absolute Punktwert wird gleichgesetzt mit den durchschnittlichen Werten Deutschlands und den »PISA-Besten«. *Quelle: Frankfurter Rundschau*

gart wird mit hoher Wahrscheinlichkeit bei einem Leistungstest bessere Durchschnittsergebnisse haben als eine Realschule in Brandenburg. Eine Schule, deren Schüler hauptsächlich aus Mittelschichtsfamilien stammen, wird mit hoher Wahrscheinlichkeit andere Ergebnisse haben als eine Schule in einem sozialen Brennpunkt mit einem hohen Anteil an Migrantenkindern. Deshalb haben die Wissenschaftler des Max-Planck-Instituts, die in Deutschland die PISA-Studie koordinierten, für jede Schule vorab ein mutmaßliches Ergebnis, den so genannten Erwartungswert, errechnet, das sich aus der Schulform, der Herkunft der Schüler, dem Standort, der Ausstattung und einigen anderen Faktoren ergab. Entscheidend für die Qualitätsbestimmung einer Schule war also nicht der absolute Wert, sondern ob mit dieser Punktzahl der Erwartungswert unterschritten, erreicht oder übertroffen wurde. Die Ergebnisse unserer Schüler wurden nicht mit denen in Korea oder Finnland, sondern mit den zu erwartenden Ergebnissen einer statistisch konstruierten Schülergruppe verglichen, deren Voraussetzungen unseren Schülern entsprachen. So waren Aussagen möglich, ob die Schüler einer Schule mehr oder weniger gelernt hatten, als zu erwarten war.

Die Ergebnisse sind aufschlussreich. Beim Lesen übertrafen wir den für uns errechneten Erwartungswert von 529 Punkten mit 579 Punkten deutlich. Bei den Naturwissenschaften erzielten wir 598 Punkte gegenüber einem Erwartungswert von 543 Punkten und auch in Mathematik lagen wir über dem Erwartungswert: 540 statt 523 Punkte. Was bedeutet das konkret? Nach Aussagen des Max-Planck-Instituts entsprechen 20 Punkte etwa den Lernleistungen eines halben Schuljahres. Sowohl beim Lesen als auch in den Naturwissenschaften haben unsere Schüler in der neunten Klasse demnach einen Wissensvorsprung von über einem Jahr.

Eigene Grafik

20 Punkte entsprechen den Lernleistungen eines Schülers in einem Schulhalbjahr. Das heißt, beim Lesen und in den Naturwissenschaften haben unsere Schüler in der neunten Klasse einen Wissensvorsprung von über einem Jahr. *Quelle: Max-Planck-Institut für Bildungsforschung*

Ein anderes Teilergebnis dieser Studie belegt, dass wir als integrierte Gesamtschule durchaus Höchstleistungen erreichten, wie sie sonst nur in Gymnasien erwartet wurden. Aufgrund unserer Schulform war es trotz der sonstigen »Merkmale« unserer Schüler statistisch wahrscheinlich, dass kaum einer unserer Schüler beim Lesen die höchste Kompetenzstufe erreichen würde. Tatsächlich erreichten aber 35,5 Prozent diese Kompetenzstufe.

Diese für uns erfreulichen Ergebnisse kamen nicht überraschend. Ein Jahr vor der Teilnahme an der PISA-Studie war die Helene-Lange-Schule im Rahmen einer internationalen Mathematik- und Naturwissenschaftsstudie[1] getestet worden. In ihr ging es vor allem um mathematische und naturwissenschaftliche Fähigkeiten und Kenntnisse von Schülern des gesamten achten Jahrgangs, wobei es weniger auf Lehrbuchwissen ankam, als auf die Fähigkeit, mathematische und naturwissenschaftliche Konzepte zu verstehen und anzuwenden. Auch diese Studie hatte das hohe fachliche Niveau bestätigt, auf dem unsere Schüler lernen, obwohl deutlich weniger Fachunterricht stattfindet. Besonders gefreut hat uns aber, dass es in den Naturwissenschaften zwischen Jungen und Mädchen keinen Unterschied gab.

»Evaluation«

Seit etwa zehn Jahren wird viel über die Notwendigkeit von »Evaluation« der tatsächlichen Arbeitsergebnisse einer Schule gesprochen. Vor knapp zwanzig Jahren, als die Helene-Lange-

---

1 Gemeint ist die »Dritte Internationale Mathematik- und Naturwissenschaftsstudie« TIMSS. Ausführlich sind die folgenden Ergebnisse für die Helene-Lange-Schule (und vier weitere hessische Gesamtschulen) dargestellt und erörtert in: Olaf Köller/Ulrich Trautwein (Hrsg.): »Schulqualität und Schülerleistung« [Juventa Weinheim/München 2003]

Schule noch ein Gymnasium war, taten dies höchstens Fachwissenschaftler. Im Gymnasium (und anfangs waren ja die meisten Lehrer unserer Schule Gymnasiallehrer) hatte niemals jemand nach Qualitätssicherung oder Ähnlichem gefragt. Alle waren überzeugt, hielte man sich nur einigermaßen an die Lehrpläne, dann seien auch die Mindeststandards gesichert, dann habe auch das, was man im Unterricht tat, irgendwie Qualität. Eine Überprüfung von außen, etwa durch die Schulaufsicht, fand nicht statt. Bei Abiturprüfungen hätten höchstens katastrophale Ergebnisse eines großen Anteils der Schüler – vielleicht – zur Frage nach der Qualität der schulischen Arbeit geführt. Gab es solche Einbrüche nicht, dann ging es beim Abitur eben nicht um die »Qualität der Schule«, sondern um die »Leistungen der Schüler«. Das hat sich an vielen Schulen leider bis heute nicht geändert, auch wenn die PISA-Ergebnisse zu allerlei öffentlichen Diskussionen geführt haben.

Dass wir schon viel früher begonnen hatten, unseren Schulalltag auf verschiedenen Ebenen kontinuierlich zu »evaluieren«, ist uns erst im Rückblick klar geworden. Aber mit der Neuorganisation unserer Schule und der Veränderung des Unterrichts wurden organisatorische Strukturen geschaffen, die das regelmäßige Nachdenken über die Qualität und die Verbesserungsmöglichkeiten der eigenen Arbeit förderten, sogar notwendig machten.

Zu den wichtigen Gremien, in denen ständig »interne Evaluation« stattfindet, gehören die Lehrerteams, die ihren Jahrgang sechs Jahre begleiten. Ich habe bereits geschildert, dass sie für einen langen und kontinuierlichen Lernprozess verantwortlich sind. Sie sind zuständig für die inhaltliche und methodische Arbeit in den Klassen, aber auch für das Verhalten der Schüler und das Schulleben innerhalb eines Jahrgangs.

Auch der Jahresarbeitsplan, der vom jeweiligen Team am Ende des Schuljahres für das Nächste erstellt wird, ist ein Beispiel für ein Hilfsmittel, das zwar eine ganz andere Hauptabsicht, nämlich Planung, hat, aber zugleich ständige »Evaluation« geradezu erzwingt. Er ermöglicht eine transparente Planung und im Verlaufe des Schuljahres eine kontinuierliche Überprüfung, inwieweit das, was tatsächlich erreicht wurde, mit der Planung übereinstimmt. Änderungen sind immer möglich, aber sie geschehen nicht mehr heimlich, sondern öffentlich. Jeden Montagnachmittag treffen sich alle Teams der Schule zu einer zwei- bis dreistündigen Teamsitzung, bei der Projekte vorbereitet, einzelne Abschnitte reflektiert, Präsentationen geplant, aber auch immer wieder Bilanzen gezogen werden. Das Nachdenken über den vergangenen Unterricht ist bei den Jahresbilanzen der Teams, die ein- bis zweimal im Jahr stattfinden, der Ausgangspunkt für weitere Planungen.

Neben den Teams gibt es noch andere Gremien und Anlässe, in denen oder durch die es Routine geworden ist, dass die Schule über sich selbst nachdenkt und darüber, ob sie eigentlich erreicht, was sie sich vorgenommen hat. Die Planungsgruppe, bestehend aus bis zu elf Mitgliedern, nämlich der gesamten Schulleitung und sechs Kollegen (einer aus jedem Team), ist ein Gremium, in dem zukünftige Vorhaben geplant und die bestehende Praxis reflektiert wird. Die Planungsgruppe greift Anregungen aus den Teams auf oder gibt von sich aus Anregungen in die Teams bzw. die Gesamtkonferenz, trifft jedoch keine eigenen Entscheidungen. Dies bleibt Gremien wie der Schulkonferenz und der Gesamtkonferenz vorbehalten. Ebenso wichtig für die Arbeit der Schule sind die pädagogischen Tage, eine zweitägige Veranstaltung, zu der sich das gesamte Kollegium einmal im Jahr trifft, um zu zentralen Vorhaben der Schule Bilanz zu ziehen oder um »über den Zaun« zu sehen und mit Hilfe von Experten oder Besuchen an anderen Schulen neue Anregungen zu gewinnen.

Neben diesen Formen der »internen Evaluation« wird die Arbeit der Helene-Lange-Schule sehr intensiv von außen begutachtet. 1992 konnte die Schule für fast zehn Jahre einen der wissenschaftlichen Mitarbeiter des Hessischen Instituts für Bildungsplanung und Schulentwicklung (HIBS) als ständigen wissenschaftlichen Berater und kritischen Außenbetrachter gewinnen. Seine Hauptaufgabe war es, der Schule ihre eigene Praxis zu spiegeln und aufgrund seiner Übersicht über das, was an anderen Schulen geschah oder was es an sonstigen deutschen und ausländischen Reformerfahrungen gab, Vorschläge zur Diskussion zu stellen.

Die »Praxis« der Helene-Lange-Schule ist häufig auch das Thema in Diskussionen mit Besuchergruppen, die in die Schule kommen, um sich über das Gesamtkonzept der Schule zu informieren und um im Unterricht zu hospitieren. Jede Woche gibt es mindestens eine derartige Hospitationsgruppe (Lehrer, Eltern, Politiker etc.), von denen fast alle hinterher eine schriftliche Rückmeldung über ihre Eindrücke geben.

Was wird aus unseren Schülern?

Eine der wichtigen Überprüfungen, für viele Eltern vermutlich sogar die wichtigste, dessen, was Schüler während ihrer Zeit in der Helene-Lange-Schule tatsächlich lernen oder nicht lernen, findet beim Übergang in andere Systeme statt. Ehemalige Schüler berichten uns gern und nach unserem Eindruck: ungewöhnlich häufig von Erfolgen an ihren weiterführenden Ausbildungsstätten. Um uns jedoch nicht nur auf diese eher unsystematischen Rückmeldungen, die uns insgesamt eher beruhigen und stolz machen, zu verlassen, wurde einige Jahre lang in Zusammenarbeit mit der Universität Jena eine »Absolventenstudie« durchgeführt, in der zunächst einmal die Schüler der Abgangsklassen gründlich befragt wurden – um nach drei Jahren, nachdem sie nun entweder die gymnasiale Oberstufe oder eine Berufsausbildung beendet hatten, noch einmal befragt zu werden. Besonders eindeutig sind nach den Ergebnissen dieser Studie die Befunde bei den Schülern, die anschließend eine gymnasiale Oberstufe besucht haben. Sie fühlen sich im Allgemeinen nicht nur »gut vorbereitet«, sondern eher »überqualifiziert«. Das selbständige Arbeiten, das Arbeiten außerhalb der Schule, das Rat-Suchen bei externen Experten sei – leider – in ihrer neuen Schule sehr viel eingeschränkter. Auch Zusammenarbeit unter den Schülern gebe es deutlich weniger. Bei den Fragen, mit denen ermittelt wird, als wie gut vorbereitet sich die Schüler in fachlicher Hinsicht sehen, gibt es auch Rückmeldungen, dass ihnen anfangs, je nach Lehrer oder eigenen Interessenschwerpunkten in den Klassen neun und zehn, der eine oder andere Stoff gefehlt habe. Aber die meisten Schüler sind in dieser Hinsicht selbstbewusst und fühlen sich methodisch gut darauf vorbereitet, sich Fehlendes selbst anzueignen.

Es sind zwei Merkmale unserer Arbeit, die gerade in den Anfangsjahren, als noch keine zuverlässigen Aussagen über den Erfolg oder Misserfolg unseres Schulversuches gemacht werden konnten, vielen Eltern Sorgen bereiteten. Erstens unterrichten wir bis zum Ende der zehnten Klasse alle Schüler im Klassenverband, unabhängig vom Leistungsniveau. Das ist ungewöhnlich, denn selbst an Gesamtschulen werden in der Regel die Schüler ab Klasse sieben in den Fächern Deutsch, Englisch und Mathematik getrennt nach ihrem Leistungsstand in Kursen unterrichtet. Zweitens verzichten wir zu Gunsten von Projektunterricht, Theater und Lernen außerhalb der Schule in beträchtlichem Ausmaß auf herkömmlichen Fachunterricht.

Am Ende der zehnten Klasse wechseln jedes Jahr zwischen 45 und 55 Schüler an die gymnasiale Oberstufe, um ihr Abitur zu machen. Sie treffen dort auf Schüler anderer Gymnasien, werden mit herkömmlichen Unterrichtsmethoden konfrontiert und müssen den ganz normalen gymnasialen Leistungsansprüchen gerecht werden, um ihre Abiturprüfung zu bestehen. Es gab etliche Eltern, die sich fragten, ob wir die Schüler mit unseren Methoden ausreichend darauf vorbereiten. Lange konnten wir darauf keine Antwort geben. Erst sechs

Jahre nachdem wir angefangen hatten, neue pädagogische Konzepte zu erproben, verließen die ersten Schüler die Schule. Es dauerte drei weitere Jahre, bis sie ihr Abitur ablegten. Neben der oben erwähnten Absolventenstudie gibt es mittlerweile jedoch eine Reihe von uns selbst vorgenommene »Studien«, die die Entwicklung unserer Schüler an der gymnasialen Oberstufe nachzeichnen. Die derzeit aktuellste Studie verfolgt über drei Jahre hinweg, wie sich die Leistungen ehemaliger Schüler entwickelten, die 2002 ihr Abitur ablegten. Mit erstaunlichem Ergebnis. Es gab kein Fach, in dem sich die durchschnittliche Leistung, gemessen an der Notenvergabe, nicht verbesserte. In Deutsch und Geschichte stieg die Durchschnittsnote aller Übergänger um 2,1 Punkte. In Physik um 1,9 Punkte, in Mathematik um 1,8 Punkte. Am Beispiel Mathematik lässt sich zudem deutlich machen, dass dieser Anstieg nicht vereinzelten Spitzenleistungen zu verdanken ist, sondern auf einem breiten Leistungsanstieg der Mehrzahl der Schüler, die ursprünglich aus der Helene-Lange-Schule kamen, beruht. Von 55 Schülern waren es 44, die ihre Note halten oder verbessern konnten. Nur vier verschlechterten sich um mehr als zwei Punkte. Auch zur Motivation der Schüler, eigenständig zu lernen und gute Arbeitsergebnisse vorzulegen, trägt das veränderte Unterrichtskonzept der Schule offensichtlich überdauernd bei. Die Schulleiterin des Oberstufengymnasiums, an dem ein Großteil der ehemaligen Helene-Lange-Schüler sein Abitur ablegt, kommt in ihrer schriftlichen Bewertung der letzten Studie zu dem Schluss: »Besonders gut lässt sich bei diesen Schülern beobachten, dass sie es gewohnt sind, selbstständig zu arbeiten, Arbeitsergebnisse vor Klassen und Gremien zu präsentieren, externes Expertenwissen zu beschaffen und sich sozial zu engagieren. Bemerkenswert ist der starke Leistungsanspruch, den nahezu alle ehemaligen Schüler der Helene-Lange-Schule an ihre eigene Entwicklung und ihr Potential haben.«

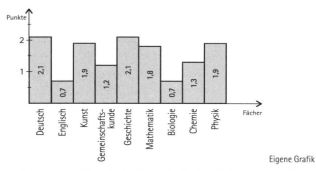

Eigene Grafik

Leistungsentwicklung in der Oberstufe: Es gibt kein Fach, in dem sich die Durchschnittsnote der Helene-Lange-Schüler nicht verbessert.
Quelle: Helene-Lange-Schule

Das gute Abschneiden der Schule gerade bei den Überprüfungen von außen hat uns gefreut und in gewisser Weise erleichtert. Konnten wir doch damit »beweisen«, dass der von uns eingeschlagene Weg richtig war. Wichtiger scheint mir jedoch zu sein, dass wir aus jeder dieser Evaluationen Hinweise erhielten, wie wir die Schule und den Unterricht noch besser machen könnten.

Von einer belehrenden zu einer lernenden Institution

Das pädagogische Konzept einer Schule wird nur dann eine beständige, mitreißende Kraft haben, die auch in schwierigen Zeiten stützt und motiviert, wenn es letztlich an wichtigen Ideen orientiert ist. Das können die Schlüsselprobleme unserer Zeit sein, etwa Frieden, Gerechtigkeit und Bewahrung der Schöpfung, oder aber Themen wie »Integration« (auf alle Menschen bezogen), die »Schule als polis« (also die Bürgerschule für die nachwachsende Generation) oder »Chancengleichheit«. Man darf diese großen Themen nicht gegeneinander ausspielen. Ein wenig von fast allen wird in den meisten Schulen zumindest Spuren hinterlassen haben. Doch in Schulen, die über Veränderungen nachgedacht und sich »auf den Weg gemacht haben«, sie umzusetzen, ist es fast immer ein wichtiges Thema, das gleichsam zum Leitthema geworden ist. Für die Helene-Lange-Schule könnte man dieses Thema so formulieren: Wenn wir ernst nehmen, dass die Schule ein Ort des Lernens ist, dann müssen wir vor allem immer wieder nach der Art und Weise fragen, wie bei uns gelernt wird, gelernt werden könnte, gelernt werden soll. Kein Rahmenplan nimmt es uns ab, nach den Zielen, den Gegenständen und Anlässen dieses Lernens zu fragen. Das müssen wir selbst tun.

Um eine solche Auseinandersetzung über die Inhalte von Schule führen zu können, bedarf es großer Gelassenheit im Umgang mit Kritik. Bei den Lehrern, aber auch bei den älteren Schülern unserer Schule ist diese Gelassenheit erst nach und nach entstanden. Der »Erfolg« bei den ersten gemeinsamen Schritten und der Stolz über das gemeinsam Erreichte haben sicherlich viel dazu beigetragen. Diese Gelassenheit ermöglicht, dass Kritik nicht mehr einfach abgewehrt werden muss, sondern dass man lernt, immer genauer zu unterscheiden. Was an dieser Kritik ist ungerechtfertigt oder utopisch? Was gibt uns Hinweise, wie wir das, was wir vorhaben, besser machen können, oder warum wir vielleicht auch erneut über unsere Ziele nachdenken müssen?

Jene Gelassenheit ist ferner eine Voraussetzung dafür, dass innerhalb der Schule selbstverständlich wird, die eigene Praxis immer wieder zu überprüfen. Haben wir erreicht, was wir erreichen wollten? Ist eingetreten, was wir erhofften? Eine solche Selbstverständlichkeit kann dann zu dem führen, was eine sich »evaluierende« Schule ausmachen sollte: Nach und nach aus einer nur belehrenden zu einer lernenden Institution zu werden. Eine Schule also, die die Fähigkeit erwirbt, als Institution über sich selbst nachzudenken, sich die eigenen Erfahrungen unbefangen bewusst zu machen und aus ihnen zu lernen.

Wenn eine Schule beginnt, ihren Alltag zu verändern, dann ist die Stimmung, man ist fast versucht zu sagen: der »Geist«, in der bzw. in dem diese Veränderungen geschehen, besonders wichtig. Es ist das alte Bild von dem halb vollen oder halb leeren Glas Wasser. Veränderungen festgefahrener Strukturen (»Das haben wir immer so gemacht!«) werden kaum gelingen, wenn man sie pessimistisch beginnt, gebannt auf die denkbaren Schwierigkeiten starrt (»Was das für den Stundenplan bedeutet!«, oder »Herr Kollege, haben Sie eigentlich die versicherungsrechtlichen Folgen bedacht?«), wenn man sich auf das Sammeln von Bedenken konzentriert oder wenn man negative Erfahrungen der Vergangenheit für alle Zukunft verallgemeinert (»Nicht schon wieder! Das haben wir doch schon vor drei Jahren ausprobiert, und was hat es gebracht? Nur Mehrarbeit!«). Stattdessen bedarf es vor allem der optimistischen Zuversicht, die auch die Zögernden ein wenig beflügelt, ihre Bedenken zumindest für eine Weile zurückzustellen. Es ist ein Klima, in dem es keine Denk- und Redeverbote gibt, in dem immer auch einmal die eigenen »heiligen« Kühe in Frage gestellt oder verulkt werden dürfen, ohne dass daraus Zynismus oder jene Art von innerer Distanzierung entsteht, die immer bei den anderen die Schuld oder die Verantwortung sucht. Es darf, ja es muss radikal (an die Wurzel gehend) gedacht werden. Die oft kleinen Schritte der Umsetzung können dann behutsam gegangen werden, aber es werden wenigstens Schritte in Richtung auf ein Ziel sein und nicht ein ermüdendes Vor-sich-hin-Hasten auf fremdbestimmten Wegen.

Ein solches optimistisches Klima entsteht nicht, wie durch ein Wunder, von selbst, sondern ist das Ergebnis von viel gemeinsamer Arbeit, aber auch von anderen Formen des Miteinander-Umgehens. Dazu gehört die Einsicht, dass eine Schule ihre Schüler nur dann als unverwechselbare Personen wahrnehmen und ernst nehmen kann, wenn auch die Lehrer sich an dieser Schule wahrgenommen und ernst genommen wissen können. Wenn ich mich in meinen subjektiven Anstrengungen nicht erkannt und gewürdigt fühle, empfinde ich das als Kränkung, die an die Substanz geht. Jeder sensible Pädagoge weiß, dass das für Schüler gilt. Aber es gilt sicher auch für Lehrer. Dieses Wahrnehmen und Würdigen findet nicht statt, wenn »Evaluation« bedeutet, in naiven Schlussfolgerungen die Leistungen der Lehrer an den Leistungen der Schüler messen zu wollen. Weder Kontrolle noch Konkurrenz sind Umgangsformen, die den Schulalltag bestimmen sollten. Wahrnehmen und Würdigen ist aber auch nicht etwas, das durch ein paar Streicheleinheiten von oben zu erledigen wäre, sondern es muss die Umgangsformen innerhalb des Kollegiums ebenso wie zwischen Lehrern und Schülern oder zwischen Eltern und Schule bestimmen. Auch das ist das Ergebnis von »Arbeit«, von Einfühlungsvermögen und -bereitschaft und von Achtsamkeit.

Die Schulleiterin
Eine Außensicht
Von Reinhard Kahl

»Wer führen will, darf denen,
die er führt, nicht im Weg stehen.«
Laotse

Zum Schluss des Buches sollte ein Kapitel über die Schulleitung stehen. Darum ging es auch bisher immer wieder, aber eher zwischen den Zeilen. Sobald dieses Thema allerdings ins Zentrum rückt, tritt die Person der Schulleiterin hervor. Welche Rolle spielt sie beim Gelingen der Schule? Die Antwort machte Enja Riegel – man kann es sich denken – Schwierigkeiten. Statt dieses Schlusskapitels nun also ein Blick von außen.

Ich kenne Enja Riegel seit Mitte der 80er Jahre. Auf einem Pädagogenkongress in Hannover begeisterte sie mit ihren Ideen das Publikum. Mehr noch überzeugte ihr Elan, diese auch zu verwirklichen. Seitdem habe ich die Helene-Lange-Schule beobachtet. Die Schulleiterin faszinierte mich sofort, aber ihr starker Einfluss behagte mir zunächst nicht. Sollte sich denn aus der angestrebten Selbständigkeit der Lehrer und Schüler nicht eher eine geringere Bedeutung der Leitung ergeben?

*

An ihrem ersten Tag als Direktorin der Helene-Lange-Schule sah Enja Riegel schwarz. Das Kollegium kam in Trauerkleidung. Ausnahmslos. Die Riegel sollte es nicht werden! Solchen Protest hatte es in einer Schule noch nicht gegeben.

Fast 20 Jahre später bedankte sich das Kollegium zur Pensionierung ihrer Schulleiterin mit einem Fest, das eine deutsche Schule wohl noch nicht erlebt hat. Tage und Abende hatten Lehrer das Programm vorbereitet und eigens einen Zirkus errichtet. Bei den Bauten in der abgeschirmten Turnhalle halfen Schüler und Profis, die sonst Bühnen für Popstars montieren. Enja Riegel durfte von all dem nichts mitkriegen. Aber die für diese Schule typische Vorfreude blieb niemandem verborgen. Als dann die Sägespäne in der Manege verteilt, der Baldachin darüber aufgezogen und die Scheinwerfer in allen Spektralfarben eingeschaltet waren, begann ein fast vollendeter Abend. Die Gäste saßen festlich gekleidet an Tischen, die von Schülern wie in einem feinen Restaurant gedeckt worden waren. Mancher Besucher traute seinen Augen nicht, zumal als Lehrer und ehemalige Schüler bühnenreife Stücke aufführten. »So etwas habe ich noch nie in einer Schule gesehen«, sagte Bernhard Bueb, der Leiter der Internatsschule Salem, und staunte über die Professionalität der Musiker, Schauspieler und auch der Technik: »Das kann doch nicht sein, dass das Lehrer sind?« Es waren Lehrer. Und einige von ihnen hatten 20 Jahre zuvor ganz in Schwarz protestiert.

Das Abschiedsfest vergegenwärtigte, was sich hier über Jahre getan hatte. Diese Schule hat einen starken Eigensinn. Sie hat ihre Formen gefunden und Rituale kultiviert. Jeder investiert viel. Die Schule erntet beste Ergebnisse. Und zum Schluss wird genossen. Das macht eine Atmosphäre, die jeder Besucher sofort spürt, bevor er sie sich erklären kann. Man fühlt sich zu Hause und frei. So war es auch an diesem großen Abschiedsfest im Februar 2003.

Ein Schatten allerdings lag über dem Zirkuszelt. Von ihm wussten an diesem Abend nur zwei Personen, die Schulleiterin und ihre Tochter, eine junge Ärztin. Am Vormittag, als eine Rede nach der anderen gehalten wurde, als Hartmut von Hentig und Andreas Flitner, mit dem ehemaligen Kultusminister Hartmut Holzapfel in der ersten Reihe saßen, erlitt Enja Riegel bei ihrer Rede einen leichten Herzinfarkt, den sie zunächst nicht wahrhaben wollte. War das zum Schluss die

Quittung? War der Einsatz nicht doch zu hoch? Kann diese Schulleiterin wirklich ein Vorbild sein? Und ist die Helene-Lange-Schule vielleicht doch nur die Ausnahme, die die Regel bestätigt, und eben nicht das richtige Modell? Oder muss man sich nicht endlich von dem Gedanken lösen, dass es das eine richtige Modell für die gute Schule gibt?

Die Helene-Lange-Schule ist das beste Bespiel für die Befreiung von dem Glauben an das eine richtige Schulmodell. Gleich einem Individuum hat diese Schule ihre Biographie, ihre eigene Geschichte, ausgehend von Bedingungen, die sie sich nicht hat aussuchen können. Das ist ein Modell anderer Art. Unvollkommenheit muss nicht verborgen werden. Fehler erweisen sich als ergiebiges Rohmaterial fürs Lernen.

Den Anstoß gab die Schulleiterin. Sie hat die Abkehr vom Leben im fremden Auftrag vorgelebt und davon ging eine ansteckende Gesundheit aus. Mit ihrem Selbstversuch war nicht alles, aber sehr viel gewonnen.

Auf nach Panama

Für Enja Riegel war die Bewerbung auf die Schulleiterstelle an der Helene-Lange-Schule im Jahr 1982 so etwas wie die entscheidende Schlusspassage ihrer Reise nach Panama. Man kennt ja die Geschichte von Janosch. Der Bär und der Tiger suchen ihr gelobtes Land. Auf dem Brett einer Bananenkiste identifizieren sie es: Panama. Die Reise einmal um die Welt führt sie zurück zu ihrer Hütte. Nun machen sie diese zu dem, was sie immer gesucht haben.

Enja Riegel war schon Schülerin der Helene-Lange-Schule. Dort wurde sie nach ihrem Studium Referendarin und an ihrer alten Schule unterrichtete die fertige Lehrerin dann auch die ersten Jahre. Als Pädagogin war sie zunächst von ihrer Helene-Lange-Schule enttäuscht, die sie in so guter Erinnerung hatte, wie zuvor auch die Grundschulzeit. Enja war begabt.

Die zweite Klasse hat sie übersprungen. Dazu musste sie zu Hause nachlernen. Ihre Mutter prügelte fehlendes Wissen regelrecht in die Tochter hinein. Es muss furchtbar gewesen sein. Die vornehme Dame rächte sich an dem Kind, das ihren Lebensstil beeinträchtigte. Aber so unglücklich es zu Hause zuging, so sehr sonnte sich Enja Glücklich, das ist ihr Mädchenname, neben ihrem Großvater, einem erfolgreichen Geschäftsmann, wenn sie neben ihm auf der Wilhelmstraße in Wiesbaden flanierte. Dann gehörte ihr beinahe die Welt. Der Großvater gab ihr Freundlichkeit, ja Liebe, und das Versprechen auf eine andere Welt als die zu Hause erlebte. Von ihm erbte Enja Glücklich wohl auch die Zuversicht, dass gelungenes Leben das bedrohte retten kann. Die Schule gehörte ebenfalls zu dieser besseren Welt.

Zwischen diesen Polen hatte das Wiesbadener Mädchen jedenfalls mitbekommen, was im Leben alles möglich ist. Vor allem hatte sie erfahren, dass Menschen einen Ort brauchen, an dem sie willkommen sind und wo man an sie glaubt, so wie der Großvater an seine Enja.

Nach dem Studium der Germanistik und Anglistik gab es für die Referendarin an ihrer alten Schule ein Erwachen. Ein Ort für Kinder und Jugendliche war ihre schöne Hela, wie die Schule schon damals genannt wurde, eigentlich nicht. Gar nicht. Der Blick ins Lehrerzimmer war desillusionierend. Die routinierte Schulmaschine drehte sich um die Fächer und den Stundenplan. Die wurden unterrichtet, weniger die Schüler. Der Schultag wurde im 45-Minuten-Takt zerhackt. Aus der neuen Perspektive wirkte die Schule muffig und gar nicht mehr vielversprechend. Aber die Vision blieb, dass eine Schule so sein müsse, wie Enja, die inzwischen Riegel hieß, sie in Erinnerung hatte.

Das Referendariat begann sie 1969. In dieser Zeit stand alles zur Disposition. Auch Enja Riegel wollte wissen, was die Eltern- und Großelterngeneration tatsächlich getan hatten, fragte sich, ob wir von denen wirklich abstammen wollen, oder ob wir uns nicht besser komplett neu erfinden. Sie wollte sich der deutschen Geschichte stellen, vor der das Land seit 1945 in das Immer-höher und das Immer-mehr von Wiederaufbau und Wirtschaftswunder geflohen war. Eine Zeit lang standen auch für Enja Riegel alle bürgerlichen Tugenden unter Faschismusverdacht. Schon die Forderung nach Sauberkeit erinnerte sie ans KZ und wurde als »anal« abqualifiziert. Alles hing unbesehen mit allem zusammen. Kräftig wurde das Kind mit dem Bade ausgeschüttet. Und doch war diese Rebellion für sie wichtig.

Lehr- und Wanderjahre

Inzwischen war Enja Riegel Mutter und bald stadtbekannt. Mit ihrem antiautoritären Kinderladen hatte sie einen alten, längst entwidmeten Friedhof besetzt und zum Abenteuerspielplatz *umfunktioniert*, so nannte man das damals. Auch eine Straße wurde öffentlichkeitswirksam zur Spielstraße für Kinder erklärt. Immerhin, aus dem alten Friedhof wurde ein Spielpark und das ist er heute noch. Aber Anfang der 70er Jahre wurden Schauergeschichten erzählt. Die rote Enja zünde mit Kindern auf dem Friedhof Bäume an und schände Gräber. Stimmte nicht, aber passte ins Bild. Tatsächlich hielt der Kinderladen für sie eine ganz andere Lektion bereit. Sie erlebte, dass der antiautoritäre Aufbruch nicht unbedingt zu mehr Freiheit führt. Gewiss, auch sie fand, dass gut geputzte Ruinen, als die sie vieles in ihrer Schule, auch in den Erziehungsritualen der Familie erlebte, eingerissen gehören. Aber wenn nichts Neues aufgebaut würde, hätte nur die Verwahrlosung gewonnen. Im Kinderladen drängte sich eigentlich jedem die Entdeckung auf, dass Kinder verlässliche Beziehungen zu Erwachsenen brauchen, sie hungerten geradezu nach Regeln und Ritualen. Das Thema war aber sofort umstritten. Schließlich sollte ja alles ganz anders werden und zwar sofort.

Die Rebellin wurde nachdenklich. Eine Dogmatikerin, die sich in Ideen verliebt, war sie nie. Sahen in ihr die einen noch jahrelang die rote Enja, erschien sie anderen schon als Pragmatikerin, die sich von der Radikalität verabschiedet hatte.

Seit ihrem Referendariat war sie also wieder an ihrem alten Gymnasium. Anfang der 70er Jahre wurde eine neue Schulleiterin bestellt. Sie kam von einer Frankfurter Gesamtschule, hatte Elan und wollte alles anders machen. In ihrer Antrittsrede machte sie an der Schule den Staub von Jahrhunderten aus und kündigte an, den ganzen gymnasialen, pädagogischen Müll und Schutt zu entsorgen. Diese Revolution von oben empörte einen Teil des Kollegiums und auch Eltern, bei denen das Misstrauen an Reformen wuchs, wollten sie vertreiben. Bei der nächsten Konferenz ließ der mit einer Lehrerfraktion und dem stellvertretenden Schulleiter verbündete Elternrat einen Müllcontainer auf dem Hof vor den Fenstern des Lehrerzimmers abladen. Die Presse war bestellt. Es dauerte nicht lange, da gab die neue Leiterin auf.

Wie in den meisten Schulen hatten auch an der Helene-Lange-Schule große Worte über die Reform von Gesellschaft und Schule Konjunktur. Nur den Unterricht und den Alltag der Schüler erreichten diese Ideen nicht. In dieser Zeit wurden Lehrerzimmer überall zu Schlachtfeldern zwischen den Anhängern konservativer *Bildung* und den Emanzipationsideen der häufig in sich zerstrittenen neuen Linken. Die meisten Gräben, die Anfang der 70er Jahre ausgehoben wurden, blieben einen 30jährigen deutschen Bildungskrieg lang offen und häufig hinterließ der Kampf Wüsten.

Entspannung versprach an der Hela ein neuer Schulleiter, Hubert Ivo. Er schrieb an einer neuen Didaktik für den Deutschunterricht und wirkte an den umstrittenen Hessischen Rahmenrichtlinien mit. Er hatte Ideen, konnte begeistern, war aber häufig zu Vorträgen unterwegs. Schon nach zwei Jahren erhielt er den Ruf an eine Universität. Später kam ein Neuer, der bald sehr beliebt war. Aber als ihm die Leitung des renommierten altsprachlichen Gymnasiums mit einer großen Oberstufe angeboten wurde, ging auch er. Das Kollegium fühlte sich von beiden, mit denen es sich voller Elan auf die Veränderung der Schule eingelassen hatte, versetzt und verletzt. Aber wer kümmert sich eigentlich um die Schüler und das ganze Wurzelwerk des Alltags? Dafür interessierte sich Enja Riegel immer mehr. Noch schien ihre Einsicht unzeitgemäß, dass es auf eine neue Kombination ankommt: vorsichtig kleine und mutige Schritte wagen, aber dabei den Blick nicht auf die Füße, sondern auf den Horizont richten.

Ihr Referendariat hatte sie abgeschlossen, vier Jahre war sie Lehrerin an der Hela, da verkrachte sie sich mit dem stellvertretenden Schulleiter über Ordnung und Unordnung im Klassenzimmer. Jetzt wollte sie an die pädagogische Basis, am liebsten zu einer Hauptschule. Das ging nicht, schließlich war sie Studienrätin. Aber der Wechsel zur Gesamtschule war möglich. Dort lernte sie noch einmal von Grund auf das Lehrerhandwerk und zwar von den Schülern, zumal von denen mit Schwierigkeiten, zumeist aus Arbeiter- und Migrantenfamilien, die zur Wilhelm-Leuschner-Schule gingen. Bald war ihr und einigen Kollegen klar, was sie schon im Kinderladen beobachtet hatte: Schüler brauchen Erwachsene auf die Verlass ist, keine spezialisierten Fachlehrer, die jede Stunde kommen und gehen. Die Schüler, die aus keiner heilen Welt kommen, und das sind die meisten, brauchen ihren Raum, etwas Heimat. An der Gesamtschule wechselten Schüler dauernd ihre Kurse, Leistungsniveaus und Räume. Ein Verschiebebahnhof. Lehrer machten Polaroidfotos von ihren Schülern, um sie beim Zensieren nicht zu verwechseln. Enja Riegel machte den Vorschlag, dass Klassenlehrer auch fachfremd unterrichten, aber kam damit noch nicht durch. Schließlich setzten der Personalrat und die Gewerkschaften auf die höhere Reputation, die Fachlehrer genießen. Außerdem ließen sich mit dieser angeblichen Professionalisierung höhere Einstufungen in der Besoldung durchsetzen.

Enja Riegel versuchte näher an die Kinder zu kommen und bewarb sich an eine Grundschule. Das war scheinbar ein Abstieg. Sie gehörte zu einer höheren Besoldungsgruppe als ihr neuer Schulleiter. Aber in der Grundschule konnte sie endlich reformerische Ideen verwirklichen, etwa die Schüler Lesen und Schreiben mittels einer kleinen Druckerei lernen lassen, wie in der französischen Freinet-Pädagogik. Damit hatte sie Erfolge. Aber sonst? Der Schulleiter kam jeden Morgen als Erster in die Schule. Um 7.45 Uhr schüttelte er jedem Lehrer die Hand und verschwand in seinem Zimmer. Den Rest des Tages war er nicht mehr anzutreffen. Unsichtbar, hinter seinem Schreibtisch abwartend, leitete er seine Schule. Was dort passierte, ließ er sich von den Putzfrauen berichten. Wo war es besonders schmutzig? Wer ist laut geworden? Was wird so auf den Gängen geredet? Hörte er etwas, das ihm nicht gefiel, verbot er es. Folglich wurden die Putzfrauen zu den heimlichen Machthabern der Schule. Von den Lehrern wurden sie umworben und auch bestochen. So machten die Pädagogen ihren kleinen Frieden mit dem anscheinend Unveränderbaren. Das konnte doch nicht wahr sein, empörte sich Enja Riegel. Das ist doch nicht die Schule, in der ich arbeiten wollte! Das kann doch nicht das Leben sein!

Wie manch unzufriedener Lehrer suchte sie im Apparat der Schuladministration nach Nischen, von denen es ja nicht wenige gibt. Sie fand mit einem Teil ihres Stundendeputats Platz im HeLP, dem Hessischen Landesinstitut für Pädagogik. Aber wie sollte sie andere Lehrer für einen Alltag fortbilden, dem sie selbst entkommen wollte? Große Reden über Mut, von Feiglingen gehalten, das lag ihr nicht. Langsam kristallisierte sich aus dem alten Traum der Schülerin Enja Glücklich und aus neuen Wünschen und Einsichten der Lehrerin Enja Riegel ein Ziel: Schulleiterin werden. Die Arbeit im HeLP nutzte sie zur Erkundung des Feldes. Und sie beobachtete, wie sich neben dem Typus des überkommenen, langsam aussterbenden autoritären Schulleiters, der wie ein Landgerichtspräsident

243

darüber wachte, dass nichts schief geht, ein neuer, ein softer
Typ durchsetzte. Wie der alte Ordnungshüter will auch der
neue Moderator eigentlich selbst nichts, außer eben moderieren. Beide Typen wollen unangreifbar sein und riskantes Handeln meiden, bei dem sie sich selbst als Person mit ins Spiel
bringen müssten. Der Typ Landgerichtspräsident machte den
staatlichen Überbau von Erlassen und Lehrplänen zu seiner
Generalprothese. Der neue Typ versucht sich unsichtbar zu
machen. Die Lehrer sollen das Gefühl haben, an allen Entscheidungen irgendwie mitzuwirken. Aber eben nur *irgendwie*. Konferenzen leitet er selten selbst, sondern überlässt das
Kollegen. Er fragt nach Meinungen und bittet um Papiere. Er
teilt die moderne Neigung zum Paralleluniversum von Debatten und endlosem Palaver. Aber seine Entscheidungsbefug-
nisse will er nicht abgeben. Tatsächlich zieht er seine Fäden
im Hintergrund und bald ahmt das Kollegium diese Strategie
nach. An solchen Schulen gedeihen Intrigen. Dort regieren
schwer durchschaubare Seilschaften. Politisch oder anders ge-
färbte Grüppchen treiben ihre Spiele mit dem Ressentiment.
Wenn ein Kollegium auf der Stelle tritt, werden innere und
äußere Feinde unbedingt gebraucht. Das beschäftigt alle,
zehrt aber an den Kräften und ermüdet. Nur um das Lernen,
geschweige denn um die Schüler, geht es wieder mal nicht.
Über Schüler, das beobachtete Enja Riegel während ihrer
Wanderjahre, wird im Lehrerzimmer vor allem geklagt. Häufig werden sie verachtet. Manchmal werden sie gehasst. Woher diese Feindschaft?

Gesellenjahre

1982 ist Enja Riegel 42 Jahre alt. Sie hat 13 Jahre als Lehrerin
in fast allen Schulformen und mit Schülern aller Altersgrup-
pen gearbeitet. Inzwischen hat sie interessante Schulen in
Deutschland und Frankreich besucht. Da ergibt es sich, was

man in einem Roman als kitschig empfinden und als viel zu
grob gestrickt zurückweisen müsste, dass sie im Amtsblatt
von der Ausschreibung der Schulleiterstelle an der Helene-
Lange-Schule liest. Enja Riegel kann nicht anders, als diese
Anzeige als eine an sie gerichtete Aufforderung zu verstehen.
Damit steht sie ziemlich allein. Der Schulrat versucht sie von
der Bewerbung abzuhalten. In Gremien der Stadt Wiesbaden
erinnert man sich an die rote Enja vom Friedhof und spricht
sich für den Konkurrenten aus, einen etwas älteren Lehrer aus
dieser Schule und setzt Frau Riegel an die 2. Stelle. Minister
Krollmann hört Gutes über die Bewerberin und lädt sie und
ihren Mitbewerber zum Gespräch. Enja Riegel kauft sich ge-
diegene Damenoberbekleidung, die der Jeansträgerin bisher
fehlte, und lässt sich sagen, sie müsse sich unbedingt vom Minister aus dem Mantel helfen lassen. Nach dem Gespräch entscheidet er sich und ruft seinen Freund, den Wiesbadener
Schuldezernenten an. Der willigt widerwillig ein. Bis die hart-
näckigen Einsprüche diverser Instanzen des Personalrats
überwunden sind, vergeht mehr als ein Jahr. Dann wird diese
von vielen weder als bürokratietauglich noch als führungs-
geeignet angesehene Frau zur Schulleiterin ernannt.

In einem schmucklosen Raum, keine Blume, keine Musik,
nichts, sitzt das Kollegium, alle in Schwarz und erwartet die
neue Direktorin. Die einen lehnen sie ab, weil der Minister sie
durchgesetzt hat. Manche haben sie als Rebellin in Erinnerung. Für andere passten die gegensätzlichen Vorbehalte ins
Bild, dass die Frau wohl etwas verrückt sei.

Inzwischen unterrichten viele 68er und Nach-68er an der
Schule.
   Die Oberstufe war 1974 abgetrennt worden. Das damalige
Kollegium wechselte zum größten Teil an das neue Oberstu-
fenzentrum. Zur Hela kamen lauter junge Lehrer. Sie wollten
viel ändern, wussten aber nicht wie man das macht. Das Kolle-

gium war einerseits von dem vorherigen Schulleiterwechsel gekränkt, andererseits waren viele der Meinung, sie brauchten keinen Schulleiter und schon gar nicht eine solche Frau, die ja doch nur ihre Karriere im Sinn habe. Diese Konstellation passt in die bleierne Zeit der frühen 80er Jahre. Wenn man so will, der absolute Tiefpunkt für eine Schule. Wenn man es anders sehen will, war die Talsohle eine geniale Situation, das zu tun, was an der Zeit ist. Und Enja Riegel wollte es anders sehen. Sie wollte handeln, unbedingt. Sie wollte nicht nur moderieren und schon gar nicht eine Obrigkeit vertreten oder Erlasse durchsetzen. Denn sie war und ist eine pragmatische Visionärin.

Zunächst allerdings bestand sie auf einer ganz normalen Arbeitsordnung. Also morgens pünktlich anfangen, wenn ein Lehrer krank war, Vertretungsunterricht halten, Konferenzen nicht während der Unterrichtszeit und bei Geburtstagen kein Alkohol am Vormittag.

Der vom Kollegium favorisierte Gegenkandidat als Schulleiter war ihr Stellvertreter geworden. Das Kollegium verbündete sich mit seinem Favoriten und alle leisteten zähen Widerstand gegen die neue Schulleiterin. Fast ein Jahr wurde mehr oder weniger geschwiegen. Schließlich gab der Stellvertreter auf und ging in den Auslandsschuldienst.

Dann begannen die Osterferien. »Als die Schule wieder losging«, erinnert sich Enja Riegel, »war das Kollegium wie ausgewechselt.« Es war so, als ob es mit dem Weggang des Stellvertreters verstanden habe, dass die neue Schulleiterin an dieser Schule ihren Führungsanspruch auch gegen Schwierigkeiten behaupten würde. Ein Lehrer begrüßte die Direktorin mit einem Blumenstrauß: »Es wird Zeit, dass wir an die Arbeit gehen.« Bei allen Verwerfungen in diesem Kollegium war es auch eine Erleichterung, sich zu erinnern, dass doch fast alle Lehrer ihren Beruf gewählt hatten, um guten Unterricht zu machen und die Schule so gestalten, dass Schüler und Lehrer gern hingehen.

Als würde sich die Anspannung der ersten Monate nun ent-
laden, ging es plötzlich los: Abschied vom Trott der nach-
geordneten Behörde, damit anfangen, an der eigenen Schul-
biographie zu arbeiten. Eine Schule machen speziell für die
schwierigen 10- bis 16-jährigen, ohne gleich immer auf das
Abitur zu schielen. Die Lehrer und die Leitung verabredeten,
den Unterricht, die Schüler und die eigene Arbeit genau zu
beobachten und sich selbst auch beobachten zu lassen. Letzte-
res geht aber nur, wenn nach und nach das Klima der Schule
neu temperiert wird. Weniger Misstrauen und mehr Vertrau-
en. Nicht nach den Schwächen und den verborgenen Verletz-
barkeiten der anderen suchen, sondern nach deren Stärken
und die Schwächen respektieren. Für diese neue Politik des
Schulalltags gab es kein Rezept, aber eine unumstößliche
Regel, die die Schulleiterin beachten musste. Vertrauen
schafft man nicht dadurch, dass man es von anderen verlangt,
sondern nur dadurch, dass man Vertrauen gibt. Möglichst
verschwenderisch. Auch wer diese Regel nicht kennt, spürt sofort, wenn sie verletzt wird. Zumal Lehrer sind da empfind-
lich.

Enja Riegel begriff die Leitung der Schule mehr und mehr
als »Management by wandering around«: Beobachten, nachfragen, auch widersprechen. Immer selbst Person sein, kein
durchsichtiger, modischer Moderator. Denn »Leben entzün-
det sich nur an Leben«. Das Jean-Paul-Zitat kannte sie von
ihrer Wahlverwandten Hildburg Kagerer, einer Psychologin
und Lehrerin in Berlin.

Nach dem Trauerjahr hatte die Schulleiterin die Prüfung
durch das Kollegium bestanden. Es wollte wissen, was ist das
für eine? Meint sie es ernst? Ist es eine Person oder doch nur
eine Funktionärin mit Protestfolklore?

Und dann kam ganz unerwartete Hilfe von außen.

Enja Riegels Meisterjahre

Das Hessische Parlament verabschiedete 1985 ein Gesetz, wonach die fünften und sechsten Klassen in eine Förderstufe kommen sollten, damit die Kinder wie in der Grundschule zwei Jahre länger gemeinsam lernen. Diese Stufe sollte entweder Grundschulen oder Gesamtschulen zugeschlagen werden. Die Helene-Lange-Schule musste sich entscheiden entweder Gymnasium zu bleiben, aber ohne die Klassen fünf und sechs (und ohne die eigene Oberstufe) oder sich entschließen eine Gesamtschule zu werden. Was tun? Plötzlich waren nicht nur Ideen für besseren Unterricht gefragt, sondern eine Vision für die Zukunft der ganzen, nun gefährdeten Schule. Sie brauchte eine Strategie, um ihre Ziele zu erreichen. Führung wurde nötig. Ein in Deutschland schwieriges Wort, das manchmal gar mit Diktatur assoziiert wird.

Könnte Führung nicht etwas anderes bedeuten? Die Bedrohung begrenzte grundsätzliche Debatten. Es musste gehandelt werden. Es ging nun auch darum, eine Schule zu entwerfen, die ihre Schüler nicht einfach so vom Sprengel geliefert bekommt. Die Helene-Lange-Schule würde sich auf dem Markt der Wünsche und Interessen von Eltern und Kindern behaupten müssen. Welche Schule ist gefragt? Eine ungewöhnliche und belebende Herausforderung für ein Lehrerkollegium. Man könnte auch sagen, nun war genau jemand wie Enja Riegel nötig.

Sie wusste nach ihren Lehr- und Wanderjahren, was sie wollte. Eine Gesamtschule, damit kein Kind oder Jugendlicher um seine Zugehörigkeit bangen muss. Die neurotisierende Frage, gehöre ich dazu, sollte endlich zur Vergangenheit gehören. Aber es sollte keine dieser Gesamtschulen werden, auf der sich Schüler wie Findelkinder auf dem Bahnhof fühlen. Die Lernfabrik hatte sie ja erlebt. Sie wollte durchaus an Traditionen aus dem Gymnasium anknüpfen, diese aber mit reformpädagogischen Traditionen kreuzen, die zum Teil vergessen waren. Also selbst etwas wollen und nicht immerzu fragen, was soll ich denn jetzt machen? Die Schule musste sich die eigentlich selbstverständliche Freiheit nehmen, wie jeder lernende Mensch, aus den Erfahrungen mit dem Gelingen und Scheitern, seine Konsequenzen für nächste Schritte zu ziehen. Die Gefahr für die Schule war so gesehen ein Glücksfall. Die Not zwang dazu konstruktiv zu werden. Not-Wendigkeit. Gefragt war also genau das, was Enja Riegels Antrieb ausmachte: dass man wollen darf, ja wollen muss.

Was hieß das für den Alltag? Nachdem sich das Kollegium entschlossen hatte, eine echte Gesamtschule zu werden, und auch die Eltern in der Schulkonferenz dafür waren, galt es nun dieses etwas andere der Schule wirklich in Gang zu bringen. Als Erstes begab sich das Kollegium gruppenweise (jeweils ein Auto voll) auf Reisen zu Schulen, die anders arbeiteten. Etwa die Bielefelder Laborschule, die wie ein großes Lerndorf gebaut war. Auch die Gesamtschule Kassel-Waldau hatte sich in kleine übersichtliche Schulen in der großen Schule gegliedert. In der Odenwaldschule können die Schüler neben dem normalen Schulabschluss eine Handwerksausbildung mit Gesellenprüfung absolvieren. Es musste nicht alles neu erfunden werden. Es hätte auch wenig genützt, wenn Enja Riegel das Kollegium mit den Einsichten ihrer Lehr- und Wanderjahre belehrt hätte. Die Lehrer mussten und wollten Alternativen selbst entdecken und mussten das Neue in ihre Möglichkeiten einpassen. Aber es war für sie ein Vorteil, jemanden zu haben, der die Karten der Bildungslandschaft kennt. Jetzt war Innovationsmanagement gefragt, zumal die Lehrer ja anders und besser als bisher unterrichten sollten. Und das Neue machte Angst. Also musste die Schulleiterin ihnen erst mal den Rücken frei halten. Ein Beispiel: Lehrpläne verbuchen den Schulstoff in Fächern. Viel besser lässt sich aber häufig in Projektarbeit lernen. Also wurde die Trennung nach Fächern etwa Biologie, Chemie, Deutsch, Gesellschaftskunde und Kunst für die Projekte aufgehoben.

Durfte die Schule das? Wenn Eltern und Lehrer der Schulleiterin diese Frage stellten, bekamen sie immer zur Antwort: »Ja, selbstverständlich«, denn Lehrpläne seien richtungsweisend, nicht als kleinliche Vorschriften zu verstehen. Und die Schulleitung übernehme die Verantwortung, dass die Anforderungen alles in allem eingehalten werden. Das war nicht nur so ein Wort. Nachfrage nach den Ergebnissen eines Projektes mussten sich Lehrer von nun an gefallen lassen. Nach außen übernimmt die Schulleitung den Schutz, und nach innen repräsentiert sie selbst ein Außen, eine Instanz die nachfragt und Rechenschaft verlangt. Die Schulbehörden sahen das zunächst wohl anders. Ein Beispiel wie tief das Misstrauen steckt. Aber sie wurden Jahr für Jahr mehr von den Erfolgen dieser selbständigen Schule überzeugt, in der nicht, wie manch einer fürchtete, *jeder macht, was er will,* im Sinne von Laissez-faire, sondern in der immer mehr Schüler und Lehrer so gut wie möglich sein und sich nicht beschummeln wollen.

Die neuen Arbeitsweisen der Schule wurden den Behörden, den Eltern oder auch der Öffentlichkeit gegenüber nie verheimlicht. Allerdings, so ein inzwischen häufig zitiertes Bonmot von Enja Riegel: »Wir fragen Schulrat Moos bei vielen Dingen, die wir anders machen wollen. Aber es gibt Dinge, da schonen wir ihn, denn die müsste er verbieten.« Allerdings wurde dieser Satz 1993 von Enja Riegel im Fernsehen gesagt. Heimlichkeiten wären etwas anderes.

In den Anfangsjahren des Umbaus schickte die Schulleiterin den zuständigen Behörden noch nach Fächern getrennte Unterrichtspläne, während die Lehrerteams längst dazu übergegangen waren, fächerübergreifende Jahresarbeitspläne zu erstellen. Hätte der Schulrat diese Absicht vorher gekannt, was hätte er machen sollen? Und hätten die Lehrer gewusst, dass einiges von dem, was sie ausprobieren, von den Behörden nicht abgesegnet worden ist, hätten sie es vielleicht nicht angefangen. Erst die Erfolge der heimlichen Versuche erlaubten es der Schulbehörde, die Abweichung von der Normalität zu akzeptieren und schließlich auch zu feiern. Wer, wenn nicht die Schulleitung, hätte diesen Teufelskreis durchbrechen können?

Erlasse schreiben Gesamtschulen vor zu differenzieren, also die Schüler nach verschiedenen Leistungsniveaus zu unterrichten. Alle Schulen folgten und teilten ihre Schüler in entsprechende Gruppen ein. Enja Riegel und ihre Kollegen lasen den Erlass ganz genau. Da stand nur, dass Differenzierung erfolgen müsse, nicht dass Schüler in unterschiedliche Gruppen zu separieren seien, die Klasse oder den Lehrer wechseln müssten Also wurde der Erlass anders ausgelegt: Differenzierung im Klassenverband. Später konnte das Ministerium bestätigen, jawohl Frau Riegel, Sie befinden sich im Interpretationsbereich. Eine Schulleitung muss also auch listig sein.

Um sich so weit vor zu wagen, wie die Helene-Lange-Schule, bedarf natürlich der Sicherheit auf dem richtigen Weg zu sein und seine Fehler nicht als Sünden anzusehen, sondern aus ihnen eine Kunst zur Verbesserung der Ortskenntnisse zu machen. Die Leitung muss der Schule so viel Sicherheit geben, dass sie sich in Unsicherheiten begeben kann. Das hat nichts mit Führung als Unterdrückung zu tun oder mit Macht als Herrschaft, eher mit Macht, wie man sie auf englisch buchstabiert: Power. *Macht* kommt von *Mögen*, meinte die Philosophin Hannah Arendt, ja Macht entstünde, wenn sich Menschen zu Leben und Gestaltung ihrer Verhältnisse verabredeten. Genau das geschah. An die Lehrerteams wurde in der Helene-Lange-Schule viel Macht abgegeben. Aber was heißt abgegeben? Die Zusammenarbeit der Lehrer in Teams verschaffte ihnen eine häufig völlig neue Erfahrung, vor allem die, wie beglückend Resonanz ist und wie kräftezehrend die Vereinzelung. Die Teams erwiesen sich als regelrechte Labore Macht für alle zu vermehren und um Macht und Einfluss nicht wie um ein knappes Gut zu kämpfen. Traditionelle Herrschaft läuft darauf hinaus Macht zu verbrauchen, sie denen, die sie geschaffen haben, zu entreißen. Das hat *Macht* in Verruf gebracht. Nun müssen wir wieder lernen, wie Macht

geschaffen wird. Der Helene-Lange-Schule gelingt die Macht-
produktion. Allein das beweist, dass sie die Art von Schule ist,
die an der Zeit ist. Enja Riegel hat Lehrer dazu ermuntert zu
zeigen, was sie können, auch und gerade dann, wenn sie
Fähigkeiten haben, die in keinem Lehrplan beschrieben sind.
Sie hat Bewerber für eine Stelle gefragt: »Was können Sie noch?
Spielen Sie Querflöte? Können Sie auf einem Hochseil balancie-
ren?« Sie stellte diese Fragen bei jedem Einstellungsgespräch.
Enja Riegel leitete die Schule wie eine Menschensammlerin. Sie
begann bald damit eine Talentkartei anzulegen. Wer sie mit seiner Arbeit überzeugte oder begeisterte, fragte sie, ob er Interesse daran hätte, das irgendwann an der Helene-Lange-Schule
zu machen. Es müssen ja nicht immer Lehrer sein. Wenn sich
Referendare oder Praktikanten über das Normalmaß hinaus
eingebracht hatten oder ihr ein Regisseur aufgefallen war, dann
kamen sie in die Talentkartei. So arbeiten Unternehmer und in
diesem Sinne war Enja Riegel Unternehmerin. Ein Schulleiter
wartet normalerweise darauf, dass ihm ein Lehrer zugeteilt
wird. Ein Unternehmer kann jemanden, der seine Arbeit unzu-
reichend erledigt, entlassen, ein Schulleiter nicht. Eine Talentkartei macht deshalb nur Sinn, wenn die Schulleitung einen langen Atem hat. Es dauerte manchmal Jahre bis sie einen Bedarf
anmelden konnte, auf den jemand aus der Talentkartei passte.

Ein anderes Beispiel für die Qualitäten der Menschensammlerin und für die Vorteile des Unternehmergeistes ist
Folgendes: Die Gesamtschule verfügte über eine Holz-, Textil-
und Fahrradwerkstatt, eine Schulküche, eine Druckerei und
ein Theater. Nur wenige Lehrer verfügten über die Kenntnisse
und Fertigkeiten, dort mit Schülern zu arbeiten. Die Räume
wurden zu selten genutzt. Küchenpersonal, das aus der Schulküche mehr hätte machen können, war nicht vorgesehen.
Enja Riegel machte wie so häufig das, was in der Unterneh-
menstheorie heute das Modell von *best practice* ablöst, *next
practice,* den richtigen, mutigen, nächsten Schritt. Sie stellte
ABM-Kräfte ein. Das Arbeitsamt hat sich gefreut, als sie sich

nach ABM-Stellen erkundigte. Über das Sozialamt, das anerkannte Asylbewerber zu vermitteln versuchte, konnte die Schule sogar Stellen einrichten, die ihr als Arbeitgeber keinen Cent kosteten. Innerhalb kürzester Zeit arbeiteten an der Schule Schneider, Köche, Maler und Schreiner und natürlich Regisseure Es gab Schuljahre, in denen die Schule sieben zusätzliche Angestellte in den Werkstätten beschäftigte. Keiner von ihnen hatte irgendeine pädagogische Ausbildung. Aber diese Botschafter aus der tätigen Welt und aus fernen Ländern waren für die Schüler jedes Mal eine große Bereichung.

Vielleicht hört sich manche Geschichte über die Schulleiterin so an, als sei sie selbstherrlich. Das stimmt, aber nur zu ungefähr 30 %. Und dieser Anteil ist nützlich. Die anderen 70 %? Sie ließ sich kritisieren. Sie verlangte für sich jenes *Außen im Innen*, das sie selbst für die Lehrer und übrigens auch für viele Schüler war. Die hatten mächtig Respekt. Enja Riegel ließ sich jahrelang von Gerold Becker beraten, kritisieren und korrigieren. Bald beriet Gerold Becker auch Lehrteams und dann über zehn Jahre die ganze Schule. Diese Korrekturinstanz hat viele Entscheidungen und Verhaltensweisen verbessert und über manchen blinden Fleck hinweggeholfen. Ohne sie wäre die Schule nicht geworden, was sie ist. Das gilt auch für die Kooperation der Schulleiterin mit ihrem Stellvertreter Klaus Schwalbenbach, der in vielem das ganze Gegenteil von ihr und deshalb eine ideale Ergänzung war. Schwalbenbach fragte Enja Riegel bei jeder ihrer neuen Ideen erst einmal genau und skeptisch nach. Manche Idee stellte sich als verfrüht oder als nicht machbar heraus. Was er für die Zusammenarbeit in der Schulleitung bedeutet, hat Enja Riegel bei ihrer Abschiedsrede so geschildert: »Während ich am Trapez die kühnsten Figuren vorführe, hoch oben in der Zirkuskuppel, spannt er das Netz, dass ich nicht abstürze. Er gibt dem Orchester den Einsatz und sorgt für das richtige Licht.« Ohne dessen klaren Blick für hohle Ideen wäre mancher in der Schule sich selbst auf den Leim gegangen. Schwalbenbach war für Riegel die leibhaftige Evaluation. Und wenn dann auch die anderen Mitglieder der Schulleitung überzeugt waren, machte sich Klaus Schwalbenbach an die Kleinarbeit. An der hatte er seine Freude. Er war ein Meister der Organisation, die nicht unbedingt Enja Riegels Leidenschaft war. Mehr und mehr entwickelte sich die Schulleitung zu einem Zusammenspiel, auch mit den Lehrern. Aus einem Orchester mit der Dirigentin und den *ausführenden* Instrumentalisten wurde immer häufiger eine Jazzband, in der jeder den Einsatz für seinen Soloauftritt dann am besten findet, wenn er die der anderen im Kopf schon mitspielt. Führung braucht Autorität und sie muss auch die wieder abgeben können.

Vielleicht war das Wichtigste, dass die Schulleiterin selbst das tut, was sie von den anderen verlangt. Diese Symmetrie ist die Basis für Glaubwürdigkeit. Denn Schulleiter sind, wenn sie gut sind, keine Funktionäre. Sie sind so erfolgreich, wie es ihnen gelingt ihre Sache zu verkörpern. Dazu müssen sie vieles von dem, was ansteht, erst in einer Art Selbstversuch an sich durchspielen. Deshalb ist eine Quelle für erfolgreiche Führung auch eine gewisse Unzufriedenheit. Schulleiter, die – sagen wir es so pathetisch – an der Welt leiden, sind leidenschaftlicher. Ich habe bei meinen Beobachtungen von Schulen in Deutschland und auch in anderen Ländern keinen starken Schulbeweger kennen gelernt, der mit dem, was er in der Institution bewirkte, nicht zugleich auch sein Lebensskript umschreiben wollte. Das ist genau das, was Lessing über den genialen Mann gesagt hat: »Was ihn bewegt, bewegt; was ihm gefällt, gefällt. / Sein glücklicher Geschmack ist der Geschmack der Welt.« Für die geniale Frau gilt das erst recht.

Wie gesagt, gute Schulleiter sind keine Funktionäre, keine Landgerichtspräsidenten und keine andere Art eines *Nowhere Man* oder einer *Nowhere Woman*. Dass darin auch Risiken liegen und Nebenwirkungen hervorgerufen werden, versteht sich, aber ohne diesen Mindesteinsatz hätten wir eine Schule der Zombies.

Dank

Dieses Buch wäre nicht geschrieben worden ohne zwanzig Jahre mühe- und lustvolle Arbeit mit einem engagierten Kollegium in der Helene-Lange-Schule. Dass ich nach meiner Verabschiedung die Kraft fand, viele meiner Erfahrungen noch einmal zu überdenken und aufzuschreiben, verdanke ich:

Armin Beber, dem ehemaligen Schüler der Helene-Lange-Schule und gutem Freund, der mich immer wieder ermutigte und nicht locker ließ. Er hat nicht nur für dieses Buch viele Stunden eines seiner Lebensjahre eingesetzt, sondern auch für vieles, was hier beschrieben wurde, Worte gefunden.

Gerold Becker, meinem Freund seit manchen Jahren und für knapp ein Jahrzehnt auch offizieller »Berater« der Helene-Lange-Schule. Er hat alle Texte gelesen und mancherlei Veränderungsvorschläge gemacht. Schon seit 1992 haben wir immer wieder einmal bei Beschreibungen der Schule zusammengearbeitet. Deshalb habe ich – in Absprache mit ihm – auch in dieses Buch einzelne seiner Formulierungen eingefügt, ohne das jeweils besonders zu kennzeichnen.

Reinhard Kahl, *dem* Kenner der Helene-Lange-Schule und vieler anderer deutscher und ausländischer Schulen, dem ich den Titel meines Buches verdanke. Er hat mit seinen Fragen dafür gesorgt, dass ich meine eigene Arbeit mit der notwendigen kritischen Distanz betrachten konnte – aber auch mit der Überzeugung, vieles richtig gemacht zu haben, wie es einem Menschen möglich war, der an etwas »glaubt«.

Einige Geschichten und Beispiele aus dem Unterricht, von denen hier berichtet wird, sind schon einmal in »Das Andere Lernen, Entwurf und Wirklichkeit« [Bergmann & Helbig, Hamburg 1997] erzählt worden. Dank deshalb auch allen Kollegen, die damals daran mitgeschrieben und dadurch auch bei der Entstehung des vorliegenden Buches mitgewirkt haben.